黃金之葉

行進於知識的密林裡，
途徑如此幽微。
我們尋覓一些參天古木，作爲指標，
我們也收集一些或隱或現的黃金之葉，引爲快樂。

黃
金
之
葉
17

Net and Books 網路與書

五四讀本

掀起時代巨浪的五十篇文章

READING MAY FOURTH: AN ANTHOLOGY OF CHINA ON REFORM IN THE WAKE OF THE 20TH CENTURY

主編：陳平原、季劍青
責任編輯：張雅涵
設計：林育鋒
校對：陳錦輝、呂佳真

出版者：英屬蓋曼群島商網路與書股份有限公司臺灣分公司
發行：大塊文化出版股份有限公司
臺北市 10550 南京東路四段 25 號 11 樓
www.locuspublishing.com
TEL：(02)8712-3898　FAX：(02)8712-3897
讀者服務專線：0800-006689
郵撥帳號：18955675　戶名：大塊文化出版股份有限公司
法律顧問：董安丹律師、顧慕堯律師

Cover Images:
1. Protestors at the May Fourth Movement, dissatisfied with Article 156 of the Treaty of Versailles for China/ User: Uvo/ Wikimedia Commons / Public Domain
2. Student Demonstrations, June 4th and 5th, 1919/ User: 維基小霸王 / Wikimedia Commons / Public Domain
3. Chinese protestors march against the Treaty of Versailles (May 4, 1919)/ User: Miborovsky/ Wikimedia Commons / Public Domain
4. Students of Beijing Normal University (arrested at the May Fourth Movement) returned to the university on May 7th, 1918/ User: Sgsg/ Wikimedia Commons / Public Domain

總經銷：大和書報圖書股份有限公司
地址：新北市新莊區五工五路 2 號
TEL：(02)8990-2588　FAX：(02)2290-1658
製版：瑞豐實業股份有限公司

初版一刷：2019 年 5 月
定價：新臺幣 480 元
ISBN：978-986-96168-7-4

Printed in Taiwan

掀起時代巨浪的五十篇文章

五四讀本

READING MAY FOURTH

AN ANTHOLOGY OF CHINA ON REFORM IN THE WAKE OF THE 20TH CENTURY

陳平原　季劍青　主編

序言

陳平原

在《觸摸歷史與進入五四》（北京大學出版社，二〇〇五）的「導言」中，我寫下這麼一段話，今天看來依然適用：人類歷史上，有過許多「關鍵時刻」，其巨大的輻射力量，對後世產生了決定性影響。不管你喜歡不喜歡，你都必須認眞面對，這樣，才能在沉思與對話中，獲得前進的方向感與原動力……對於二十世紀中國思想文化進程來說，「五四」便扮演了這樣的重要角色。作爲後來者，我們必須跟諸如「五四」（包括思想學說、文化潮流、政治運作等）這樣的關鍵時刻、關鍵人物、關鍵學說，保持不斷的對話關係。這是一種必要的「思維操練」，也是走向「心靈成熟」的必由之路。

一九一九年五月四日三千大學生天安門前集會遊行，那只是冰山一角。這次學潮最値得注意的，不在其規模或激烈程度，而在於「有備而來」。這裡指的不是有綱領、有組織、有領導（恰好相反，此次學潮的參與者有大致相同的精神傾向，但無統一立場與領導），而是制度基礎以及精神氛圍已經釀成，「萬事俱備，只欠東風」。巴黎和會不過是一個觸媒，或者說一陣不期而至的「東風」，使得啓蒙思潮下逐漸成長起來的大、中學生們的「愛國心」與「新思想」噴薄而出。而由此樹立的一種外爭主權、內爭民主的反叛形象，召喚著此後一代代年輕人。

如果不涉及具體內容，我喜歡用三個詞來描述「五四」的風采。第一是「泥沙俱下」，第二是「衆聲喧嘩」，第三是「生氣淋漓」。每一種力量都很活躍，都有生存空間，都得到了很好的展現，這樣的機遇，眞是千載難逢。談論百年前的「五四」，與其說是某種具體的政治運作或思想學說，還不如說是這種「百家爭鳴」的狀態讓我等怦然心動，歆羨不已。

關於五四運動的時間跨度，歷來衆說紛紜。本讀本不做仔細考辨，而是取目前學界的主流意見，即從《新青年》創辦的一九一五年說起，到一九二二年新文化運動取得決定性勝利爲止。選擇此雲蒸霞蔚的八年中五十篇有代表性的文獻，讓非專業的讀者能直接觸摸那段早已塵封的歷史，與一個世紀前的先賢對話，並做出自己的獨立判斷。比起簡單明瞭的教科書或愛恨分明的小冊子來，由若干基本文獻構成的「讀本」，雖也受編者立場的制約，但相對接近原始狀態，路徑縱橫交叉，聲音抑揚起伏，讀者經由仔細的辨析，可以建立屬於自己的歷史地圖。

經由一百年反覆的紀念、陳述與闡釋，「五四」實際上已經成了一個巨大無比的儲藏室，只要你闖進去，隨時都能找到自認爲合適的食物或武器——可這不等於就是五四那代人的眞實面貌。一次次帶有儀式感的五四紀念，自有其社會動員與文化建設的意義。但我以爲更重要的，還是閱讀當年那些核心文本，經由自己的獨立判斷，與歷史展開深入對話；而不是人云亦云，記得某些標準答案。當然，這裡有個假設，那就是，五四不以「密室商談」見長，絕大部分立場與思考都落在紙面上，且當初曾公之於世。也就是說，本讀本呈現的，主要是「思想的五四」，而不是「行動的五四」——後者需要歷史學家借助各種公私檔案勾稽與重建。

本讀本中，直接談論作爲學潮的五四運動的，主要是以下幾篇——

梁漱溟的〈論學生事件〉、羅家倫的〈「五四運動」的精神〉、張東蓀的〈「五四」精神之縱的持久性與橫的擴張性〉、許德珩的〈五四運動與青年的覺悟〉、孫中山的〈致海外國民黨同志書〉，以及梁啓超的〈「五四紀念日」感言〉。相對來說，涉及新思潮、新青年、新倫理、新文學的，更值得關注。以下略爲摘引。

關於新思潮——胡適曾引述尼采的「重新估定一切價值」，來爲五四新文化人眼中的「新思潮」定義：「我以爲現在所謂『新思潮』，無論怎樣不一致，根本上同有這公共的一點——評判的態度。孔教的討論只是要重新估定孔教的價值。文學的評論只是要重新估定舊文學的價值……這種評判的態度是新思潮運動的共同精神。」（〈新思潮的意義〉）杜亞泉不喜歡將「新思想」歸結爲「推倒一切舊習慣」，認定那只是一種情緒，「僅有感性的衝動，而無理性的作用」，其作用近似「英國當十九世紀初期，勞動者以生活困難之要求，闖入工廠，摧毀機器」（〈何謂新思想〉）。蔡元培則意識到中國人受數千年專制思想影響，習慣排斥乃至消滅異己，故大學傾向於「循『思想自由』原則，取相容並包主義」，具體說來就是：「無論為何種學派，茍其言之成理，持之有故，尚不達自然淘汰之運命者，雖彼此相反，而悉聽其自由發展。」（〈致《公言報》函並答林琴南函〉）

關於新青年——在《青年雜誌》創刊號上，陳獨秀給「新青年」定了六個指標：自主的而非奴隸的、進步的而非保守的、進取的而非退隱的、世界的而非鎖國的、實利的而非虛文的、科學的而非想像的（〈敬告青年〉）。那位日後因任教育總長而備受魯迅等譏諷的章士釗，也曾這樣談論青年的職責：「總之，一國之文化，能保其所固有；一國之良政治，為國民力爭經營而來，斯其國有第一等存立之價值。此種責任，即在青年諸君。」（〈新時代之青年〉）至於學生領袖羅家倫，則在紀念五四運動一週年時，做了如下簡明扼要的表述：「總之五四以前的中國是氣息奄奄的靜的中國，五四以後的中國是天機活潑的動的中國。『五四運動』的功勞就在使中國『動』！」（〈一年來我們學生運動底

成功失敗和將來應取的方針〉）

關於新倫理——陳獨秀在〈本誌罪案之答辯書〉中稱：「追本溯源，本誌同人本來無罪，只因爲擁護那德莫克拉西（Democracy）和賽因斯（Science）兩位先生，才犯了這幾條滔天的大罪。要擁護那德先生，便不得不反對孔教、禮法、貞節、舊倫理、舊政治；要擁護那賽先生，便不得不反對舊藝術、舊宗教；要擁護德先生又要擁護賽先生，便不得不反對國粹和舊文學。大家平心細想，本誌除了擁護德、賽兩先生之外，還有別項罪案沒有呢？若是沒有，請你們不用專門非難本誌，要有氣力有膽量來反對德、賽兩先生，才算是好漢，才算是根本的辦法。」李大釗的〈庶民的勝利〉則說：「須知今後的世界，變成勞工的世界，我們應該用此潮流爲使一切人人變成工人的機會，不該用此潮流爲使一切人人變成強盜的機會。凡是不作工吃乾飯的人，都是強盜。強盜和強盜奪不正的資產，也是一種的強盜，沒有什麼差異。」接下來，該輪到魯迅的〈我們現在怎樣做父親〉上陣了：「總而言之，覺醒的父母，完全應該是義務的，利他的，犧牲的，很不易做；而在中國尤不易做。中國覺醒的人，爲想隨順長者解放幼者，便須一面清結舊賬，一面開闢新路。就是開首所說的『自己背著因襲的重擔，肩住了黑暗的閘門，放他們到寬闊光明的地方去；此後幸福的度日，合理的做人。』這是一件極偉大的要緊的事，也是一件極困苦艱難的事。」

關於新文學——胡適高舉「國語的文學，文學的國語」大旗衝鋒陷陣，取得了突出的業績：「我們所提倡的文學革命，只是要替中國創造一種國語的文學。有了國語的文學，方才可有文學的國語。有了文學的國語，我們的國語才可算得眞正國語。國語沒有文學，便沒有生命，便沒有價值，便不能成立，便不能發達。這是我這一篇文字的大旨。」（〈建設的文學革命論〉）錢玄同藉爲胡適的《嘗試集》作序，與之遙相呼應：「現在我們認定白話是文學的正宗：正是要用質樸的文章，去剷除階級制度裡的野蠻款式；正是要用老實的文章，去表明文章是人人會做的，做文章是直寫自己腦筋裡的思想，或直敘外面的事物，並沒有什麼一定的格式。對於那些腐臭的舊文學，應該極端驅除，淘汰淨盡，才能使新基礎穩固。」（〈嘗試集序〉）周作人則希望將工具的變革與思想的進步合而為一，創造一種「人的文學」：「用這人道主義為本，對於人生諸問題，加以記錄研究的文字，便謂之人的文學。其中又可以分作兩項，（一）是正面的，寫這理想生活，或人間上達的可能性；（二）是側面的，寫人的平常生活，或非人的生活，都很可以供研究之用。」（〈人的文學〉）

以提倡白話文為突破口，是個精彩的戰略選擇，這也是五四新文化人眾多探索中，文學革命功績最為顯著、也最為堅挺的緣故。談論兼及思想啓蒙、文學革命與政治抗爭的五四運動，可以突出政治與社會，也可以專注思想與文化，本讀本明顯傾向於後者。翻閱此讀本，有三點提醒讀者注意：

第一，作者絕少純粹的政治人物（只有一位孫中山，但不是當權派），基本上都是大學師生或媒體人，他們的發言不代表黨派，更多體現爲讀書人對於中國命運的深沉思考。正因亂世英雄起四方，沒有占絕對主導地位的（政府權威尚未建立），各種思潮、學說、政治立場都得到了很好的發聲機會，這也是五四時期言論格外活躍的緣故。在野諸君，「鐵肩擔道義，妙手著文章」，大膽立論，橫衝直撞，雖說論戰時不免意氣用事，但絕無告密或以言入罪的可能。

第二，論戰各方立場差異很大，但所謂新舊之爭，只是相對而言。在現代中國文學史上被判爲守舊的反面人物，在我看來，只是「不當令」而已——他們可能是上一幕的英雄（如林紓、章士釗），或下一幕的先知（如《學衡》諸君）。本讀本所收錄的，沒有絕對的反派。大家都在尋求救國救民的路徑，只是方向不同，策略有異，而「新文化」正是在各種力量相互對峙與衝撞中展開其神奇的「運動」的。其實，晚清開啓的西學東漸大潮，早已積蓄了足夠的能量，使得大多數讀書人明白，變革在所難免，復古沒有出路，爭論的癥結僅僅在於，是快跑還是慢走，是激進還是穩妥，是調和還是偏執。

第三，既然是報刊文章，基本上都是面對當下，絕少書齋裡的玄思。諸多評論、隨筆與雜感，表達直白且急切，單篇看不怎麼樣，合起來，方才明白那代人的思考及努力方向。「正因身處危機時刻，來不及深思熟慮，往往脫口而出，不夠周密，多思想火花，少自堅其說，各種主義與學說都提到了，但都沒能說透，留下了很多的縫隙，使得後來者有很大的對話、糾偏以及引申發揮的空間。這種既豐富多彩、又意猶未盡的『未完成性』，也是五四的魅力所在」（陳平原〈危機時刻的閱讀、思考與表述〉，《二十一世紀》二〇一九年四月號）。

比起寫給專家的鴻篇巨制，編一冊面向公衆的讀本，很有必要，但並不容易。以十幾萬字的篇幅，呈現百年前那場以思想啓蒙爲主體的運動，需認眞謀篇佈局。本讀本的特點是：首先，以人帶文，基於我們對五四運動的理解，選擇三十一位重要人物，每人最多不超過三篇文章，以便呈現多種聲音，避免一家獨大；其次，所謂多元，並不排斥主導因素，新文化運動與北京大學關係極爲密切，故北大人占了十九位（含兼課的錢玄同、魯迅，以及早退的林紓、沈雁冰）；第三，不僅按慣例選錄論戰中截然對立的雙方，更考慮運動的各相關方，力圖呈現歷史的側面與背面；第四，這是一個以報章爲中心的時代，當事人大都「有一種主張不得不發表」（陳獨秀語），《新青年》入選文章最多，共十七篇，其次《東方雜誌》六篇，再次《每週評論》四篇、《新潮》及《晨報》各三篇，《學衡》及《新社會》各二篇；第五，全書不以人物或主題分類，所選文章一律按發表時間排列，以便呈現犬牙交錯的對話狀態；第六，以立論爲主，不選文學作品（小說、詩歌、戲劇），文章篇幅實在太長的，採取節錄方式；第七，既不刪改，也不做注，* 只是提供作者簡介，這對普通讀者是個挑戰——但我以爲這種艱辛的閱讀是值得的。

二〇一九年三月十七日於京西圓明園花園

*編輯部按：本書按各文原刊校對，保留當年作者使用之通假字、異體字，唯修正錯字並整理標點、格式，以粗體標示原刊有強調號畫記文字，以楷體標示原刊引文及小字註解。以【】標記者，爲節錄等編輯資訊。

目次

各篇選文，演說詞以演說時間先後爲序，信函以寫作時間先後爲序，其餘均以發表時間先後爲序。

原載《青年雜誌》第一卷第一號，一九一五年九月十五日

陳獨秀

陳獨秀（一八七九—一九四二），字仲甫，安徽安慶人。一九一五年創辦《青年雜誌》（次年更名為《新青年》），一九一七年出任北京大學文科學長。一九二一年在中共第一次全國代表大會上當選為總書記。著作輯為《陳獨秀著作選編》。

敬告青年

竊以少年老成，中國稱人之語也；年長而勿衰（Keep young while growing old），英美人相勗之辭也。此亦東西民族涉想不同、現象趨異之一端歟？青年如初春，如朝日，如百卉之萌動，如利刃之新發於硎，人生最可寶貴之時期也。**青年之於社會，猶新鮮活潑細胞之在人身，新陳代謝，陳腐朽敗者無時不在天然淘汰之途，與新鮮活潑者以空間之位置及時間之生命。人身遵新陳代謝之道則健康，陳腐朽敗之細胞充塞人身則人身死；社會遵新陳代謝之道則隆盛，陳腐朽敗之分子充塞社會則社會亡。**

準斯以談，吾國之社會，其隆盛耶？抑將亡耶？非予之所忍言者。彼陳腐朽敗之分子，一聽其天然之淘汰，惟不願以如流之歲月，與之說短道長，希冀其脫胎換骨也。予所欲涕泣陳詞者，惟屬望於新鮮活潑之青年，有以自覺而奮鬥耳！**自覺者何？**自覺其新鮮活潑之價值與責任，而自視不可卑也。**奮鬥者何？**奮其智能，力排陳腐朽敗者以去，視之若仇敵，若洪水猛獸，而不可與爲隣，而不爲其菌毒所傳染也。嗚呼！吾國之青年，其果能語於此乎？吾見夫青年其年齡，而老年其身體者十之五焉，青年其年齡或身體，而老年其腦神經者十之九焉。華其髮，澤其容，直其腰，廣其膈，非不儼然青年也，及叩其頭腦中所涉想、所懷抱，無一不與彼陳腐朽敗者爲一丘之貉。其始也，未嘗不新鮮活潑，寖假而爲陳腐朽敗分子所同化者有之，寖假而畏陳腐朽敗分子勢力之龐大，瞻顧依回，不敢明目張膽作頑狠之抗鬥者有之。充塞社會之空氣，無往而非陳腐朽敗焉，求些少之新鮮活潑者，以慰吾人窒息之絕望？亦杳不可得。循斯現象，於人身則必死，於社會則必亡。欲救此病，非太息咨嗟之所能濟，是在一二敏於自覺、勇於奮鬥之青年，發揮人間固有之智能，決擇人間種種之思想——孰爲新鮮活潑而適於今世之爭存，孰爲陳腐朽敗而不容留置於腦裏——利刃斷鐵，快刀理麻，決不作牽就依違之想，自度度人，社會庶幾其有清寧之日也。青年乎！其有以此自任者乎？若夫明其是非，以供決擇，謹陳六義，幸平心察之。

一、自主的而非奴隸的

等一人也，各有自主之權，決無奴隸他人之權利，亦決無以奴自處之義務。奴隸云者，古之昏弱對於强暴之橫奪，而失其自由權利者之稱也。自人權平等之說興，奴隸之名，非血氣所忍受。世稱近世歐洲歷史爲「解放歷史」：破壞君權，求政治之解放也；否認教權，求宗教之解放也；均產說興，求經濟之解放也；女子參政運動，求男權之解放也。解放云者，脫離夫奴隸之羈絆，以完其自主自由之人格之謂也。我有手足，自謀温飽；我有口舌，自陳好惡；我有心思，自崇所信。決不認他人之越俎，亦不應主我而奴他人。蓋自認爲獨立自主之人格，以上一切操行，一切權利，一切信仰，唯有聽命各自固有之智能，斷無盲從隸屬他人之理。非然者，忠孝節義，奴隸之道德也（德國大哲尼采〔Nietzsche〕別道德爲二類：有獨立心而勇敢者曰貴族道德〔Morality of Noble〕，謙遜而服從者曰奴隸道德〔Morality of Slave〕）；輕刑薄賦，奴隸之幸福也；稱頌功德，奴隸之文章也；拜爵賜第，奴隸之光榮也；

豐碑高墓，奴隸之紀念物也。以其是非榮辱聽命他人，不以自身爲本位，則個人獨立平等之人格消滅無存，其一切善惡行爲勢不能訴之自身意志而課以功過，謂之奴隸，誰曰不宜？立德立功，首當辨此。

二、進步的而非保守的

不進則退，中國之恆言也。自宇宙之根本大法言之，森羅萬象，無日不在演進之途，萬無保守現狀之理；特以俗見拘牽，謂有二境，此法蘭西當代大哲柏格森（H. Bergson）之「創造進化論」（L'Evolution Creatrice）所以風靡一世也。以人事之進化言之，篤古不變之族，日就衰亡；日新求進之民，方興未已；存亡之數，可以逆睹。矧在吾國，大夢未覺，故步自封，精之政教文章，粗之布帛水火，無一不相形醜拙，而可與當世爭衡？舉凡殘民害理之妖言，率能徵之故訓，而不可謂誣，謬種流傳，豈自今始！固有之倫理、法律、學術、禮俗，無一非封建制度之遺，持較皙種之所爲，以并世之人，而思想差遲幾及千載；尊重廿四朝之歷史性，而不作改進之圖，則驅吾民於二十世紀之世界以外，納之奴隸牛馬黑暗溝中而已，復何說哉！於此而言保守，誠不知為何項制度文物可以適用生存於今世。吾寧忍過去國粹之消亡，而不忍現在及將來之民族不適世界之生存而歸削滅也。嗚呼！巴比倫人往矣，其文明尙有何等之效用耶？皮之不存，毛將焉附？世界進化，駸駸未有已焉。其不能善變而與之俱進者，將見其不適環境之爭存，而退歸天然淘汰已耳，保守云乎哉！

三、進取的而非退隱的

當此惡流奔進之時，得一二自好之士，潔身引退，豈非希世懿德。然欲以化民成俗，請於百尺竿頭，再進一步。夫生存競爭，勢所不免，一息尙存，卽無守退安隱之餘地。**排萬難而前行**，乃人生之天職。以善意解之，**退隱為高人出世之行**；以惡意解之，**退隱為弱者不適競爭之現象**。歐俗以橫厲無前為上德，亞洲以閒逸恬淡為美風，東西民族强弱之原因，斯其一矣。**此退隱主義之根本缺點也**。若夫吾國之俗，習爲委靡：苟取利祿者，不在論列之數；自好之士，希聲隱淪，食粟衣帛，無益於世，世以雅人名士目之，實與游惰無擇也。人心穢濁，不以此輩而有所補救，而國民抗往之風，植產之習，於焉以斬。人之生也，**應戰勝惡社會**，而不可爲惡社會所征服；**應超出惡社會，進冒險苦鬥之兵**，而不可逃循惡社會，作退避安閒之想。嗚呼！**歐羅巴鐵騎**，入汝室矣，將高臥白雲何處也？吾願青年之爲孔、墨，而不願其爲巢、由；吾願青年之爲**托爾斯泰與達噶爾**（R. Tagore，印度隱遁詩人），不若其爲**哥倫布與安重根**！

四、世界的而非鎖國的

幷吾國而存立於大地者，大小凡四十餘國，强半與吾有通商往來之誼。加之海陸交通，朝夕千里，古之所謂絕國，今視之若在戶庭。舉凡**一國之經濟政治狀態有所變更，其影響率被於世界，不啻牽一髮而動全**

身也。立國於今之世，其興廢存亡，視其國之內政者半，影響於國外者恆亦半焉。以吾國近事證之：日本勃興，以促吾革命維新之局；歐洲戰起，日本乃有對我之要求；此非其彰彰者耶？投一國於世界潮流之中，篤舊者固速其危亡，善變者反因以競進。吾國自通海以來，自悲觀者言之，失地償金，國力索矣；自樂觀者言之，倘無甲午庚子兩次之福音，至今猶在八股垂髮時代。居今日而言鎖國閉關之策，匪獨力所不能，亦且勢所不利。萬邦并立，動輒相關，無論其國若何富强，亦不能漠視外情，自爲風氣。各國之制度文物，形式雖不必盡同，但不思驅其國於危亡者，其遵循共同原則之精神，漸趨一致，潮流所及，莫之能違。於此而執特別歷史國情之說，以冀抗此潮流，是猶有鎖國之精神，而無世界之智識。國民而無世界智識，其國將何以圖存於世界之中？語云：「閉戶造車，出門未必合轍。」今之造車者，不但閉戶，且欲以《周禮》、《考工》之制，行之歐美康莊，其患將不止不合轍已也！

五、實利的而非虛文的

自約翰・彌爾（J.S. Mill）「實利主義」唱道於英，孔特（Comte）之「實驗哲學」唱道於法，歐洲社會之制度、人心之思想爲之一變。最近德意志科學大興，物質文明造乎其極，制度人心爲之再變。舉凡政治之所營，教育之所期，文學技術之所風尚，萬馬奔馳，無不齊集於厚生利用之一途，一切虛文空想之無裨於現實生活者，吐棄殆盡。當代大哲，若德意志之倭根（R. Eucken），若法蘭西之柏格森，雖不以現時物質文明爲美備，咸楬櫫生活（英文曰 Life，德文曰 Leben，法文曰 La vie）問題爲立言之的。生活神聖，正以此次戰爭血染其鮮明之旗幟。歐人空想虛文之夢，勢將覺悟無遺。夫利用厚生，崇實際而薄虛玄，本吾國初民之俗；而今日之社會制度、人心思想，悉自周漢兩代而來：周禮崇尚虛文，漢則罷黜百家而尊儒重道，名教之所昭垂，人心之所祈向，無一不與社會現實生活背道而馳。倘不改弦而更張之，則國力莫由昭蘇，社會永無寧日。祀天神而拯水旱，誦《孝經》以退黃巾，人非童昏，知其妄也。物之不切於實用者，雖金玉圭璋，不布粟糞土。若事之無利於個人或社會現實生活者，皆虛文也，誑人之事也。誑人之事，雖祖宗之所遺留，聖賢之所垂教，政府之所提倡，社會之所崇尙，皆一文不値也！

六、科學的而非想像的

科學者何？吾人對於事物之概念，綜合客觀之現象，訴之主觀之理性而不矛盾之謂也。想像者何？既超脫客觀之現象，復拋棄主觀之理性，憑空構造，有假定而無實證，不可以人間已有之智靈，明其理由道其法則者也。在昔蒙昧之世，當今淺化之民，有想像而無科學。宗教美文，皆想像時代之產物。近代歐洲之所以優越他族者，科學之興，其功不在人權說下，若舟車之有兩輪焉。今且日新月異。舉凡一事之興，一物之細，罔不訴之科學法則，以定其得失從違；其效將使人間之思想云爲，一遵理性，而迷信斬焉，而無知妄作之風息焉。國人而欲脫蒙昧時代，羞爲淺化之民也，則急起直追，當以科學與人權幷重。士不知科學，故襲陰陽家符瑞五行之說，惑世誣民，地氣風水之談，乞靈枯骨；農不知科學，故無擇種去蟲之術；工不知科學，故貨棄於地，戰鬥生事之所需，一一仰給於異國；商不知科學，故惟識罔取近利，未來之勝算，無容心焉；醫不知科學，既不解人身之構造，復不事藥性之分析，菌毒傳染，更無聞焉，惟知附會五行生剋寒熱陰陽之說，襲古方以投藥餌，其術殆與矢人同科，其想像之最神奇者，莫如「氣」之一說，其說且通於力士羽流之術，試遍索宇宙間，誠不知此「氣」之果爲何物也！凡此無常識之思維，無理由之信仰，欲根治之，厥爲科學。夫以科學說明眞理，事事求諸證實，較之想像武斷之所爲，其步度誠緩，然其步步皆踏實地，不若幻想突飛者之終無寸進也。宇宙間之事理無窮，科學領土內之膏腴待闢者，正自廣闊，青年勉乎哉！

原載《新青年》第二卷第一號，一九一六年九月一日

李大釗

李大釗（一八八九—一九二七），字守常，河北樂亭人。一九一三年入日本早稻田大學，一九一八年任北京大學圖書館主任兼經濟系教授，參與編輯《新青年》。中共創始人之一，北方組織負責人。著作輯為《李大釗全集》。

青春

（節選）

【前略】

人類之成一民族一國家者，亦各有其生命焉。有青春之民族，斯有白首之民族；有青春之國家，斯有白首之國家。吾之民族若國家，果爲青春之民族、青春之國家歟，抑爲白首之民族、白首之國家歟？苟已成白首之民族、白首之國家焉，吾輩青年之謀所以致之回春爲之再造者，又應以何等信力與願力從事，而克以著効？此則係乎青年之自覺何如耳。異族之覘吾國者，輒曰：支那者老大之邦也。支那之民族，瀕滅之民族也。支那之國家，待亡之國家也。洪荒而後，民族若國家之遞興遞亡者，舛然其不可紀矣。粵稽西史，羅馬、巴比倫之盛時，豐功偉烈，彪著寰宇，曾幾何時，一代聲華，都成塵土矣。祗今屈指，歐土名邦，若意大利，若法蘭西，若西班牙，若葡萄牙，若和蘭，若比利時，若丹馬，若瑞典，若那威，乃至若英吉利，罔不有積塵之歷史，以重累其國家若民族之生命。回溯往禩，是等國族，固皆嘗有其青春之期，以其暢盛之生命，展其特殊之天才。而今已矣，聲華漸落，軀殼空存，紛紛者皆成文明史上之過客矣。其校新者，惟德意志與勃牙利，此次戰血洪濤中，又爲其生命力之所注，勃然暴發，以揮展其天才矣。由歷史攷之，**新興之國族與陳腐之國族遇，陳腐者必敗；朝氣橫溢之生命力與死灰沈滯之生命力遇，死灰沈滯者必敗；青春之國民與白首之國民遇，白首者必敗，此殆天演公例，莫或能逃者也。**支那自黃帝以降，赫赫然樹獨立之幟於亞東大陸者，四千八百餘年於茲矣。歷世久遠，縱觀橫覽，罕有其倫。稽其民族青春之期，遠在有周之世，典章文物，燦然大備，過此以往，漸嚮衰歇之運，然猶浸衰浸微，揚其餘輝。以至於今日者，得不謂爲其民族之光歟？夫人壽之永，不過百年，民族之命，垂五千載，斯亦壽之至也。印度爲生釋迦而興，故自釋迦生而印度死；猶太爲生耶穌而立，故自耶穌生而猶太亡；支那爲生孔子而建，故自孔子生而支那衰，陵夷至於今日，殘骸枯骨，滿目黤然，民族之精英，澌滅盡矣，而欲不亡，庸可得乎？吾青年之驟聞斯言者，未有不變色裂眥，怒其侮我之甚也。雖然，勿怒也。吾之國族，已閱長久之歷史，而此長久之歷史，積塵重壓，以桎梏其生命而臻於衰敝者，又寧容諱？然而吾族青年所當信誓旦旦，以昭示於世者，不在齦齦辯證白首中國之不死，乃在汲汲孕育青春中國之再生。吾族今後之能否立足於世界，不在白首中國之苟延殘喘，而在青春中國之投胎復活。蓋嘗聞之，生命者，死與再生之連續也。今後人類之問題，民族之問題，非苟生殘存之問題，乃復活更生、回春再造之問題也。與吾並稱爲老大帝國之土耳其，則青年之政治運動，屢試不一試焉。巴爾幹諸邦，則各謀離土自立，而爲民族之運動，兵連禍結，干戈頻興，卒以釀今茲世界之大變焉。遙望喜馬拉亞山之巔，恍見印度革命之烽煙一縷，引而彌長，是亦欲回其民族之青春也。吾華自辛亥首義，癸丑之役繼之，喘息未安，風塵澒洞，又復傾動九服，是亦欲再造其神州也。而在是等國族，凡以衝決歷史之桎梏，滌盪歷史之積穢，新造民族之生命，挽回民族之青春者，固莫不惟其青年是望矣。建國伊始，肇錫嘉名，實維中華。中華之義，果何居乎？中者，宅中位正之謂也。吾輩青年之大任，不僅以於空間能致中華爲天下之中而遂足，並當於時間而諦時中之旨也。曠觀世界之歷史，古往今來，變遷何極！吾人當於今歲之青春，畫為中點，中以前之歷史，不過如進化論僅於攷究太陽地球動植各物乃至人類之如何發生、如何進化者，以紀人類民族國家之如何發生、如何進化也。中以後之歷史，則以是為古代史之職，而別以紀人類民族國家之更生回春為其中心之的也。中以前之歷史，封閉之歷史，焚毀之歷史，葬諸墳墓之歷史也。中以後之歷史，潔白之歷史，新裝之歷史，待施絢繪之歷史也。中以前之歷史，白首之歷史，陳死人之歷史也。中以後之歷史，青春之歷史，活青年之歷史也。青年乎！其以中立不倚之精神，肩茲砥柱中流之責任，卽由今年今春之今日今剎那為時中之起點，取世界一切白首之歷史，一火而摧焚之，而專以發揮青春中華之中，綴其一生之美於中以後歷史之首頁，為其職志，而勿逡巡不前。華者，文明開敷之謂也，華與實相為輪迴，卽開敷與廢落相為嬗代。白首中華者，青春中華本以胚孕之實也。青春中華者，白首中華托以再生之華也。白首中華者，漸卽廢落之中華也。青春中華者，方復開敷之中華也。有漸卽廢落之中華，所以有方復開敷之中華。有前之廢落以供今之開敷，斯有後之開敷以續今之廢落，卽廢落，卽開敷，卽開敷，卽廢落，終竟如是廢落，終竟如是開敷。宇宙有無盡之青春，斯宇宙有不落之華，而栽之、培之、灌之、漑之、賞玩之、享愛之者，舍青春中華之青年，更誰與歸矣？青年乎，勿徒發願，願春常在華常好也，願華常得青春，青春常在於華也。宜有卽華不得青春，青春不在於華，亦必奮其回春再造之努力，使廢落者復爲開敷，開敷者終不廢落，使華不能不得青春，青春不能不在於華之決心也。抑吾聞之化學家焉，土質雖腴，肥料雖多，耕種數載，地力必耗，砂土硬化，無能兔也，將欲柔融之，俾再反於豐穰，惟有一種草木爲能致之，爲其能由空中吸收窒素肥料，注入土中而沃潤之也。神州赤縣，古稱天府，胡以至今徒有萬木秋聲、蕭蕭落葉之悲，昔時繁華之盛，荒涼廢落至於此極也！毋亦無此種草木爲之交柔和潤之耳。青年之於社會，殆猶此種草木之於田晦也。從此廣植根蒂，深固不可復拔，不數年間，將見青春中華之參天蓊鬱，錯節盤根，樹於世界，而神州之域，還其豐穰，復其膏腴矣。則謂此菁菁茁茁之青年，即此方復開敷之青春中華可也。

顧人之生也，苟不能窺見宇宙有無盡之青春，則自呱呱墮地，迄於老死，覺其間之春光，迅於電波石火，不可淹留，浮生若夢，直菌鶴馬蜩之過乎前耳。是以川上尼父，有逝者如斯之嗟，湘水靈均，興春秋代序之感。其他風騷雅士，或秉燭夜遊，勤事勞人，或重惜分寸。而一代帝王，一時豪富，當其垂暮之年，絕訣之際，貪戀幸福，不忍離舍，每爲咨嗟太息，盡其權力黃金之用，無能永一瞬之天年，而重留遺憾於長生之無術焉。秦政並吞八荒，統制四海，固一世之雄也，晚年畏死，遍遣羽客，搜覓神仙，求不老之藥，卒未能獲，一旦魂斷，宮車晚出。漢武窮兵，蠻荒懾伏，漢代之英主也，暮年永嘆，空有「歡樂極矣哀情多，少壯幾時老奈何」之慨。最近美國富豪某，以畢生之奮鬬，博得$式之王冠，衰病相催，瀕於老死，則撫枕而嘆曰：「苟能延一月之命，報以千萬金弗惜也。」然是又安可得哉？夫人之生也有限，其欲也無窮，以無窮之欲，逐有限之生，坐令似水年華，滔滔東去，紅顏難再，白髮空悲，其殆人之無奈天何者歟！涉念及此，灰腸斷氣，厭世之思，油然而生。賢者仁智俱窮，不肖者流連忘返，而人生之蘄嚮荒矣，是又豈青年之所宜出哉？人生茲世，更無一刹那不在青春，爲其居無盡青春之一部，爲無盡青春之過程也。顧青年之人，或不得常享青春之樂者，以其有黃金權力一切煩憂苦惱機械生活，爲青春之累耳。諺云：「百金買駿馬，千金買美人，萬金買爵祿，何處買青春？」豈惟無處購買，鄧氏銅山，郭家金穴，愈有以障青春之路俾無由達於其境也。羅馬亞布達爾曼帝，位在皇極，富有四海，不可謂不尊矣，臨終語其近侍，謂四十年間，眞感愉快者，僅有三日。權力之不足福人，以視黃金，又無差等。而以四十年之青春，娛心不過三日，悼心悔憾，寧有窮耶？夫青年安心立命之所，乃在循今日主義以進，以吾人之生，洵如卡萊爾所云，特爲時間所執之無限而已。無限現而爲我，迺爲現在，非爲過去與將來也。苟了現在，卽了無限矣。昔者聖嘆作詩，有「何處誰人玉笛聲」之句。釋弓年小，竊以玉字為未安，而質之聖嘆。聖嘆則曰：「彼若說『我所吹本是鐵笛，汝何得用作玉笛』。我便云：『我已用作玉笛，汝何得更吹鐵笛？』天生我才，豈為汝鐵笛作奴兒婢子來耶？」夫鐵字與玉字，有何不可通融更易之處。聖嘆顧與之爭一字之短長而不憚煩者，亦欲與之爭我之現在耳。詩人拜輪，放浪不羈，時人詆之，謂於來世必當酷受地獄之苦。拜輪答曰：「基督教徒自苦於現世，而欲祈福於來世。非基督教徒，則於現世曠逸自遣，來世之苦，非所辭也。」二者相校，但有先後之別，安有分量之差。拜輪此言，固甚矯激，且寓風刺之旨。以余觀之，現世有現世之樂，來世有來世之樂。現世有現世之青春，來世有來世之青春。為貪來世之樂與青春，而遲吾現世之樂與青春，固所不許。而為貪現世之樂與青春，遽棄吾來世之樂與青春，亦所弗應也。人生求樂，何所不可，亦何必妄分先後，區異今來也？耶曼孫曰：「爾若愛千古，當利用現在。昨日不能呼還，明日尚未確實。爾能確有把握者，惟有今日。今日之一日，適當明晨之二日。」斯言足發吾人之深省矣。**蓋現在**

者吾人青春中之青春也。青春作伴以還於大漠之鄉，無如而不自得，更何煩憂之有焉。煩憂既解，恐怖奚爲？耶比古達士曰：「貧不足恐，流竄不足恐，囹圄不足恐，最可恐者，恐怖其物也。」美之政雄羅斯福氏，解政之後，遊獵荒山，奮其鐵腕，以與虎豹熊羆相搏戰。一日獵白熊，險遭吞噬，自傳其事，謂爲不以恐怖誤其稍縱即逝之機之效，始獲免焉。於以知恐怖爲物，決不能拯人於危。苟其明日將有大禍臨於吾躬，無論如何恐怖，明日之禍萬不能因是而減其豪末。而今日之我，則因是而大損其氣力，俾不足以禦明日之禍而與之抗也。艱虞萬難之境，橫於吾前，吾惟有我、有我之現在而足恃。堂堂七尺之軀，徘徊回顧，前不見古人，後不見來者，惟有昂頭闊步，獨往獨來，何待他人之援手，始以遂其生者，更胡爲乎念天地之悠悠，獨愴然而涕下哉？**惟足爲累於我之現在及現在之我者**，**機械生活之重荷**，**與過去歷史之積塵**，殆有同一之力焉。今人之赴利祿之途也，如蟻之就羶，蛾之投火，究其所企，克致志得意滿之果，而營營擾擾，已逾半生，以孑然之身，强負黃金與權勢之重荷以趨，幾何不爲所重壓而殭斃耶？蓋其優於權富即其短於青春者也。耶經有云：「富人之欲入天國，猶之駱駝欲潛身於針孔。」此以喻重荷之與青春不並存也。總之，青年之自覺，一在衝決過去歷史之網羅，破壞陳腐學說之囹圄，勿令殭屍枯骨，束縛現在活潑潑地之我，進而縱現在青春之我，撲殺過去青春之我，促今日青春之我，禪讓明日青春之我。一在脫絕浮世虛僞之機械生活，以特立獨行之我，立於行健不息之大機軸。袒裼裸裎，去來無罣，全其優美高尚之天，不僅以今日青春之我，追殺今日白首之我，並宜以今日青春之我，豫殺來日白首之我，此固人生唯一之蘄嚮，青年唯一之責任也矣。拉凱爾曰：「長保青春，爲人生無上之幸福，爾欲享茲幸福，當死於少年之中。」吾願吾親愛之青年，生於青春死於青春，生於少年死於少年也。德國史家孟孫氏，評鷟錫劄曰：「彼由青春之杯，飲人生之水，並泡沫而乾之。」吾願吾親愛之青年，擎此夜光之杯，舉人生之醍醐漿液，一飲而乾也。人能如是，方爲不役於物，物莫之傷。大浸稽天而不溺，大旱金石流土山焦而不熱，是其塵垢粃糠，將猶陶鑄堯、舜。自我之青春，何能以外界之變動而改易，歷史上殘骸枯骨之灰，又何能塞蔽青年之聰明也哉？市南宜僚見魯侯，魯侯有憂色，市南子乃示以去累除憂之道，有曰，「吾願君去國捐俗，與道相輔而行。」君曰：「彼其道遠而險，又有江山，我無舟車，奈何？」市南子曰：「君無形倨，無留居，以爲君車。」君曰：「彼其道幽遠而無人，吾誰與爲鄰？吾無糧，我無食，安得而至焉？」市南子曰：「少君之費，寡君之欲，雖無糧而乃足，君其涉於江而浮於海，望之而不見其崖，愈往而不知其所窮，送君者將自崖而反，君自此遠矣。」此其謂道，殆卽達於青春之大道。青年循蹈乎此，本其理性，加以努力，進前而勿顧後，背黑暗而向光明，爲世界進文明，爲人類造幸福，以青春之我，創建青春之家庭，青春之國家，青春之民族，青春之人類，青春之地球，青春之宇宙，資以樂其無涯之生。乘風破浪，迢迢乎遠矣，復何無計留春望塵莫及之憂哉？吾文至此，已嫌冗贅，請誦漆園之語，以終斯篇。

原載《新青年》第二卷第二號，一九一六年十月一日

吳稚暉

吳稚暉（一八六五—一九五三），原名敬恆，江蘇武進人。一九〇五年加入同盟會，民國成立後主要從事文化教育活動，一九一九年與李石曾等發起留法勤工儉學運動。著作輯為《吳稚暉先生全集》。

青年與工具

坐吾於一室之中，悠然四顧惟吾此身，與相對之一貓及窗前之樹，爲天然品。餘則上椽下席，筆硯几案，衣飾襪履，藉貓之褥，支樹之橛，皆非天然所能有。概稱之曰人爲品，蓋莫不一一皆造自人也。苟其無人，則此椽此席，此筆硯此几案，此衣飾襪履，與夫此褥此橛，皆無從出現。貓則藉草，樹則枕石，皆在山川雲物邐迤回盪之中，生活於天造之草昧而已。縱亦有獸竄之穴，鳥築之巢，蜂成之窠，蟻聚之垤，稍與大造爭別異之觀，亦止點綴於天然品之間，非能相對爲物。有兩大之勢，有如今日人爲品之聳塔於高峯，建市於平原，連檣於巨川，罫軌於大陸，一若山川雲物，必待城郭舟車，共組而爲世界也。然則吾人言人事，所可表異於天然之界者，惟此世界相待以爲組織成分之人爲品而已。

吾決非崇拜物質文明之一人，惟認物質文明爲精神文明所由寄之而發揮，則堅信無疑。幸福者果何物乎？幕吾以天，席吾以地，纏籐葉於吾身，坐山石之上，歌聲出金石，固何歉乎？精神完固之我，而不認爲有一種高尚之幸福？但此種幸福皆在物質備具，充養吾之精神，已使演進而有餘，而後偶任吾個體之返本自適，遂有若天地甚寬，其樂反未央耳。若眞在籐葉纏身之世，共幕於天，共席於地之同胞，皆苦籐葉之不供。吾纏吾身，懷寶卽罪，殺身之慘，可以區區章身之籐葉，安在而能如戒約完具？盜賊屏遠之人境，有晏然之山石可坐？卽非出於人與人之相害。以籐葉自纏，苟爲生活之人功，豈能使蛇龍兕虎，斂迹深林，而多乾淨可坐之山石？而且歌則有思，哭則有懷，縱原人亦自有嗚嗚之天趣，然安在所謂聲出金石者？而望簡冊不富，縹緗不具之人類，足生吾人代爲設想之繁感，是則吾人理想中高尙之幸福，一若全發揮於精神者，亦幾幾乎實由物質文明伸縮之區域，爲其發揮弛張之區域耳。且認識幸福於自身，由慊然不敢備物之天德，覺與物質文明之進退無關。倘推舉吾爲幸福之製造家，則吾將造蛇龍兕虎交相騰躍之山石，而坐吾同胞於上，爲盡職乎？抑將張羅設阱，驅蛇龍兕虎而遠行，潔災害不生之山石以坐之乎？循此以推，將使終年露坐於山石之上，與嚴霜畏日，爭烈於朝暮乎？抑將教之編茅伐竹，蔽山石之半，俾可朝坐而暮息，晴出而雨休乎？一一備物無休，而物質文明遂與人類幸福相驅而並進，於是幸福中不能不含有巨大成分之物質文明。吾視整然吾椽，潔然吾席，對精良之筆硯，馮堅適之几案，衣飾襪履，莫不周體。慵貓藉於褥，瘦樹扶於櫥，吾草此文於其中。方風雨之瀟瀟，而吾晏如？鄰之人力車夫家，大風吹折其樹枝，破椽瓦而去。雨水漬床前，坐三足椅上，扶破桌，身著單衣，颯颯寒戰。磨金不換於盌底，執大蒜頭筆，伸表心紙作書，乞貸鄉人。彼此之情狀，製造幸福家，厚吾抑厚彼。若謂所予之幸福，果分厚薄，無非備物以貽吾兩人者，周與不周耳。是則物質之文明，決未可於人類之幸福，有所蔑視。

物質文明者何？人爲品而已。人爲品者何？手製品而已。故夫手也者，一切人爲品之產母也。生類萬物之造作，其工具以角、以口、以足。角與口足之外，更無別種之工具。人之初祖，立其兩後足，使能支持其全體，乃以兩前足轉變爲手。自有手而生類最良之工具，因以出世。何也？惟手之爲工具，能產生他工具，若角、若口、若足皆不能。攀枝而爲杖，拾石而成斧，此產生最初簡單之他工具。手能擊燧或引日以取火，若角、若口、若足又不能。火之利用溥，杖且條焉爲矛，斧且條焉有刃，由乎產生之簡單他工具，又產生較繁複之他工具，於是網、罟、耒、耜、弓、矢、舟、車，以漸而備。自書契以來，經六千年之演進，於百年前十八世紀之末，尤繁複之工具，所謂蒸汽機者產生焉。蒸汽機既產生，不惟蒸汽機自身爲工具，千萬倍於手之作用也。即有所謂機轉之刨床者焉，他刨所不能刨者刨床能之；又有所謂機轉之鑽臺焉，他鑽所不能鑽者，鑽臺能之；又有所謂機轉之鋸座焉，他鋸所不能鋸者，鋸座能之。不惟能刨、能鑽、能鋸，擴張無限之力量而已，而且由刨床、鑽臺、鋸座之所刨且鑽且鋸者，能得千分萬分之一之精密，決非手之所能爲功也。此類之刨床、之鑽臺、之鋸座，盡有號爲機轉，不過有機焉，可手搖足踏，非必盡轉以汽機。惟此床、此臺、此座能具精密之機件，可手搖足踏，而功用繁富，其所具之機件，固必造自汽機。所以自汽機之產生，汽機自身固突然而爲古來未有之工具。由彼產生之刨床、鑽臺、鋸座之類者，亦皆爲古來未有之工具。蓋由此等工具，皆能產生若斧、若鑿、若樞、若括，無數能力皆備之工具，以佐吾手之不能也。

吾今卑之無甚高論，以今東方不能備物之民，與西方備物甚富之民較，固無異由人力車夫家之短垣，以窺吾室，備物周與不周而已。其備物不周之故，推想於物之所以備，卽工具短缺是矣。工具短缺之情狀，普通皆有覺悟，如所謂主張推廣機器製造也，所謂傳布實業主義也，所謂注重科學教育也，無非間接直接，亦望增多其工具。雖然，如不能成眞正工具之嗜好，普及於青年間，則所謂機器製造，所謂實業主義，所謂科學教育，皆如隔雲霧而談天際也。古之青年，負篋於外，略具自治之能力者，其篋中必有小剪，有縫針，有脩脚刀，或有鐵錘。今之青年則有進，於上數者之外，又有裁紙削筆之刀，有開瓶之鑽，有起釘之鑿，甚而至於有剚孔之螺鑽。此人人認爲與時辰表、寒暑計、畫圖規尺，爲青年之所必備。嗟呼！此眞中國之青年！欲知他國青年之生活，正在夢中。

西國鄙諺，卽眼前品物而比較文明野蠻者，以吾所聞凡三：一曰國之文野，可以肥皂店多寡分之；二曰國之文野，可以硫酸製造所多寡分之；三曰國之文野，可以工具發售處多寡分之。三者各有其持論之目的。吾以爲工具發售處尤爲其母親。肥皂之廠，硫酸之器，皆從極便利、極精密之工具得保有廉價，保有良果，始能日以發達。正如甲生攜有小剪、縫針，方不至足穿裂縫之襪，裾曳垂落之紐，如乙丙各生之去家方遠，常露其窘態也。吾國昔年除張小全、王麻子之外，曾否有正式之工具店？大匠之所具，百工之所爲備，或專有一匠爲特別行業，鎔造於隘巷，或就普通鍛鐵所，由求者口講手畫以指製。所可適市而求者，不出乎小剪、縫針、脩脚刀、鐵錘而已，間或有裁紙之刀。所謂開瓶之鑽，起釘之鑿，剸孔之螺鑽，必於洋貨鋪。求他物於洋貨鋪，吾所不忍提議。惟就洋貨鋪而得工具，能得其製造之母親，得之而久之可以不復更得，此正所謂借矛攻盾者也。然中國之洋貨鋪，能求得機轉之刨床否？能求得機轉之鑽臺否？能求得機轉之鋸座否？吾恐吾之青年，既未見其製，或且未聞其名。有之，在上海鬧市，方用於廣東甯波之工匠者。確有無論何種青年，當備於其家中自脩之室，而乃概駭之爲機器。不曰工人所用，卽曰機匠所需，與社會普通青年無關。有所關涉，亦工科之青年而已。嗟乎！此眞中國之青年，欲知他國青年之生活，正在夢中。

幸而世界事業演進之發達，循自然而推暨。年來工具之輸入，有所謂五金店者，月推而日盛。苟其吾之青年，能聯合全國青年，開一歡迎五金店之大會。而中國青年之生活，必開一新紀元。其故無他：吾所謂機轉之刨床者，五金店間可以求之；所謂機轉之鑽臺，機轉之鋸座，五金店且盡可以求之。節縮青年製衺、觀劇、會食種種消耗無益之資，先求刨床、求鑽臺、求鋸座，置於家中自脩室中。開其手匣，有小剪、縫針、脩脚刀、鐵錘、裁紙削筆之刀、開瓶之鑽、起釘之鑿、剸孔之螺鑽，無不畢備。捫其衣袋，時辰表、寒暑計、畫圖尺規，亦無不具。於是燒蒸水之玻璃瓶，蓄電氣之積累機，與所謂普通斧鑿、若樞、若括之支架，相位置於刨床、鑽臺、鋸座之間，復有六經三史圖譜哲像，互相點綴。

此等青年，方爲文明之青年。此正如古人驕養之青年。其父兄誇能永給子孫之轎馬，無所用其手足，遂任天生之工具，萎縮而不用。今共知以轎馬廢其手足，緩急之苦累無窮。所以今日無論家富轎馬者，亦主張有相當運動，發展其天所賦予之工具。推而進之，今日開明人類，知欲充吾天然之工具，至於相當者，不必發高論。而普通之所謂機械品，宜人人附於天然工具之一手，皆求而有之，而後充一普通人之能力乃完。故吾不望青年爲偉人，僅望青年爲普通人，當求刨床、求鑽臺、求鋸座。

吾略据英國之青年爲報告：其十二三以下之青年，其自脩室中，大部有玩具（Toy）。所謂刨床、鑽臺、鋸座，皆刻以木，或製以馬口鐵，運動之以火酒，此意焉而已。而尋常之鋸鑽刨鑿，皆由歲時卽求備於鄰近之五金店。十三四至二十以外之青年，遂有模型（Model）。模型之爲物，則影響大矣。鼓吹此等模型之報，邑有十數；交換此等模型之古物店，市有百數；製造此等模型之工廠資本達數十百萬者，亦以十百數。此等模型之能力，所謂刨床、鑽臺、鋸座之類者，能連結於五六匹馬力、十數匹馬力之汽機油機馬達以動。而廣東甯波工匠得之，能設機器巨肆於虹口洋涇浜之間。皆常出現於彼中青年家屋內自脩之室也，卽借此刨床、鑽臺、鋸座之能力，自製一半匹馬力至兩三匹馬力之汽機油機馬達，以自牽其刨床、鑽臺、鋸座，不僅僅倚恃於手足，亦每日下午放假以後，聚議於公園球架之旁，至尋常也。所以去吾鄰居之半里，有中校焉，爲生徒者七百，其中三百人家中皆有可用機力牽引之刨床，有正式製造小物之能力。自軍火立部以來，所謂愛國之青年，皆思出少力以助公家，於是於星六及星日，此三百青年者，各領槍子二百，兩日中就其自脩室之刨床而竟工焉。蓋一中校遊戲工具之所助，乃週助六萬「必馬」，以青年不幸而造殺人之具。此別一問題，自當特別研究。至就作工之本題能力而言，吾青年僅藏小剪、縫針、鐵錘而罷者，方如具有工具之人類，與止有若角、若口、若足者相比例矣。然而英之社會，自戰事發生以來，猶痛詬其青年，以爲工具之教育，遠不如日耳曼。日耳曼卽一車夫之家，皆有一工場（Work Shop，惟用 Work Shop，表意乃顯。譯曰工場，嫌太廣，曰工作所，又嫌太狹。所謂 Work Shop，即種種工具，如牽機之汽機油機馬達，作工之刨床鑽臺鋸座等，無不格外具備，工作可以完善）。工場何物？我之青年必對曰，在裘信昌及製造局，豈曾夢見自脩室中有之乎？

故吾決非崇拜物質文明者也，如稍有一毫不能打破備物以爲幸福之理論，請吾青年視其手，又視文明之工具，決非工科青年，方當注重於工具者也。

原載《新青年》第二卷第五號，一九一七年一月一日

一九一七年豫想之革命

高一涵

高一涵（一八八五—一九六八），原名永浩，安徽六安人。

一九一三年入日本明治大學，一九一六年回國後，先後任教於北京大學、中國大學、武昌中山大學等，參與編輯《新青年》。著有《政治學綱要》、《歐洲政治思想史》等。

合紛然淆雜互相錯綜之生活狀態而組成社會；積判然各殊息息變遷之羣衆心理而演成思潮。持現狀以比衡往跡，數其遞嬗遞變、釐然殊觀之經歷，而名之曰進化。構成社會之分子愈雜，則演成思潮之支派愈紛。紛之度達其極，則摩盪切劘，各成趨向。趨向愈歧，則變遷愈速，而進化之機乃愈靈。人羣進化之原動力，宜萬而不宜一，宜互競於平衡，而不宜統攝於一尊。道一同風之訓，乃根諸專制思想而來。一羣之衆，其受專制之毒彌深，則夢想一尊之心思彌切。甚或從專制思想之中，籀出專制教育主義，至教育主義隸屬於專制思想而下，則羣衆之心靈汩沒，而進化之機息矣。

近日從專制思想中，演出二大盲說，必待吾人之力極廓清者，即於政治上應揭破賢人政治之眞相，於教育上應打消孔教爲修身大本之憲條是也。往歲之革命爲形式，今歲之革命在精神。政治制度之革命，國人已明知而實行之矣。惟政治精神與教育主義之革命，國人猶未能實行。實行之期，其自一九一七年始。

曷言乎賢人政治？從專制思想演繹而出也。吾國專制思想，其延緣於人民腦襞者，垂四千餘年。迄於清末，新舊互爭，濡染歐化者流，羣悟專制之非。而深中舊毒之士大夫，既知專制主義與世界思潮相抵觸，又不欲翻然改圖，乃棄名取實，詭其詞曰「開明專制」。迨民國成立，經二次政治革命而後，專制基礎，掃蕩無遺，不得公然以專制名詞相號召，乃轉飾其名曰「賢人政治」。今就二者比較以觀，自不難立睹其眞相。伯倫智理與黎白，皆謂專制與權力並存。何則？政權公諸有衆者也，欲以一部分人私有之，故必賴權力爲人保障。賢人政治，亦將公有之政權私之於一部分人士者也，故亦必藉勢力爲護符。**此與專制同者一**。專制者，成於獨而消於衡，無惟我獨尊之心理，則不能決然行專制，亦無惟我獨尊之心理，則不敢自任爲賢人。**此與專制同者二**。專制既假權力而行，則專制無定主，惟視權力爲轉移。賢人亦無標準者也，欲强定其標準，亦惟視權力以爲衡。權力愈大者，其賢亦愈大，權力最小及毫無權力者，則不得不降爲不肖焉。**此與專制同者三**。專制之特性，在排斥異己，非排斥至盡，則專且不能，何有於制？賢人之名詞，乃與不肖相對待，非指斥他部分爲不肖，則不能顯見此部分爲賢人。何也？以一國皆賢，則無賢人之名可立故也。**此與專制同者四**。行專制者，必劃分人民爲治者與被治者二級。賢人政治，以賢人爲治者，以不肖爲被治者，亦分人民爲兩級者也。**此與專制同者五**。專制者之職務，在以一部分人代理全國人之事務，而不欲放任人民之自爲。賢人之職務，亦代不肖者總理庶事，而不欲放任不肖者之自爲也。**此與專制同者六**。專制者，想望一人首出庶物，建爲元后，以子育人民。賢人政治，亦想望一部分人首出庶物，立爲人民師表者也。**此與專制同者七**。然則賢人政治，殆幾與專制同其界說歟！

國家者何？**乃自由人民以協意結爲政治團體**，藉分功通力，**鼓舞羣倫，使充其本然之能**，收所欲蘄之果，乃以自智自力，謀充各得其所之境，**非藉他人智力代爲自謀者也**。古者國家政治，其原動力在官；近世國家政治，其原動力在民。往者政治爲人力車，近世政治爲摩托車。**故**

國家惟一之職務，在立於萬民之後，破除自由之阻力，鼓舞自動之機能，以條理其牴牾，防止其侵越。於國法上公認人民之政治人格，明許人民自由之權利，此爲國家唯一之職務，亦卽所以存在之眞因。談賢人政治者，雖未見其明定國家之界說，然總觀所論，則國家者由一部分賢人握有政權，以盡其指導扶持之責。藉此部分人智力，代他部分人民謀充其各得其所之境者也。凡百行爲，以賢人爲原動，以人民爲被動。於是國法上不能遍認人民均有政治人格與自由之權利矣。由斯義以推，第一與哈蒲浩「國家建築於人民權利之上」之原則相反；第二與邊心「最大多數之最大幸福」之主旨相違。此在貴族政體盛行時代容或可行，若欲行於二十稘民權大張、羣爭自立之時，是反世界之趨勢與進化之精神，不若仍明倡帝制，猶爲直截了當也。論者豈不曰由官治可進於民治歟？然要知官治、民治之根本原理，絕不相容。民治之精神，在先予以政治上之人格自由權利，藉政治之力以自造於賢人之域。政治其因，賢人其果。官治之精神，則先奪其政治上之人格自由權利，俾託賢人之庇蔭，安享政治之成。賢人其因，政治其果。故一則養成富於自治自立之風，一則養成依賴他人之習。欲以依人爲生之民，行自治自立之事，是命盲者視、聾者聽之類也。烏乎可哉！

再言教育。孔道應否爲教育大本爲一問題，教育大本應否由國家規定，是又別一問題。前者已爲海內時賢所斥駁，後者則似尚付缺如。夫教育主義大別不外二種：一隸屬於政治者，一超軼乎政治者。國家而以官治爲中心，其制度含有專制性質者，往往以政治勢力左右教育，故教育主義純粹隸屬於政治範圍之中。國家而以民治爲中心，其制度含有共和性質者，往往任人民自由選擇，聽其趨向，以爲教育之方針。故教育事業，全超軼乎政治範圍而外。軍國民教育、實利主義教育及公民道德教育，屬乎前者；世界觀教育、世道主義教育，屬乎後者焉。

曷言乎世界觀教育？世界之種類亦有二：一曰現象世界，一曰實體世界。前者以謀現世幸福爲鵠的，後者則以謀究竟幸福爲鵠的。前者有空間、時間之關係，後者則無空間、時間之可言。前者由於感受，後者全恃直覺。政治者，由人類所感受之激刺，爲一族一國之羣衆謀現世幸福之謂。教育者，由人類一己之直覺，爲普遍世界之羣衆謀無終無極之究竟幸福也。**故强使世界觀教育，俾隸於政治範圍而下，其違背教育主義者二：一爲空間之限制，卽縮小教育範圍，使僅及於現象世界中一族一國之人；一爲時間之限制，卽減短教育功用，使僅謀現象世界之現在幸福也。**人不能有生而無死，國家不能有存而無亡。現世幸福，隨死亡以消滅。以不生不滅之人生，於無始無終之實體中，而僅僅以謀隨死亡而消滅之現世幸福爲鵠的，若而人生，若而世界，有何價値之足云？此世界觀教育所以爲世界人生之最終蘄嚮，而超然於政治之表者也。

曷言乎世道主義之教育？夫合無始無終之時、無窮無極之世與有生無生之物以成世界。則所謂世界，卽非一時一地之有生物所得專焉者也。矧人類特有生物中之一種乎？論者動曰：人道主義爲世界之究竟。不知人道主義，特以人類爲範圍，不過占世界生物中之一部。謂爲人類之究竟，猶且不可，況謂爲世界之究竟乎？教育者，以合宇宙萬彙有形無形有生無生之全體爲範圍者也。限以有生有形，已嫌其偏，何況更限以人類？設再以政治之潮流爲教育之標，則更以人類一種族一國家之事，爲實體世界無始無終不生不滅之眞實人生體也。此人道主義之教育，所以不若世道主義之教育尤爲範圍普遍，萬彙咸周之道，而爲教育主義之究竟也。

然此特言超軼乎政治之教育也。卽隸屬乎政治，若軍國民教育、實利主義教育及公民道德教育等，亦不宜束縛其趨向，盡納諸政治潮流之中。**教育之事，端在啓瀹心靈，順人類之特生異秉，使充其本然之能。其造詣之境愈雜，則心能之啓發愈多，而學術之發明亦愈速。**一道同風之說，乃汩沒心靈之媒，況一之同之之標本，無能定可定者，欲以謀現世一部分幸福之政治主義，定爲謀普遍世界無終極幸福之教育主義，其紕繆更何待言。**故不特以孔道爲教育大本無有是處，卽於孔道而外，別取佛、道、耶、回之道或他宗學流爲教育大本，以規定於憲法，亦無有是處。**故今日所爭者，爲教育大本應否規定之問題，非應否規定何人之問題也。無論何人，均不能以一教之力束縛未來人類之心思。更何有於由專制思想演繹而出之孔道？

文學改良芻議

原載《新青年》第二卷第五號，一九一七年一月一日

胡適

胡適（一八九一——一九六二），字適之，安徽績溪人。

一九一〇年赴美留學，先後就讀於康乃爾大學和哥倫比亞大學。一九一七年回國後任北京大學教授，參與編輯《新青年》。一九三八年出任駐美大使，一九四六年任北京大學校長，一九五七年任中央研究院院長。著作輯為《胡適全集》。

今之談文學改良者衆矣，記者末學不文，何足以言此。然年來頗於此事再四研思，輔以友朋辯論，其結果所得，頗不無討論之價値。因綜括所懷見解，列爲八事，分別言之，以與當世之留意文學改良者一研究之。

吾以爲今日而言文學改良，須從八事入手。八事者何？

一曰，須言之有物。

二曰，不摹倣古人。

三曰，須講求文法。

四曰，不作無病之呻吟。

五曰，務去爛調套語。

六曰，不用典。

七曰，不講對仗。

八曰，不避俗字俗語。

一曰須言之有物：吾國近世文學之大病，在於言之無物。今人徒知「言之無文，行之不遠」，而不知言之無物，又何用文爲乎。吾所謂「物」，非古人所謂「文以載道」之說也。吾所謂「物」，約有二事。

（一）情感：《詩序》曰，「情動於中而形諸言。言之不足，故嗟嘆之。嗟嘆之不足，故永歌之。永歌之不足，不知手之舞之，足之蹈之也。」此吾所謂情感也。情感者，文學之靈魂。文學而無情感，如人之無魂，木偶而已，行屍走肉而已（今人所謂「美感」者，亦情感之一也）。

（二）思想：吾所謂「思想」，蓋兼見地、識力、理想三者而言之。思想不必皆賴文學而傳，而文學以有思想而益貴。思想亦以有文學的價值而益貴也。此莊周之文，淵明老杜之詩，稼軒之詞，施耐菴之小說，所以敻絕千古也。思想之在文學，猶腦筋之在人身。人不能思想，則雖面目姣好，雖能笑啼感覺，亦何足取哉。文學亦猶是耳。

文學無此二物，便如無靈魂無腦筋之美人，雖有穠麗富厚之外觀，抑亦末矣。近世文人沾沾於聲調字句之間，既無高遠之思想，又無眞摯之情感，文學之衰微，此其大因矣。此文勝之害，所謂言之無物者是也。**欲救此弊，宜以質救之。質者何，情與思二者而已。**

二曰**不摹倣古人**：文學者，隨時代而變遷者也。一時代有一時代之文學。周秦有周秦之文學，漢魏有漢魏之文學，唐宋元明有唐宋元明之文學。此非吾一人之私言，乃文明進化之公理也。即以文論，有《尙書》之文，有先秦諸子之文，有司馬遷班固之文，有韓柳歐蘇之文，有語錄之文，有施耐菴曹雪芹之文。此文之進化也。試更以韻文言之。擊壤之歌，五子之歌，一時期也。三百篇之詩，一時期也。屈原荀卿之騷賦，又一時期也。蘇李以下，至於魏晉，又一時期也。江左之詩流爲排比，至唐而律詩大成，此又一時期也。老杜香山之「寫實」體諸詩（如杜之〈石壕吏〉、〈羌村〉，白之〈新樂府〉），又一時期也。詩至唐而極盛，自此以後，詞曲代興。唐五代及宋初之小令，此詞之一時代也。蘇柳（永）辛姜之詞，又一時代也。至於元之雜劇傳奇，則又一時代矣。凡此諸時代，各因時勢風會而變，各有其特長。吾輩以歷史進化之眼光觀之，決不可謂古人之文學皆勝於今人也。左氏史公之文奇矣。然施耐菴之《水滸傳》視《左傳》、《史記》，何多讓焉。〈三都〉、〈兩京〉之賦富矣。然以視唐詩宋詞，則糟粕耳。**此可見文學因時進化，不能自止。**唐人不當作商周之詩，宋人不當作相如子雲之賦。**卽令作之，亦必不工，逆天背時，違進化之跡，故不能工也。**

既明文學進化之理，然後可言吾所謂「不摹倣古人」之說。**今日之中國，當造今日之文學。**不必摹倣唐宋，亦不必摹倣周秦也。前見國會開幕詞有云，「於鑠國會，遵晦時休」。此在今日而欲爲三代以上之文之一證也。更觀今之「文學大家」，文則下規姚曾，上師韓歐，更上則取法秦漢魏晉，以爲六朝以下無文學可言，此皆百步與五十步之別而已，**而皆爲文學下乘。卽令神似古人，亦不過爲博物院中添幾許「逼真贗鼎」而已**，文學云乎哉。昨見陳伯嚴先生一詩云：

濤園鈔杜句，半歲禿千毫。所得都成淚，相過問奏刀。萬靈噤不下，
此老仰彌高。胸腹回滋味，徐看薄命騷。

此大足代表今日「第一流詩人」摹倣古人之心理也。其病根所在，在於以「半歲禿千毫」之工夫作古人的鈔胥奴婢，故有「此老仰彌高」之嘆。若能洒脫此種奴性，不作古人的詩，而惟作我自己的詩，則決不致如此失敗矣！

吾每謂今日之文學，其足與世界「第一流」文學比較而無愧色者，獨有白話小說（我佛山人、南亭亭長、洪都百煉生三人而已）一項。此無他故，以此種小說皆不事摹倣古人（三人皆得力於《儒林外史》、《水滸》、《石頭記》。然非摹倣之作也）而惟實寫今日社會之情狀，故能成真正文學。其他學這個、學那個之詩古文家，皆無文學之價值也。今之有志文學者，宜知所從事矣。

三曰須**講文法**：今之作文作詩者，每不講求文法之結構。其例至繁，不便舉之，尤以作駢文律詩者爲尤甚。**夫不講文法，是謂**「不通」。

此理至明，無待詳論。

四曰**不作無病之呻吟**：此殊未易言也。今之少年往往作悲觀，其取別號則曰「寒灰」、「無生」、「死灰」；其作爲詩文，則對落日而思暮年，對秋風而思零落，春來則惟恐其速去，花發又惟懼其早謝。此亡國之哀音也，老年人爲之猶不可，況少年乎？**其流弊所至，遂養成一種暮氣，不思奮發有爲，服勞報國，但知發牢騷之音，感喟之文。作者將以促其壽年，讀者將亦短其志氣**，此吾所謂無病之呻吟也。國之多患，吾豈不知之？然病國危時，豈痛哭流涕所能收效乎？吾惟願今之文學家作費舒特（Fichte），作瑪志尼（Mazzini），而不願其爲賈生、王粲、屈原、謝皋羽也。其不能爲賈生、王粲、屈原、謝皋羽，而徒爲婦人醇酒喪氣失意之詩文者，尤卑卑不足道矣！

五曰**務去爛調套語**：今之學者，胸中記得幾個文學的套語，便稱詩人。其所爲詩文處處是陳言爛調，「蹉跎」、「身世」、「寥落」、「飄零」、「蟲沙」、「寒窗」、「斜陽」、「芳草」、「春閨」、「愁魂」、

「歸夢」、「鵑啼」、「孤影」、「雁字」、「玉樓」、「錦字」、「殘更」……之類，累累不絕，最可憎厭。其流弊所至，遂令國中生出許多似是而非、貌似而實非之詩文。今試舉一例以證之：

熒熒夜燈如豆，映幢幢孤影，凌亂無據。翡翠衾寒，鴛鴦瓦冷，禁得秋宵幾度。么絃漫語，早丁字簾前，繁霜飛舞。嫋嫋餘音，片時猶繞柱。

此詞驟觀之，覺字字句句皆詞也。其實僅一大堆陳套語耳。「翡翠衾」、「鴛鴦瓦」，用之白香山〈長恨歌〉則可，以其所言乃帝王之衾之瓦也。「丁字簾」、「么絃」，皆套語也。此詞在美國所作，其夜燈決不「熒熒如豆」，其居室尤無「柱」可繞也。至於「繁霜飛舞」，則更不成話矣。誰曾見繁霜之「飛舞」耶？

吾所謂務去爛調套語者，別無他法，惟在人人以其耳目所親見親聞、所親身閱歷之事物，一一自己鑄詞以形容描寫之。但求其不失真，但求能達其狀物寫意之目的，即是工夫。其用爛調套語者，皆嬾惰不肯自己鑄詞狀物者也。

六曰不用典：吾所主張八事之中，惟此一條最受友朋攻擊，蓋以此條最易誤會也。吾友江亢虎君來書曰：

所謂典者，亦有廣狹二義。餖飣獺祭，古人早懸爲厲禁；若並成語故事而屏之，則非惟文字之品格全失，卽文字之作用亦亡……文字最妙之意味，在用字簡而涵義多。此斷非用典不爲功。不用典不特不可作詩，並不可寫信，且不可演說。來函滿紙「舊雨」、「虛懷」、「治頭治腳」、「舍本逐末」、「洪水猛獸」、「發聾振聵」、「負弩先驅」、「心悅誠服」、「詞壇」、「退避三舍」、「無病呻吟」、「滔天」、「利器」、「鐵證」……皆典也。試盡抉而去之，代以俚語俚字，將成何說話？其用字之繁簡，猶其細焉。恐一易他詞，雖加倍蓰而涵義仍終不能如是恰到好處，奈何？……

此論極中肯要。今依江君之言，分典爲廣狹二義，分論之如下：

（一）廣義之典非吾所謂典也。廣義之典約有五種：

（甲）古人所設譬喻，其取譬之事物，含有普通意義，不以時代而失其效用者，今人亦可用之。如古人言「以子之矛，攻子之盾」，今人雖不讀書者，亦知用「自相矛盾」之喻，然不可謂為用典也，上文所舉例中之「治頭治脚」、「洪水猛獸」、「發聾振聵」……皆此類也。蓋設譬取喻，貴能切當；若能切當，固無古今之別也。若「負弩先驅」、「退避三舍」之類，在今日已非通行之事物，在文人相與之間，或可用之，然終以不用為上。如言「退避」，千里亦可，百里亦可，不必定用「三舍」之典也。

（乙）成語：成語者，合字成辭，別為意義。其習見之句，通行已久，不妨用之。然今日若能另鑄「成語」，亦無不可也。「利器」、「虛懷」、「舍本逐末」……皆屬此類。此非「典」也，乃日用之字耳。

（丙）引史事：引史事與今所論議之事相比較，不可謂為用典也。如老杜詩云，「未聞殷周衰，中自誅褒妲」，此非用典也。近人詩云，「所以曹孟德，猶以漢相終」，此亦非用典也。

（丁）引古人作比：此亦非用典也。杜詩云，「清新庾開府，俊逸鮑參軍」，此乃以古人比今人，非用典也。又云，「伯仲之間見伊呂，指揮若定失蕭曹」，此亦非用典也。

（戊）引古人之語：此亦非用典也。吾嘗有句云，「我聞古人言，艱難惟一死」。又云，「嘗試成功自古無，放翁此語未必是」。此乃引語，非用典也。

以上五種爲廣義之典，其實非吾所謂典也。**若此者可用可不用。**

（二）狹義之典，吾所主張不用者也。吾所謂「用典」者，謂文人詞客不能自己鑄詞造句，以寫眼前之景、胸中之意，故借用或不全切、或全不切之故事陳言以代之，以圖含混過去，是謂「用典」。上所述廣義之典，除戊條外，**皆爲取譬比方**

之辭。但以彼喻此，而非以彼代此也。狹義之用典，則全為以典代言，自己不能直言之，故用典以言之耳。此吾所謂用典與非用典之別也。狹義之典亦有工拙之別，其工者偶一用之，未為不可，其拙者則當痛絕之已。

（子）**用典之工者**：此江君所謂用字簡而涵義多者也。客中無書不能多舉其例，但雜舉一二，以實吾言：

（1）東坡所藏仇池石，王晉卿以詩借觀，意在於奪。東坡不敢不借，先以詩寄之，有句云，「欲留嗟趙弱，寧許負秦曲。傳觀慎勿許，間道歸應速。」此用藺相如返璧之典，何其工切也。

（2）東坡又有「章質夫送酒六壺，書至而酒不達。」詩云，「豈意青州六從事，化為烏有一先生」。此雖工已近於纖巧矣。

（3）吾十年前嘗有〈讀《十字軍英雄記》〉一詩云，「豈有酖人羊叔子，焉知微服趙主父，十字軍眞兒戲耳，獨此兩人可千古」。以兩典包盡全書，當時頗沾沾自喜，其實此種詩，盡可不作也。

（4）江亢虎代華僑誄陳英士文有「未懸太白，先壞長城。世無鉏霓，乃戕趙卿」四句，余極喜之。所用趙宣子一典，甚工切也。

（5）王國維〈詠史詩〉，有「虎狼在堂室，徒戎復何補。神州遂陸沉，百年委榛莽。寄語桓元子，莫罪王夷甫。」此亦可謂使事之工者矣。

上述諸例，皆以典代言，其妙處，終在不失設譬比方之原意。惟爲文體所限，故譬喻變而爲稱代耳。用典之弊，在於使人失其所欲譬喻之原意。若反客爲主，使讀者迷於使事用典之繁，而轉忘其所爲設譬之事物，則爲拙矣。古人雖作百韻長詩，其所用典不出一二事而已（〈北征〉與白香山〈悟眞寺〉詩皆不用一典），今人作長律則非典不能下筆矣。

嘗見一詩八十四韻，而用典至百餘事，宜其不能工也。

（丑）**用典之拙者**：用典之拙者，大抵皆衰惰之人，不知造詞，故以此爲躲嬾藏拙之計。惟其不能造詞，故亦不能用典也。總計拙典亦有數類：

（1）比例泛而不切，可作幾種解釋，無確定之根據。今取王漁洋〈秋柳〉一章證之：

娟娟涼露欲爲霜，萬縷千條拂玉塘，浦裏青荷中婦鏡，江干黃竹女兒箱。空憐板渚隋堤水，不見瑯琊大道王。若過洛陽風景地，含情重問永豐坊。

此詩中所用諸典無不可作幾樣說法者。

（2）僻典使人不解。夫文學所以達意抒情也。若必求人人能讀五車之書，然後能通其文，則此種文可不作矣。

（3）刻削古典成語，不合文法。「指兄弟以孔懷，稱在位以曾是」（章太炎語），是其例也。今人言「爲人作嫁」

亦不通。

（4）用典而失其原意。如某君寫山高與天接之狀，而曰「西接杞天傾」是也。

（5）古事之實有所指，不可移用者，今往亂用作普通事實。如古人灞橋折柳，以送行者，本是一種特別土風。陽關、渭城亦皆實有所指。今之懶人不能狀別離之情，於是雖身在滇越，亦言灞橋，雖不解陽關渭城爲何物，亦皆言「陽關三疊」，「渭城離歌」。又如張翰因秋風起而思故鄉之蓴羹鱸膾，今則雖非吳人，不知蓴鱸爲何味者，亦皆自稱有「蓴鱸之思」。**此則不僅嬾不可救，直是自欺欺人耳**！

凡此種種，皆文人之下下工夫，一受其毒，便不可救。此吾所以有「不用典」之說也。

七曰**不講對仗**：排偶乃人類言語之一種特性，故雖古代文字，如老子孔子之文，亦間有駢句。如「道可道，非常道；名可名，非常名。無名天地之始，有名萬物之母。故常無，欲以觀其妙；常有，欲以觀其微」，此三排句也。「食無求飽，居無求安」、「貧而無諂，富而無驕」、「爾愛其羊，我愛其禮」，此皆排句也。然此皆近於語言之自然，而無牽强刻削之跡；尤未有定其字之多寡，聲之平仄，詞之虛實者也。至於後世文學末流，言之無物，乃以文勝；文勝之極，而駢文律詩興焉，而長律興焉。駢文律詩之中非無佳作，然佳作終鮮。所以然者何？豈不以其束縛人之自由過甚之故耶？（長律之中，上下古今，無一首佳作可言也。）**今日而言文學改良，當「先立乎其大者」，不當枉廢有用之精力於微細纖巧之末**，此吾所以有廢駢廢律之說也。卽不能廢此兩者，亦但當視爲文學末技而已，非講求之急務也。

今人猶有鄙夷白話小說爲文學小道者，不知施耐菴、曹雪芹、吳趼人皆文學正宗，而駢文律詩乃眞小道耳。吾知必有聞此言而却走者矣。

八曰**不避俗語俗字**：吾惟以施耐菴、曹雪芹、吳趼人爲文學正宗，故有「不避俗字俗語」之論也（參看上文第二條下）。蓋吾國言文之背馳久矣。自佛書之輸入，譯者以文言不足以達意，故以淺近之文譯之，其體已近白話。其後佛氏講義語錄尤多用白話為之者，是為語錄體之原始。及宋人講學以白話為語錄，此體遂成講學正體（明人因之）。當是時，白話已久入韻文，觀唐宋人白話之詩詞可見也。及元時，中國北部已在異族之下，三百餘年矣（遼、金、元）。**此三百年中，中國乃發生一種通俗行遠之文學**。文則有《水滸》、《西遊》、《三國》之類，戲曲則尤不可勝計（關漢卿諸人，人各著劇數十種之多。吾國文人著作之富，未有過於此時者也）。以今世眼光觀之，則中國文學當以元代為最盛，可傳世不朽之作，當以元代為最多，此可無疑也。當是時，中國之文學最近言文合一，白話幾成文學的語言矣。使此趨勢不受沮遏，則中國乃有「活文學出現」，而但丁、路得之偉業（歐洲中古時，各國皆有俚語，而以拉丁文為文言，凡著作書籍皆用之，如吾國之以文言著書也。其後意大利有但丁〔Dante〕諸文豪，始以其國俚語著作。諸國踵興，國語亦代起。路得〔Luther〕創新教始以德文譯《舊約》、《新約》，遂開德文學之先。英法諸國亦復如是。今世通用之英文《新舊約》乃一六一一年譯本，距今才三百年耳。故今日歐洲諸國之文學，在當日皆爲俚語。迨諸文豪興，始以「活文學」代拉丁之死文學。有活文學而後有言文合一之國語也），幾發生於神州。不意此趨勢驟爲明代所沮，政府既以八股取士，而當時文人如何、李七子之徒，又爭以復古爲高，於是此千年難遇言文合一之機會，遂中道夭折矣。然以今世歷史進化的眼光觀之，則白話文學之爲中國文學之正宗，又爲將來文學必用之利器，可斷言也（此「斷言」乃自作者言之，贊成此說者今日未必甚多也）。以此之故，吾主張今日作文作詩，宜採用俗語俗字。與其用三千年前之死字（如「於鑠國會，遵晦時休」之類），不如用二十世紀之活字；與其作不能行遠不能普及之秦漢六朝文字，不如作家喻戶曉之《水滸》、《西遊》文字也。

結論

上述八事，乃吾年來研思此一大問題之結果。遠在異國，既無讀書之暇晷，又不得就國中先生長者質疑問難，其所主張容有矯枉過正之處。然此八事皆文學上根本問題，一一有研究之價值。故草成此論，以爲海內外留心此問題者作一草案。謂之芻議，猶云未定草也，伏惟國人同志有以匡糾是正之。

發表於一九一七年一月九日，
首刊於《東方雜誌》第十四卷第四號，
一九一七年四月十五日

蔡元培

蔡元培（一八六八—一九四〇），字仲申，又字鶴卿、民友、孑民，浙江紹興人。光緒十八年（一八九二年）進士。中華民國成立後任首任教育部總長。一九一七至一九二七年間任北京大學校長。一九二八年任中央研究院院長。著作輯為《蔡元培全集》。

就任北京大學校長之演說

五年前，嚴幾道先生爲本校校長時，予擔任教授，開學日曾有所貢獻於同校。諸君多自預科畢業而來，想必聞知。士別三日，刮目相見，況時閱數載，諸君較昔當必爲長足之進步矣。予今長斯校，請更以三事爲諸君告。

一曰抱定宗旨。諸君來此求學，必有一定宗旨，欲求宗旨之正大與否，必先知大學之性質。今人肄業專門學校，學成任事，此固勢所必然。而在大學則不然，大學者，研究高深學問者也。外人每指摘本校之腐敗，以求學於此者，皆有做官發財思想，存於胸臆。故畢業預科者，多入法科，入文科者甚少，蓋以法科爲干祿之終南捷徑也。因做官心熱，對於教員，則不問其學問之淺深，惟問其官階之大小。官階大者，特別歡迎，蓋將來畢業有人提攜也。現在我國精於政法者，多入政界，專任教授者甚少，故聘請教員，不得不聘請兼職之人，亦屬不得已之舉。究之外人指摘之當否，姑不具論。然弭謗莫如自修，人譏我腐敗，而我不腐敗，問心無愧，於我何傷？果欲達其做官發財之目的，則北京不少專門學校，入法科者盡可肄業法律學堂，習商科者亦可投考商業學校，又何必來此大學？所以諸君須抱定宗旨，爲求學而來。入法科者，非爲做官；入商科者，非爲致富。宗旨既定，自趨正軌。諸君肄業於此，或三年，或四年，時間不爲不多，苟能愛惜分陰，孜孜求學，則其造詣，容有底止。若徒志在做官發財，宗旨既乖，趨向自異。平時則放蕩冶游，考試則熟讀講義，不思學問之有無，惟在分數之優劣；試驗既終，書籍束之高閣，毫不過問，敷衍三四年，潦草塞責，文憑到手，卽可藉此活動於社會，豈非與求學初衷大相背馳乎？光陰虛度，學問毫無，是自誤也。且辛亥之役，吾人之所以革命，因清廷官吏之腐敗。卽在今日，吾人對於當軸多不滿意，亦以其道德淪喪。今諸君苟不於此時植其基，勤其學，則將來萬一因生計所迫，出而任事，擔任講席，則必貽誤學生；置身政界，則必貽誤國家。是誤人也。誤己誤人，又豈本心所願乎？亦由於宗旨不正大耳。此余所希望於諸君者一也。

二曰砥礪德行。方今風俗日偷，道德淪喪，北京社會，尤爲惡劣，敗德毀行之事，觸目皆是，非根基深固，鮮不爲流俗所染。諸君肄業大學，當能束身自愛。然國家之興替，視風俗之厚薄。流俗如此，前途何堪設想。故必有卓絕之士，以身作則，力矯頹俗。諸君爲大學學生，地位甚高，肩斯重任，責無旁貸，故諸君不惟思所以感己，更必有以勵人。苟德之不修，學之不講，同乎流俗，合乎污世，己且爲人輕侮，更何足以感人。然諸君終日伏首案前，芸芸攻苦，毫無娛樂之事，必感身體上之痛苦。爲諸君計，莫如以正當之娛樂，易不正當之娛樂，庶於道德無虧，而身體有益。諸君入分科時，曾塡寫願書，遵守本校規則，苟中道而違之，豈非與原始之意相反乎？此余所希望於諸君者二也。

三曰敬愛師友。教員口講指畫，職員供應職務，皆以圖諸君求學便利，諸君能無動於衷乎？自應以誠相待，敬禮有加。至於同學共處一堂，尤應互相親愛，庶可收切磋之效。不惟開誠布公，更宜道義相勖，蓋同處此校，毀譽共之。同學中苟道德有虧，行有不正，爲社會所訾詈，己雖規行矩步，亦莫能辯，此所以必互相勸勉也。余在德國，每至店肆購買物品，店主殷勤款待，付價接物，互相稱謝，此雖小節，然亦交際所必需，常人如此，況堂堂大學生乎？此余所希望於諸君者三也。

余到校視事僅數日，校事多未詳悉，茲所計畫者二事：一曰改良講義。諸君既研究高深學問，自與中學、高等不同，不惟恃教員講授，尤賴一己潛修。以後講義，祇列綱要，細微末節，以及精旨奧義，或講師口授，或自行參考，以期學有心得，能裨實用。二曰添購書籍。本校圖書館書籍雖多，新出者甚少，苟不廣為購辦，必不足供學生之參考，刻擬籌集款項，多購新書，將來典籍滿架，自可旁稽博採，無虞缺乏矣。今日所與諸君陳說者祇此，以後會晤日長，隨時再為商榷可也。

原載《新青年》第二卷第六號，
一九一七年二月一日

文學革命論

陳獨秀

今日**莊嚴燦爛之歐洲**，何自而來乎？曰，革命之賜也。歐語所謂革命者，爲革故更新之義，與中土所謂朝代鼎革，絕不相類；故自文藝復興以來，政治界有革命，宗教界亦有革命，倫理道德亦有革命，文學藝術，亦莫不有革命，莫不因革命而新興而進化。**近代歐洲文明史，宜可謂之「革命史」**。故曰，今日**莊嚴燦爛之歐洲**，乃革命之賜也。

吾苟偷庸懦之國民，畏革命如蛇蝎，故政治界雖經三次革命，而黑暗未嘗稍減。其原因之小部分，則爲三次革命，皆虎頭蛇尾，未能充分以鮮血洗淨舊汙；其大部分，**則爲盤踞吾人精神界根深底固之倫理、道德、文學、藝術諸端，莫不黑幕層張，垢汙深積，並此虎頭蛇尾之革命而未有焉。此單獨政治革命所以於吾之社會，不生若何變化，不收若何效果也**。推其總因，乃在吾人疾視革命，不知其爲開發文明之利器故。

孔教問題，方喧呶於國中，此倫理道德革命之先聲也。文學革命之氣運，醞釀已非一日，其首舉義旗之急先鋒，則爲吾友胡適。余甘冒全國學究之敵，高張「文學革命軍」大旗，以爲吾友之聲援。**旗上大書特**

書吾革命軍三大主義：曰「推倒雕琢的、阿諛的貴族文學，建設平易的、抒情的國民文學」；曰「推倒陳腐的、鋪張的古典文學，建設新鮮的、立誠的寫實文學」；曰「推倒迂晦的、艱澀的山林文學，建設明瞭的、通俗的社會文學」。

《國風》多里巷猥辭，《楚辭》盛用土語方物，非不斐然可觀。承其流者，兩漢賦家，頌聲大作，雕琢阿諛，詞多而意寡，此「貴族之文、古典之文」之始作俑也。魏、晉以下之五言，抒情寫事，一變前代板滯堆砌之風，在當時可謂爲文學一大革命，卽文學一大進化；然希託高古，言簡意晦，社會現象，非所取材，是猶貴族之風，未足以語通俗的國民文學也。齊、梁以來，風尙對偶，演至有唐，遂成律體。無韻之文，亦尙對偶。《尙書》、《周易》以來，卽是如此（古人行文，不但風尚對偶，且多韻語，故駢文家頗主張駢體爲中國文章正宗之說（亡友王无生卽主張此說之一人）。不知古書傳抄不易，韻與對偶，以利傳誦而已。後之作者，烏可泥此？）。

東晉而後，即細事陳啓，亦尙駢麗。演至有唐，遂成駢體。詩之有律，文之有駢，皆發源於南北朝，大成於唐代。更進而爲排律，爲四六。此等雕琢的、阿諛的、鋪張的、空泛的貴族古典文學，極其長技，不過如塗脂抹粉之泥塑美人，以視八股試帖之價値，未必能高幾何，可謂爲文學之末運矣！韓、柳崛起，一洗前人纖巧堆朵之習，風會所趨，乃南北朝貴族古典文學，變而爲宋元國民通俗文學之過渡時代。韓、柳、元、白，應運而出，爲之中樞。俗論謂昌黎文章起八代之衰，雖非確論，然變八代之法，開宋元之先，自是文界豪傑之士。吾人今日所不滿於昌黎者二事：

一曰：文猶師古。雖非典文，然不脫貴族氣派，尋其內容，遠不若唐代諸小說家之豐富，其結果乃造成一新貴族文學。

二曰：誤於「文以載道」之謬見。文學本非爲載道而設，而自昌黎以訖曾國藩所謂載道之文，不過鈔襲孔孟以來極膚淺、極空泛之門面語而已。余嘗謂唐宋八家文之所謂「文以載道」，直與八股家之所謂「代

聖賢立言」，同一鼻孔出氣。

以此二事推之，昌黎之變古，乃時代使然，於文學史上，其自身並無十分特色可觀也。元明劇本，明清小說，乃近代文學之粲然可觀者。惜爲妖魔所厄，未及出胎，竟爾流產，以至今日中國之文學，委瑣陳腐，遠不能與歐洲比肩。**此妖魔爲何？卽明之前後七子及八家文派之歸、方、劉、姚是也。**此十八妖魔輩，尊古蔑今，咬文嚼字，稱霸文壇，反使蓋代文豪若馬東籬，若施耐菴，若曹雪芹諸人之姓名，幾不爲國人所識。若夫七子之詩，刻意模古，直謂之抄襲可也。歸方劉姚之文，或希榮慕譽，或無病而呻，滿紙之乎者也矣焉哉。每有長篇大作，搖頭擺尾，說來說去，不知道說些甚麼。**此等文學，作者既非創造才，胸中又無物，其伎倆惟在仿古欺人，直無一字有存在之價值，雖著作等身，與其時之社會文明進化無絲毫關係。**

今日吾國文學，悉承前代之敝：所謂「桐城派」者，八家與八股之混合體也；所謂「駢體文」者，思綺堂與隨園之四六也；所謂「江西派」

者，山谷之偶像也。求夫目無古人，赤裸裸地抒情寫世，所謂代表時代之文豪者，不獨全國無其人，而且舉世無此想。文學之文，既不足觀，應用之文，益復怪誕：碑銘墓誌，極量稱揚，讀者決不見信，作者必照例爲之；尋常啓事，首尾恆有種種諛詞；居喪者卽華居美食，而哀啓必欺人曰「苫塊昏迷」；贈醫生以匾額，不曰「術邁歧黃」，卽曰「著手成春」；窮鄉僻壤極小之豆腐店，其春聯恆作「生意興隆通四海，財源茂盛達三江」。此等國民應用之文學之醜陋，皆阿諛的、虛僞的、鋪張的貴族古典文學階之厲耳。

際茲文學革新之時代，凡屬貴族文學，古典文學，山林文學，均在排斥之列。以何理由而排斥此三種文學耶？曰：貴族文學，藻飾依他，失獨立自尊之氣象也；古典文學，鋪張堆砌，失抒情寫實之旨也；山林文學，深晦艱澀，自以爲名山著述，於其羣之大多數無所裨益也。其形體則陳陳相因，有肉無骨，有形無神，乃裝飾品而非實用品；其內容則目光不越帝王權貴，神仙鬼怪，及其個人之窮通利達。所謂宇宙，所謂人生，所謂社會，舉非其構思所及，此三種文學公同之缺點也。此種文學，蓋與吾阿諛、誇張、虛僞、迂闊之國民性，互爲因果。今欲革新政治，勢不得不革新盤踞於運用此政治者精神界之文學。使吾人不張目以觀世界社會文學之趨勢，及時代之精神，日夜埋頭故紙堆中，所目注心營者，不越帝王、權貴、鬼怪、神仙與夫個人之窮通利達，以此而求革新文學，革新政治，是縛手足而敵孟賁也。

歐洲文化，受賜於政治科學者固多，受賜於文學者亦不少。予愛盧梭、巴士特之法蘭西，予尤愛虞哥、左喇之法蘭西；予愛康德、赫克爾之德意志，予尤愛桂特郝、卜特曼之德意志；予愛倍根、達爾文之英吉利，予尤愛狄鏗士、王爾德之英吉利。吾國文學界豪傑之士，有自負爲中國之虞哥、左喇、桂特郝、卜特曼、狄鏗士、王爾德者乎？有不顧迂儒之毀譽，明目張膽以與十八妖魔宣戰者乎？予願拖四十二生的大砲，爲之前驅！

原載《民國日報》，一九一七年二月八日

論古文之不宜廢

林紓

林紓（一八五二—一九二四），字琴南，號畏廬、踐卓翁、蠡叟，福建閩縣（今閩侯縣）人。光緒八年（一八八二年）舉人。以古文創作和文學翻譯為平生志業，著作有《畏廬文集》、《畏廬詩存》等，譯作有一百七、八十種。

文無所謂古也，唯其是，顧一言是，則造者愈難。漢唐之《藝文志》及《崇文總目》中，文家林立，而何以馬、班、韓、柳獨有千古？然則林立之文家均不是，唯是此四家矣。顧尋常之牋牒簡牘，率皆行之以四家之法，不惟伊古以來無是事，即欲責之以是，亦率天下而路耳。吾知深於文者，萬不敢其設爲此論也。然而一代之興，必有數文家搘拄於其間。是或一代之元氣，盤礴鬱積，發洩而成至文，猶大城名都，必有山水之勝狀，用表其靈淑之所鍾。文家之發顯於一代之間亦正類此。嗚呼，有清往矣！論文者獨數方、姚。而攻掊之者麻起，而方姚卒不之踣。或其文固有其是者存耶？方今新學始昌，即文如方姚，亦復何濟於用？然而天下講藝術者，仍留古文一門，凡所謂載道者，皆屬空言，亦特如歐人之不廢臘丁耳。**知臘丁之不可廢，則馬班韓柳亦自有其不宜廢者**。吾識其理，乃不能道其所以然，此則嗜古者之痼也。民國新立，士皆剽竊新學，行文亦澤之以新名詞。**夫學不新而，唯詞之新，匪特不得新，且舉其故者而盡亡之，吾甚虞古系之絕也**。向在杭州，日本齊藤少將謂余曰：「敝國非新，蓋復古也。」時中國古籍如皕宋樓之藏書，日人則盡括而有之。嗚呼！彼人求新而惟舊之寶，吾則不得新而先殞其舊！意者後此求文字之師，將以厚幣聘東人乎？夫馬、班、韓、柳之文，雖不協於時用，固文字之祖也。嗜者學之，用其淺者以課人，輾轉相承，必有一二鉅子出肩其統，則中國之元氣尚有存者。若棄擲踐唾而不之惜，吾恐國未亡而文字已先之，幾何不為東人之所笑也！

以美育代宗教說

（在北京神州學會演說詞）

蔡元培

發表於一九一七年四月八日，首刊於《蔡孑民先生言行錄》（新潮社，一九二〇年）

兄弟於學問界未曾爲系統的研究，在學會中本無可以表示之意見。惟既承學會諸君子責以講演，則以無可如何中，擇一於我國有研究價值之問題爲到會諸君一言，卽以美育代宗教之說是也。

夫宗教之爲物，在彼歐西各國已爲過去問題。蓋宗教之內容，現皆經學者以科學的研究解決之矣。吾人遊歷歐洲，雖見教堂棋布，一般人民亦多入堂禮拜，此則一種歷史上之習慣。譬如前清時代之袍褂，在民國本不適用，然因其存積甚多，毀之可惜，則定爲乙種禮服而沿用之，未嘗不可。又如祝壽、會葬之儀，在學理上了無價值，然戚友中既以請帖、訃聞相招，勢不能不循例參加，藉通情愫。歐人之沿習宗教儀式，亦猶是耳。

所可怪者，我中國既無歐人此種特別之習慣，乃以彼邦過去之事實作爲新知，竟有多人提出討論。此則由於留學外國之學生，見彼國社會之進化，而誤聽教士之言，一切歸功於宗教，遂欲以基督教勸導國人。而一部分之沿習舊思想者，則承前說而稍變之，以孔子爲我國之基督，遂欲組織孔教，奔走呼號，視爲今日重要問題。

自兄弟觀之，宗教之原始，不外因吾人精神之作用而構成。吾人精神上之作用，普通分爲三種：一曰知識；二曰意志；三曰感情。最早之宗教，常兼此三作用而有之。蓋以吾人當未開化時代，腦力簡單，視吾人一身與世界萬物，均爲一種不可思議之事。生自何來？死將何往？創造之者何人？管理之者何術？凡此種種皆當時之人所提出之問題，以求解答者也。於是有宗教家勉强解答之。如基督教推本於上帝，印度舊教則歸之梵天，我國神話則歸之盤古。其他各種現象，亦皆以神道爲惟一之理由。此知識作用之附麗於宗教者也。

且吾人生而有生存之慾望，由此慾望而發生一種利己之心。其初以爲非損人不能利己，故恃强凌弱，掠奪攫取之事，所在多有。其後經驗稍多，知利人之不可少，於是有宗教家提倡利他主義。此意志作用之附麗於宗教者也。

又如跳舞、唱歌，雖野蠻人亦皆樂此不疲。而對於居室、雕刻、圖畫等事，雖石器時代之遺蹟，皆足以考見其愛美之思想。此皆人情之常，而宗教家利用之以爲誘人信仰之方法。於是未開化人之美術，無一不與宗教相關聯。此又情感作用之附麗於宗教者也。

天演之例，由渾而畫。當時精神作用至爲渾沌，遂結合而爲宗教。又並無他種學術與之對，故宗教在社會上遂具有特別之勢力焉。迨後社會文化日漸進步，科學發達，學者遂舉古人所謂不可思議者，皆一一解釋之以科學。日星之現象，地球之緣起，動植物之分布，人種之差別，皆得以理化、博物、人種、古物諸科學證明之。而宗教家所謂吾人爲上帝所創造者，從生物進化論觀之，吾人最初之始祖實爲一種極小之動物，後始日漸進化爲人耳。此知識作用離宗教而獨立之證也。

宗教家對於人群之規則，以爲神之所定，可以永久不變。然希臘詭辯家，因巡遊各地之故，知各民族之所謂道德，往往互相抵觸，已懷疑於一成不變之原則。近世學者據生理學、心理學、社會學之公例，以應用於倫理，則知具體之道德不能不隨時隨地而變遷。而道德之原理則可由種種不同之具體者而歸納以得之。而宗教家之演繹法，全不適用。此意志作用離宗教而獨立之證也。

知識、意志兩作用，既皆脫離宗教以外，於是宗教所最有密切關係者，惟有情感作用，卽所謂美感。凡宗教之建築，多擇山水最勝之處，吾國人所謂天下名山僧占多，卽其例也。其間恆有古木名花，傳播於詩人之筆，是皆利用自然之美以感人者。其建築也，恆有峻秀之塔，崇閎幽邃之殿堂，飾以精緻之造像，瑰麗之壁畫，構成黯淡之光線，佐以微妙之音樂。讚美者必有著名之歌詞，演說者必有雄辯之素養，凡此種種皆為美術作用，故能引人入勝。苟舉以上種種設施而屏棄之，恐無能為役矣。

然而美術之進化史，實亦有脫離宗教之趨勢。例如吾國南北朝著名之建築，則伽藍耳。其雕刻，則造像耳。圖畫，則佛像及地獄變相之屬為多。文學之一部分，亦與佛教為緣。而唐以後詩文，遂多以風景人情世事為對象。宋元以後之圖畫，多寫山水花鳥等自然之美。周以前之鼎彝，皆用諸祭祀。漢唐之吉金，宋元以來之名瓷，則專供把玩。野蠻時代之跳舞，專以娛神，而今則以之自娛。歐洲中古時代留遺之建築，其最著者率為教堂。其雕刻圖畫之資料，多取諸《新舊約》。其音樂，則附麗於讚美歌。其演劇，亦排演耶蘇故事，與我國舊劇《目蓮救母》相類。及「文藝復興」以後，各種美術漸離宗教而尚人文。

至於今日，閎麗之建築多為學校、劇院、博物院。而新設之教堂，有美學上價值者，幾無可指數。其他美術，亦多取資於自然現象及社會狀態。於是以美育論，已有與宗教分合之兩派。以此兩派相較，美育之附麗於宗教者，常受宗教之累，失其陶養之作用，而轉以激刺感情。

蓋無論何等宗教，無不有擴張己教、攻擊異教之條件。回教之謨罕默德，左手持《可蘭經》，而右手持劍，不從其教者殺之。基督教與回教衝突，而有十字軍之戰，幾及百年。基督教中又有新舊教之戰，亦亘數十年之久。至佛教之圓通，非他教所能及。而學佛者苟有拘牽教義之成見，則崇拜舍利受持經懺之陋習，雖通人亦肯為之。甚至為護法起見，不惜於共和時代，附和帝制。宗教之爲累，一至於此。皆激刺感情之作用爲之也。鑒激刺感情之弊，而專尙陶養感情之術，則莫如舍宗教而易以純粹之美育。

純粹之美育，所以陶養吾人之感情，使有高尙純潔之習慣，而使人我之見、利己損人之思念，以漸消沮者也。蓋以美爲普遍性，決無人我差別之見能參入其中。食物之入我口者，不能兼果他人之腹；衣服之在我身者，不能兼供他人之温，以其非普遍性也。

美則不然。卽如北京左近之西山，我遊之，人亦遊之；我無損於人，人亦無損於我也。隔千里兮共明月，我與人均不得而私之。中央公園之花石，農事試驗場之水木，人人得而賞之。埃及之金字塔、希臘之神祠、羅馬之劇場，瞻望賞歎者若干人，且歷若干年，而價値如故。各國之博物院，無不公開者，卽私人收藏之珍品，亦時供同志之賞覽。各地方之音樂會、演劇場，均以容多數人爲快。所謂獨樂樂不如衆樂樂，與寡樂樂不如與衆樂樂，以齊宣王之惛，尙能承認之，美之爲普遍性可知矣。

且美之批評，雖間亦因人而異，然不曰是於我爲美，而曰是爲美，是亦以普遍性爲標準之一證也。美以普遍性之故，不復有人我之關係，遂亦不能有利害之關係。馬牛，人之所利用者，而戴嵩所畫之牛，韓幹所畫之馬，決無對之而作服乘之想者。獅虎，人之所畏也，而蘆溝橋之石獅，神虎橋之石虎，決無對之而生搏噬之恐者。植物之花，所以成實也，而吾人賞花，決非作果實可食之想。善歌之鳥，恆非食品。燦爛之蛇，多含毒液。而以審美之觀念對之，其價値自若。美色，人之所好也，對希臘之裸像，決不敢作龍陽之想。對拉飛爾若魯濱司之裸體畫，決不敢至有周昉秘戲圖之想。蓋美之超絕實際也如是。

且於普通之美以外，就特別之美而觀察之，則其義益顯。例如崇閎之美，有至大至剛兩種。至大者如吾人在大海中，惟見天水相連，茫無涯涘。又如夜中仰數恆星，知一星爲一世界，而不能得其止境，頓覺吾身之小雖微塵不足以喻，而不知何者爲所有。其至剛者，如疾風震霆、覆舟傾屋、洪水橫流、火山噴薄，雖拔山蓋世之氣力，亦無所施，而不知何者爲好勝。夫所謂大也、剛也，皆對待之名也。今既自以爲無大之可言，無剛之可恃，則且忽然超出乎對待之境，而與前所謂至大至剛者肸合而爲一體，其愉快遂無限量。當斯時也，又豈尚有利害得喪之見能參入其間耶！其他美育中如悲劇之美，以其能破除吾人貪戀幸福之思想。〈小雅〉之怨悱，屈子之離憂，均能特別感人。《西廂記》若終於崔張團圓，則平淡無奇，惟如原本之終於草橋一夢，始足發人深省。《石頭記》若如《紅樓後夢》等，必使寶黛成婚，則此書可以不作。原本之所以動人者，正以寶黛之結果一死一亡，與吾人之所謂幸福全然相反也。

又如滑稽之美，以不與事實相應爲條件，如人物之狀態，各部分互有比例，而滑稽畫中之人物，則故使一部分特別長大或特別短小。作詩則故爲不諧之聲調，用字則取資於同音異義者。方朔割肉以遺細君，不自責而反自誇。優旃諫漆城，不言其無益，而反謂漆城蕩蕩寇來不得上。皆與實際不相容，故令人失笑耳。要之美學之中，其大別爲都麗之美、崇閎之美（日本人譯言優美、壯美）。而附麗於崇閎之悲劇，附麗於都麗之滑稽，皆足以破人我之見，去利害得失之計較，則其所以陶養性靈，使之日進於高尚者，固已足矣。又何取乎侈言陰騭、攻擊異派之宗教，以激刺人心，而使之漸喪其純粹之美感爲耶？

原載《新青年》第三卷第三號，一九一七年五月一日

劉半農

劉半農（一八九一—一九三四），名復，江蘇江陰人。一九一七年起任教北京大學，參與編輯《新青年》。一九二一年入法國巴黎大學，一九二五年回國後任北京大學中文系教授。著有《揚鞭集》、《瓦釜集》、《半農雜文》等。

我之文學改良觀（節選）

文學改良之議，既由胡君適之提倡之於前，復由陳君獨秀、錢君玄同贊成之於後。不佞學識譾陋，固亦爲立志研究文學之一人。除於胡君所舉八種改良，陳君所揭三大主義，及錢君所指舊文學種種弊端，絕端表示同意外，復舉平時意中所欲言者，拉雜書之，草爲此文。幸三君及世之留意文學改良者有以指正之。謂之「我之文學改良觀」者，亦猶常君乃德所謂「見仁見智，各如其分。我之觀念，未必他人亦同此觀念」也。

文學之界說如何乎：此一問題，向來作者，持論每多不同。甲之說曰，「文以載道」。不知道是道、文是文，二者萬難并作一談。若必如八股家之奉四書五經爲文學寶庫，而生吞活剝孔孟之言，盡舉一切「先王後世禹湯文武」種種可厭之名詞，而堆砌之於紙上，始可稱之爲文，則「文」之一字，何妨付諸消滅。卽若輩自奉爲神聖無上之五經之一之《詩經》，恐三百首中，必無一首足當「文」字之名者。其立說之不通，實不攻自破。乙之說曰，「文章有飾美之意，當作彣彰」（見近人某論文書中）。近頃某高等師範學校所聘國文教習川人某，尤主此說，謂「作文必講音韻。後人稱韓愈文起八代之衰，其實韓愈連音韻尚未懂得，何能作文」。故校中學生，自此公蒞事後，相率搖頭抖膝，推敲於「平平仄仄」之間。其可笑較諸八股家爲尤甚。夫文學爲美術之一，固已爲世界文人所公認。然欲判定一物之美醜，當求諸骨底，不當求諸皮相。譬如美人，必具有天然可以動人之處，始可當一美字而無愧。若醜婦濃粧，橫施脂粉，適成其爲怪物。故研究文學而不從性靈中意識中講求好處，徒欲於字句上聲韻上賣力，直如劣等優伶，自己無眞實本事，乃以花腔滑調博人叫好。此等人尙未足與言文學也。二說之外，惟章實齋分別文史之說較爲近是。然使盡以記事文歸入史的範圍，則在文學上占至重要之位置之小說，卽不能視爲文學是不可也。反之，使盡以非記事文歸入文的範圍，則信札文告之屬，初只求辭達意適而止，一有此項規定，反須加上一種文學工夫，亦屬無謂。故就不佞之意，欲定文學之界說，當取法於西文，分一切作物爲**文字** Language 與**文學** Literature 二類。西文釋 Language 一字曰，「Any means of conveying or communicating ideas.」**是只取其傳達意思，不必於傳達意思之外，更用何等工夫也**。又 Language 一字，往往可與語言 Speech、口語 Tongue 通用。然明定其各個之訓詁，則「LANGUAGE is generic, denoting, in its most extended use, any mode of conveying ideas; SPEECH is the language of sounds; and TONGUE is the Anglo-Saxon term for language, especially for spoken language.」是文字之用，本與語言無殊，僅取其人人都能瞭解、可以布諸遠方、以補語言之不足，與吾國所謂「言之無文，行而不遠」正相符合。至如 Literature 則界說中既明明規定爲「The class of writings distinguished for beauty of style, as poetry, essays, history, fictions, or belles-lettres.」自與普通僅爲語言之代表之文字有別。吾後文之所謂文學，卽就此假定之界說立論。（此係一人私見，故稱假定而不稱已定。）

文學與文字：此兩個名詞之界說既明，則「**何處當用文字、何處當用文學**」，與夫「**必如何始可稱文字、如何始可稱文學**」，亦爲吾人不得不研究之問題。今分別論之。

第一問題：前此獨秀君撰論，每以「文學之文」與「應用之文」相對待。其說似是。然就論理學之理論言之，文學的既與應用的相對，則文學之文不能應用，應用之文不能視爲文學，不佞以「不貴苟同」之義，不敢遽以此說爲然也。西人之規定文學之用處者，恆謂「Literature often embraces all compositions except these upon the positives siences.」其說似較獨秀君稍有著落。然欲舉實質科學以外一切文字，悉數納諸文學範圍之中，亦萬難視爲定論。就不佞之意，**凡科學上應用之文字，無論其爲實質與否，皆當歸入文字範圍**。卽胡陳錢三君及不佞今茲所草論文之文，亦係文字而非文學。以文學本身亦爲各種科學之一。

吾儕處於客觀之地位以討論之，不宜誤賓以爲主。此外，**他種科學，更不宜破此定例以侵害文學之範圍**（吾國舊時科學書，大部弁藝術與文學爲一談。幼時初習算學，一部九數通考，不半月卽已畢業。而開首一段河圖洛書說，及周髀圖說，直至三年之後始能了解。此外作醫書者，雖立論極淺，亦必引證《內經》及仲景之說，務使他人不能明白爲快。蠶桑之書，本取其婦孺多解，而作者必用古文筆法。卜筮之書，本爲瞽者留一噉飯地〔星學家自言如此〕，而必參入似通非通之易理以自重。諸如此類，無非賣才使氣，欺人自欺。吾國原有學術之所以不能發達與普及，實此等自命淵博之假文士有以致之。近自西洋物質文明，稍稍輸入中國，凡迻譯東西科學書籍者，都已不復有此惡習。而嚴復所撰《英文漢詁》，雖全書取材，悉係彼邦至粗淺之文法，乃竟以文筆之古拙生澀，見稱於世。若取此書以爲教材，是非使學徒先習十數年國文，卽不許其研究英文，試問天下有是理乎。 余決非盲從西洋學說之人。此節所引文學用處之規定，其 Positive 一字，實以「Philosophical Literature」已成爲彼邦文學中之一種。而哲學又爲諸種科學之一，放必於「科學」之上冠以「實質」，方不至互相抵觸。其實哲學本身，旣包有高深玄妙之理想，行文當力求淺顯，使讀者一望卽知其意旨所在。此余所以主張無論何種科學皆當歸入文字範圍，而不當羼入文學範圍也）。**至於新聞紙之通信**（如普通紀事可用文字，描寫人情風俗當用文學），**政教實業之評論**（如發表意見用文字，推測其安危禍福用文學），**官署之文牘告令**（文牘告令，什九宜用文字而不宜用文學。錢君所指清代州縣喜用濫惡之四六，以判婚姻訟事，與某處誥誡軍人文，有「偶合之烏」、「害羣之馬」、「血蚨」、「飛蝗」等字樣，卽是濫用文學之弊。然如普法之戰，拿破崙三世致普魯士維廉大帝之宣戰書「Sire my Brother,--Not having been able to die in the midst of my troops, it only remains for me to place my sword in the hands of Your Majesty. I am Your Majesty's good brother, Napoleon.」未嘗不可視爲希世奇文。維廉覆書中「Regretting the circumstances under which we meet, I accept the sword of Your Majesty.」之句，便覺黯然無色，故於適當之外，文牘中亦未嘗絕對不可用文學也），**私人之日記信札**（此二種均宜用文字。然如游歷時之日記，卽不得不於有關係之處，涉及文學。至於信札，則不特前清幕府中所用四六濫調當廢，卽自命文士者所作小簡派文學，亦大可不做。惟在必要時，如美儒富蘭克令〔B. Franklin〕之與英議員司屈拉亨

〔Strahan〕絕交，英儒約翰生〔S.Johnson〕之不願受極司菲爾伯爵〔Lord Chesterfield〕之推譽，則不得不酌用文學工夫），雖不能明定其屬於文字範圍，或文學範圍，要惟得已則已。不濫用文學，以侵害文字，斯爲近理耳。其必須列入文學範圍者，惟詩歌戲曲、小說雜文、歷史傳記，三種而已（以歷史傳記列入文學，僅就吾國及各國之慣例而言，其實此二種均爲具體的科學，仍以列入文字爲是）。酬世之文（如頌辭、壽序、祭文、輓聯、墓誌之屬）一時雖不能盡廢，將來崇實主義發達後，此種文學廢物，必在自然淘汰之列。故進一步言之，凡可視爲文學上有永久存在之資格與價值者，只詩歌戲曲、小說雜文二種也。

第二問題：此問題之要旨，即在辨明文學與文字之作法之異同。茲就鄙見所及，分列三事如次：

（一）作文字當講文法，在必要之處，當兼講論理學：作文字當講文法，且處處當講論理學與修辭學。惟酌量情形，在適宜之處，論理學或較輕於修辭學。

（二）文字爲無精神之物，非無精神也。精神在其所記之事物，而不在文字之本身也。故作文字如記賬，只須應有盡有，將所記之事物，一一記完便了，不必矯揉造作、自爲增損。文學爲有精神之物，其精神即發生於作者腦海之中。故必須作者能運用其精神，使自己之意識、情感、懷抱，一一藏納於文中。而後所爲之文，始有眞正之價值，始能穩立於文學界中而不搖。否則精神既失，措辭雖工，亦不過說上一大番空話，實未曾做得半句文章也（以上兩端爲永久的）。

（三）錢君以輸入東洋派之新名詞，歸功於梁任公，推之爲創造新文學之一人。愚以爲世界事物日繁，舊有之字與名詞既不敷用，則自造新名詞及輸入外國名詞，誠屬勢不可免。然新名詞未必盡通（如「手續」、「場合」之類），亦未必吾國竟無適當代用之字（如「目的」、「職工」之類）。若在文字範圍中，取其行文便利，而又爲人人所習見，固不妨酌量採用。若在文字範圍，則用筆以漂亮雅潔爲主，雜入累贅費解之新名詞，其討厭必與濫用古典相同（西洋文學中，亦鮮有採用學術名詞者）。然亦未必盡不可用，倘用其意義通順者，而又無害於文筆之漂亮雅潔，固不必絕對禁止也（此爲暫時的。使將來文學界中，能自造適當之新字或新名詞以代之，此條卽可廢除不用）。

【後略】

原載《新青年》第四卷第二號，一九一八年二月十五日

嘗試集序

錢玄同

錢玄同（一八八七—一九三九），原名夏，字德潛，號疑古玄同，浙江吳興（今湖州）人。一九一三年起任教於北京高等師範學校，兼任北京大學教授，參與編輯《新青年》。著作輯為《錢玄同文集》。

一九一七年十月，胡適之君拿這本《嘗試集》給我看。其中所錄，都是一年以來適之所做的白話韻文。

適之是現在第一個提倡新文學的人。我以前看見他做的一篇〈文學改良芻議〉，主張用俗語俗字入文；現在又看見這本《嘗試集》，居然就采用俗語俗字，幷且有通篇用白話做的。「知」了就「行」，以身作則，做社會的先導。我對於適之這番舉動，非常佩服，非常贊成。

但是有人說：現在中華的國語，還未曾制定，白話沒有一定的標準，各人做的白話詩文，用字造句，不能相同，或且采用方言土語，和離文言太遠的句調；這種情形，却也不好。我以爲這一層，可以不必過慮。因爲做白話韻文，和制定國語，是兩個問題。制定國語，自然應該折衷於白話文言之間，做成一種「言文一致」的合法語言。至於現在用白話做韻文，是有兩層緣故：（1）用今語達今人的情感，最爲自然。不比那用古語的，無論做得怎樣好，終不免有雕琢硬砌的毛病。（2）爲除舊布新計，非把舊文學的腔套全數刪除不可。至於各人所用的白話不能相同，方言不能盡祛，這一層在文學上是沒有什麼妨礙的。幷且有時候，非用方言不能傳神。不但方言，就是外來語，也可采用。像集中〈贈朱經農〉一首，其中有「辟克匿克來江邊」一句，我以前覺得以外來語入詩，似乎有所不可，現在仔細想想，知道前此所見甚謬。語言本是人類公有的東西，甲國不備的話，就該用乙國話來補缺。這「攜食物出遊，即於遊處食之」的意義，若是在漢文裏沒有適當的名詞，就可直用「辟克匿克」來補他，這是就國語方面說的。至於在文學方面，則適之那時在美國和朱經農講話的時候，既然說了這「辟克匿克」的名詞，那麼這首贈詩裏，自然該用「辟克匿克」，才可顯出當時說話的神情。所以我又和適之說：我們現在做白話文章，寧可失之於俗，不要失之於文。適之對於我這兩句話，很說不錯。

我現在想：古人造字的時候，語言和文字，必定完全一致。因爲文字本來是語言的記號，嘴裏說這個聲音，手下寫的就是表這個聲音的記號，斷沒有手下寫的記號，和嘴裏說的聲音不相同的。拿「六書」裏的

「轉注」來一看，很可以證明這個道理：像那表年高的意義的話，這邊叫做 lau，就造個「老」字；那邊叫做 Khau，便又造個「考」字。同是一個意義，聲音小小不同，便造了兩個字，可見語言和文字必定一致。因爲那邊既叫做 Khau，假如仍寫「老」字，便顯不出他的音讀和 lau 不同，所以必須別造「考」字。照這樣看來，豈不是嘴裏說的聲音，和手下寫的記號，不能有絲毫不同。若是嘴裏聲音變了，那就手下記號也必須跟著他變的。所以我說造字的時候，語言和文字必定完全一致。

再看《說文》裏的「形聲」字：正篆和或體所從的「聲」，盡有不在一個韻部裏的；漢晉以後的楷書字，盡有將《說文》裏所有的字改變他所從的「聲」的；又有《說文》裏雖有「本字」，而後人因爲音讀變古，不得不借用別的同音字的。這都是今音與古不同而字形跟了改變的證據。

至於文言和白話的變遷，更有可以證明的：像那「父」、「母」兩個字，音變爲 pa、ma，就別造「爸」、「媽」兩個字；「矣」字音變爲 li，就別造「哩」字；夫（讀爲扶）字在句末——表商度——音變爲 bo，就別造「啵」字，再變爲 ba 就再借用「罷」字（夫的古音本讀 bu）；「無」字在句末——表問——音變爲 mo，就借用「麼」字，再變爲 ma，就再別造「嗎」字（無的古音本讀 mu）。這更可見字形一定跟著字音轉變。

照這樣看來，中華的字形，無論虛字實字，都跟著字音轉變，便該永遠是「言文一致」的了。爲什麼二千年來，語言和文字又相去到這樣的遠呢？

我想這是有兩個緣故：

第一，給那些獨夫民賊弄壞的。那獨夫民賊，最喜歡擺架子。無論什麼事情，總要和平民兩樣，才可以使他那野蠻的體制尊崇起來，像那吃的、穿的、住的和妻妾的等級，僕役的數目，都要定得不近人情，幷且決不許他人效法。對於文字方面，也用這個主義，所以嬴政看了那辠犯的「辠」字，和皇帝的「皇」字（皇字的古寫）上半都從「自」字，便硬把辠犯改用「罪」字；「朕」字本來和「我」字一樣，在周朝，無論什麼人，自己都可以稱「朕」，像那屈平的《離騷》第二句云，「朕皇考曰伯庸」，就是一個證據。到了嬴政，又把這「朕」字獨佔了去，不許他人自稱。此外像「宮」字，「璽」字，「欽」字，「御」字之類，都不許他人學他那樣用。又因爲中華國民很有「尊古」的痲醉性，於是又利用這一點，做起那什麼「制」、「詔」、「上諭」來，一定要寫上幾個《尚書》裏的字眼，像什麼「誕膺天命」、「寅紹丕基」之類，好叫那富於奴性的人可以震驚讚歎。於是那些小民賊也從而效尤，定出許多野蠻的款式來：凡是做到文章，尊貴對於卑賤必須要裝出許多妄自尊大看不起人的口吻；卑賤對於尊貴，又必須要裝出許多彎腰屈膝脅肩諂笑的口吻。其實這些所謂尊貴卑賤的人，當面講白話，究竟彼此也沒有什麼大分別。只有做到文章，便可以實行那「驕」、「諂」兩個字。若是沒有那種「驕」、「諂」的文章，這些獨夫民賊的架子便擺不起來了，所以他們是最反對那質樸的白話文章的。這種沒有道理的辦法，行得久了，習非成是，無論什麼人，反以爲文章不可不照這樣做的，若是有人不照這樣做，還要說他不對。這是言文分離的第一個緣故。

第二，給那些文妖弄壞的。周秦以前的文章，大都是用白話，像那〈盤庚〉、〈大誥〉，後世讀了，雖然覺得佶屈聱牙，異常古奧，然而這種文章，實在是當時的白話告示。又像那〈堯典〉裏用「都」、「俞」、「吁」、「咈」等字，和現在的白話文裏用「阿呀」、「嗄」、「吠」、「唉」等字有什麼分別？《公羊》用齊言，《楚辭》用楚語，和現在的小說裏攙入蘇州、上海、廣東、北京的方言有什麼分別？還有一層，所用的白話，若是古今有異，那就一定用今語，決不硬嵌古字，強摹古調。像《孟子》裏說的，「洚水者洪水也」、「泄泄猶沓沓」，這是因爲古今語言不同，古人叫「洚水」和「泄泄」，孟軻的時候叫「洪水」和「沓沓」，所以孟軻自己行文，必用「洪水」和「沓沓」。到了引用古書，雖未便直改原文，然而必須用當時的語言去說明古語。再看李耳、孔丘、墨翟、莊周、孟軻、荀況、韓非這些人的著作，文筆無一相同，都是各人做自己的文章，決不摹擬別人。所以周秦以前的文章很有價值。到了西漢，言文已漸分離。然而司馬遷做《史記》，采用《尚書》，一定要改去原來的古語，做漢人通用的文章。像「庶績咸熙」改爲「衆功皆興」，「嚚庸可乎」改爲「頑凶勿用」之類，可知其時言文雖然分離，但是做到文言仍舊不能和當時的白話相差太遠。若是過於古奧的，還是不能直用。東漢王充做《論衡》，其〈自紀〉篇中有曰：「論衡者，論之平也。口則務在明言，筆則務在露文。」又曰：「言以明志；言恐滅遺，故著之文字；文字與言同趨，何爲猶當隱閉指意？」又曰：「經傳之文，賢聖之語，古今言殊，四方談異也。言當事時，非務難知，使指隱閉也。」這是表明言文應該一致，什麼時代的人，便用什麼時代的話。不料西漢末年，出了一個揚雄，做了文妖的「原始家」。這個文妖的文章，專門摹擬古人。一部《法言》，看了眞要叫人惡心；他的辭賦，又是異常雕琢。東漢一代，頗受他的影響。到了建安七子，連寫封信都要裝模做樣，安上許多浮詞。六朝的駢文，滿紙堆垛詞藻，毫無眞實的情感。甚至用了典故來代實事，刪割他人名號去就他的文章對偶。打開《文選》一看，這種拙劣惡濫的文章，觸目皆是。直到現在，還有一種妄人說：「文章應該照這樣做」，「《文選》文章爲千古文章之正宗」。這是第一種弄壞白話文章的文妖。唐朝的韓愈、柳宗元，矯正「文選派」的弊害，所做的文章，却很有近於語言之自然的。假如繼起的人能夠認定韓柳矯弊的宗旨，漸漸的回到白話路上來，豈不甚好。無如宋朝的歐陽修、蘇洵這些人，名爲學韓學柳，却不知道學韓柳的矯弊，但會學韓柳的句調間架，無論什麼文章，那「起承轉合」都有一定的部位。這種可笑的文章，和那「文選派」相比，眞如二五和一十，半斤和八兩的比例。明清以來，歸有光、方苞、姚鼐、曾國藩這些人拚命做韓柳歐蘇那些人的死奴隸，立了什麼「桐城派」的名目，還有什麼「義法」的話，攪得昏天黑地。全不想想，做文章是爲的什麼？也不看看，秦漢以前的文章是個什麼樣子？分明是自己做的，偏要叫做「古文」，但看這兩個字的名目，便可知其人一竅不通，毫無常識。那曾國藩說得更妙，他道：「古文無施不宜，但不宜說理耳。」這眞是自畫供招，表明這種「古文」是最沒有價值的文章了。這是第二種弄壞白話文章的文妖。這兩種文妖，是最反對那老實的白話文章的。因爲做了白話文章，則第一種文妖便不能搬運他那些垃圾的典故，肉麻的詞藻；第二種文妖，便不能賣弄他那些可笑的義法，無謂的格律。并且若用白話做文章，那麼會做文章的人必定漸多，這些文妖，就失去了他那會做文章的名貴身分，這是他最不願意的。

現在我們認定白話是文學的正宗：正是要用質樸的文章，去剷除階級制度裏的野蠻款式；正是要用老實的文章，去表明文章是人人會做的，做文章是直寫自己腦筋裏的思想，或直敘外面的事物，并沒有什麼一定的格式。對於那些腐臭的舊文學，應該極端驅除，淘汰淨盡，才能使新基礎穩固。

以前用白話做韻文的，却也不少：《詩經》、《楚辭》固不消說。就是兩漢以後，文章雖然被那些民賊文妖弄壞，但是明白的人，究竟也有，所以白話韻文，也曾興盛過來。像那漢魏的樂府歌謠，白居易的新樂府，宋人的詞，元明人的曲，都是白話的韻文——陶潛的詩雖不是白話，却很合於語言之自然——還有那宋明人的詩，也有用白話做的。可見用白話做韻文，是極平常的事。

現在做白話韻文，一定應該全用現在的句調，現在的白話。那「樂府」、「詞」、「曲」的句調，可以不必效法。「樂府」、「詞」、「曲」的白話，在今日看來，又成古語，和三代漢唐的文言一樣。有人說：做曲子必用元語。據我看來，曲子尚且不必做——因爲也是舊文學了——何況用元語？卽使偶然做個曲子，也該用現在的白話，決不該用元朝的白話。

上面說的，都是很淺近的話，適之斷沒有不知道的，幷且適之一定還有高深的話可以教我。不過我的淺見，只有這一點，便把他寫了出來，以博適之一笑。

一九一八年一月十日　錢玄同

原載《新青年》第四卷第四號，一九一八年四月十五日

建設的文學革命論（節選）

胡適

（一）

我的〈文學改良芻議〉發表以來，已有一年多了。這十幾個月之中，這個問題居然引起了許多狠有價值的討論，居然受了許多狠可使人樂觀的響應。我想我們提倡文學革命的人，固然不能不從破壞一方面下手。但是我們仔細看來，現在的舊派文學實在不值得一駁。什麼桐城派的古文哪，《文選》派的文學哪，江西派的詩哪，夢窗派的詞哪，《聊齋志異》派的小說哪——都沒有破壞的價值。他們所以還能存在國中，正因為現在還沒有一種真有價值，真有生氣，真可算作文學的新文學起來代他們的位置。有了這種「真文學」和「活文學」，那些「假文學」和「死文學」，自然會消滅了。所以我望我們提倡文學革命的人，對於那些腐敗文學，個個都該存一個「彼可取而代也」的心理，個個都該從建設一方面用力，要在三五十年內替中國創造出一派新中國的活文學。

我現在做這篇文章的宗旨，在於貢獻我對於建設新文學的意見。我且先把我從前所主張破壞的八事引來做參考的資料：

一、不做「言之無物」的文字。

二、不做「無病呻吟」的文字。

三、不用典。

四、不用套語爛調。

五、不重對偶——文須廢駢，詩須廢律。

六、不做不合文法的文字。

七、不摹倣古人。

八、不避俗話俗字。

這是我的「八不主義」，是單從消極的、破壞的一方面着想的。

自從去年歸國以後，我在各處演說文學革命，便把這「八不主義」都改作了肯定的口氣，又總括作四條，如下：

一、**要有話說，方纔說話**。這是「不做言之無物的文字」一條的變相。

二、**有什麼話，說什麼話；話怎麼說，就怎麼說**。這是（二）、

（三）、（四）、（五）、（六）諸條的變相。

三、**要說我自己的話，別說別人的話。**這是「不摹仿古人」一條的變相。

四、是什麼時代的人，說什麼時代的話。這是「不避俗話俗字」的變相。

這是一半消極一半積極的主張。一筆表過，且說正文。

（二）

我的「建設新文學論」的唯一宗旨只有十個大字：**「國語的文學，文學的國語」**。我們所提倡的文學革命，只是要替中國創造一種國語的文學。有了國語的文學，方纔可有文學的國語。有了文學的國語，我們的國語纔可算得眞正國語。國語沒有文學，便沒有生命，便沒有價値，便不能成立，便不能發達。這是我這一篇文字的大旨。

我曾仔細研究：中國這二千年何以沒有眞有價値眞有生命的「文言

的文學」？我自己回答道：「這都因爲這二千年的文人所做的文學都是死的，都是用已經死了的語言文字做的。**死文字決不能產出活文學**。所以中國這二千年只有些死文學，只有些沒有價值的死文學。」

我們爲什麼愛讀〈木蘭辭〉和〈孔雀東南飛〉呢？因爲這兩首詩是用白話做的。爲什麼愛讀陶淵明的詩和李後主的詞呢？因爲他們的詩詞是用白話做的。爲什麼愛杜甫的〈石壕吏〉、〈兵車行〉諸詩呢？因爲他們都是用白話做的。爲什麼不愛韓愈的〈南山〉呢？因爲他用的是死字死話……簡單說來，自從《三百篇》到於今，中國的文學凡是有一些價值有一些兒生命的，都是白話的，或是近於白話的。其餘的都是沒有生氣的古董，都是博物院中的陳列品！

再看近世的文學：何以《水滸傳》、《西遊記》、《儒林外史》、《紅樓夢》可以稱爲「活文學」呢？因爲他們都是用一種活文字做的。若是施耐菴、吳承恩、吳敬梓、曹雪芹都用了文言做書，他們的小說一定不會有這樣生命，一定不會有這樣價值。

讀者不要誤會；我並不曾說凡是用白話做的書都是有價值有生命的。我說的是：用死了的文言決不能做出有生命有價值的文學來。這一千多年的文學，凡是有眞正文學價值的，沒有一種不帶有白話的性質，沒有一種不靠這個「白話性質」的幫助。換言之：白話能產出有價值的文學，也能產出沒有價值的文學；可以產出《儒林外史》，也可以產出《肉蒲團》。但是那已死的文言只能產出沒有價值沒有生命的文學，決不能產出有價值有生命的文學；只能做幾篇〈擬韓退之《原道》〉或〈擬陸士衡《擬古》〉，決不能做出一部《儒林外史》。若有人不信這話，可先讀明朝古文大家宋濂的〈王冕傳〉，再讀《儒林外史》第一回的〈王冕傳〉，便可知道死文學和活文學的分別了。

爲什麼死文字不能產生活文學呢？這都由於文學的性質。一切語言文字的作用在於達意表情；**達意達得妙，表情表得好，便是文學**。那些用死文言的人，有了意思，却須把這意思翻成幾千年前的典故；有了感情，却須把這感情譯爲幾千年前的文言。明明是客子思家，他們須說「王粲登樓」、「仲宣作賦」；明明是送別，他們卻須說「〈陽關〉三疊」、「一曲〈渭城〉」；明明是賀陳寶琛七十歲生日，他們卻須說是賀伊尹周公傳說。更可笑的：明明是鄉下老太婆說話，他們卻要叫他打起唐宋八家的古文腔兒；明明是極下流的妓女說話，他們卻要他打起胡天游、洪亮吉的駢文調子！……請問這樣做文章如何能達意表情呢？既不能達意，既不能表情，那裏還有文學呢？即如那《儒林外史》裏的王冕，是一個有感情、有血氣、能生動，能談笑的活人。這都因爲做書的人能用活言語活文字來描寫他的生活神情。那宋濂集子裏的王冕，便成了一個沒有生氣、不能動人的死人。爲什麼呢？因爲宋濂用了二千年前的死文字來寫二千年後的活人；所以不能不把這個活人變作二千年前的木偶，纔可合那古文家法。古文家法是合了，那王冕也眞「作古」了！

因此我說，「死文言決不能產出活文學」。**中國若想有活文學，必須用白話，必須用國語，必須做國語的文學。**

（三）

上節所說，是從文學一方面着想，若要活文學，必須用國語。如今且說從國語一方面着想，國語的文學有何等重要。

有些人說：「若要用國語做文學，總須先有國語。如今沒有標準的國語，如何能有國語的文學？」我說這話似乎有理，其實不然。國語不是單靠幾位言語學的專門家就能造得成的；也不是單靠幾本國語教科書和幾部國語字典就能造成的。**若要造國語，先須造國語的文學**。有了國語的文學，自然有國語。這話初聽了似乎不通。但是列位仔細想想便可明白了。天下的人誰肯從國語教科書和國語字典裏面學習國語？所以國語教科書和國語字典，雖是狠要緊，決不是造國語的利器。眞正有功効有勢力的國語教科書，便是國語的文學；便是國語的小說、詩文、戲本。國語的小說、詩文、戲本通行之日，便是中國國語成立之時。試問我們今日居然能拿起筆來做幾篇白話文章，居然能寫得出好幾百個白話的字，可是從什麼白話教科書上學來的嗎？可不是從《水滸傳》、《西遊記》、《紅樓夢》、《儒林外史》……等書學來的嗎？這些白話文學的勢力，比什麼字典教科書都還大幾百倍。字典說「這」字該讀「魚彥反」，我們偏讀他做「者個」的者字。字典說「麼」字是「細小」，我們偏把他用作「什麼」、「那麼」的麼字。字典說「沒」字是「沉也」，「盡也」，我們偏用他做「無有」的無字解。字典說「的」字有許多意義，我們偏把他用來代文言的「之」字、「者」字、「所」字和「徐徐爾，縱縱爾」的「爾」字……總而言之，我們今日所用的「標準白話」，都是這幾部白話的文學定下來的。我們今日要想重新規定一種「標準國語」，還須先造無數國語的《水滸傳》、《西遊記》、《儒林外史》、《紅樓夢》。

所以我以為我們提倡新文學的人，儘可不必問今日中國有無標準國語。我們盡可努力去做白話的文學。我們可儘量採用《水滸》、《西遊記》、《儒林外史》、《紅樓夢》的白話；有不合今日的用的，便不用他；有不夠用的，便用今日的白話來補助；有不得不用文言的，便用文言來補助。這樣做去，決不愁語言文字不夠用，也決不用愁沒有標準白話。**中國將來的新文學用的白話，就是將來中國的標準國語。造中國將來白話文學的人，就是制定標準國語的人。**

我這種議論並不是「嚮壁虛造」的。我這幾年來研究歐洲各國國語的歷史，沒有一種國語不是這樣造成的。沒有一種國語是教育部的老爺們造成的。沒有一種是言語學專門家造成的。沒有一種不是文學家造成的。我且舉幾條例爲證：

一、意大利：五百年前，歐洲各國但有方言，沒有「國語」。歐洲最早的國語是意大利文。那時歐洲各國的人多用拉丁文著書通信。到了十四世紀的初年意大利的大文學家Dante極力主張用意大利話來代拉丁文。他說拉丁文是已死了的文字，不如他本國俗語的優美。所以他自己的傑作《喜劇》，全用Tuscany（意大利北部的一邦）的俗話。這部《喜劇》，風行一世，人都稱他做《神聖喜劇》。那《神聖喜劇》的白話後來便成了意大利的標準國語。後來的文學家Boccacio（1313-

1375）和 Lorenzo de Medici 諸人也都用白話作文學。所以不到一百年，意大利的國語便完全成立了。

二、英國：英倫雖只是一個小島國，却有無數方言。現在通行全世界的「英文」在五百年前還只是倫敦附近一帶的方言，叫做「中部土話」。當十四世紀時，各處的方言都有些人用來做書。後來到了十四世紀的末年，出了兩位大文學家，一個是 Chaucer（1340s-1400），一個是 Wycliffe (1320s-1384）。Chaucer 做了許多詩歌，散文，都用這「中部土話」。Wycliffe 把耶教的《舊約》、《新約》也都譯成「中部土話」。有了這兩個人的文學，便把這「中部土話」變成英國的標準國語。後來到了十五世紀，印刷術輸進英國，所印的書多用這「中部土話」，國語的標準更確定了。到十六十七兩世紀，Shakespeare 和「伊里沙白時代」的無數文學大家，都用國語創造文學。從此以後，這一部分的「中部土話」，不但成了英國的標準國語，幾乎竟成了全地球的世界語了！

此外，法國、德國及其他各國的國語，大都是這樣發生的，大都是靠着文學的力量纔能變成標準的國語的。我也不去一一的細說了。

意大利國語成立的歷史，最可供我們中國人的研究。爲什麼呢？因爲歐洲西部北部的新國，如英吉利、法蘭西、德意志，他們的方言和拉丁文相差太遠了，所以他們漸漸的用國語著作文學，還不算希奇。只有意大利是當年羅馬帝國的京畿近地，在拉丁文的故鄉；各處的方言又和拉丁文最近。在意大利提倡用白話代拉丁文，眞正和在中國提倡用白話代漢文，有同樣的艱難。所以英、法、德各國語，一經文學發達以後，便不知不覺的成爲國語了。在意大利却不然。當時反對的人狠多，所以那時的新文學家，一方面努力創造國語的文學，一方面還要做文章鼓吹何以當廢古文，何以不可不用白話。有了這種有意的主張（最有力的是 Dante 和 Alberti 兩個人），又有了那些有價值的文學，纔可造出意大利的「文學的國語」。

我常問我自己道：「自從施耐菴以來，狠有了些極風行的白話文學，何以中國至今還不曾有一種標準的國語呢？」我想來想去，只有一個答案。這一千年來，中國固然有了一些有價值的白話文學，但是沒有一個人出來明目張胆的主張用白話爲中國的「文學的國語」。有時陸放翁高興了，便做一首白話詩；有時柳耆卿高興了，便做一首白話詞；有時朱晦菴高興了，便寫幾封白話信，做幾條白話札記；有時施耐菴、吳敬梓高興了，便做一兩部白話的小說。這都是不知不覺的自然出產品，並非是有意的主張。因爲沒有「有意的主張」，所以做白話的只管做白話，做古文的只管做古文，做八股的只管做八股。因爲沒有「有意的主張」，所以白話文學從不曾和那些「死文學」爭那「文學正宗」的位置。白話文學不成爲文學正宗，故白話不曾成爲標準國語。

我們今日提倡國語的文學，是有意的主張，要使國語成爲「文學的國語」。有了文學的國語，方有標準的國語。

【後略】

原載《新青年》第五卷第五號，一九一八年十一月十五日（實際出版時間約為一九一九年一月）

李大釗

庶民的勝利

（一九一八年十一月末演說）

我們這幾天慶祝戰勝，實在是熱鬧的狠。可是戰勝的，究竟是那一個？我們慶祝，究竟是爲那個慶祝？我老老實實講一句話，這回戰勝的，不是聯合國的武力，是世界人類的新精神。不是那一國的軍閥或資本家的政府，是全世界的庶民。我們慶祝，不是爲那一國或那一國的一部分人慶祝，是爲全世界的庶民慶祝。不是爲打敗德國人慶祝，是爲打敗世界的軍國主義慶祝。

這回大戰，有兩個結果：一個是政治的，一個是社會的。

政治的結果，是「大……主義」失敗，民主主義戰勝。我們記得這回戰爭的起因，全在「大……主義」的衝突。當時我們所聽見的，有什麼「大日爾曼主義」咧，「大斯拉夫主義」咧，「大塞爾維主義」咧，「大……主義」咧。我們東方，也有「大亞細亞主義」、「大日本主義」等等名詞出現。我們中國也有「大北方主義」、「大西南主義」等等名詞出現。「大北方主義」、「大西南主義」的範圍以內，又都有「大……主義」等等名詞出現。這樣推演下去，人之欲大，誰不如我？於是兩大的中間有了衝突，於是一大與衆小的中間有了衝突，所以境內境外戰爭迭起，連年不休。

「大……主義」就是專制的隱語，就是仗著自己的强力蹂躪他人欺壓他人的主義。有了這種主義，人類社會就不安甯了。大家為抵抗這種强暴勢力的橫行，乃靠著互助的精神，提倡一種平等自由的道理。這等道理，表現在政治上，叫作民主主義，恰恰與「大……主義」相反。歐洲的戰爭，是「大……主義」與民主主義的戰爭。我們國內的戰爭，也是「大……主義」與民主主義的戰爭。結果都是民主主義戰勝，「大……主義」失敗。民主主義戰勝，就是庶民的勝利。社會的結果，是資本主義失敗，勞工主義戰勝。原來這回戰爭的眞因，乃在資本主義的發展。國家的界限以內，不能涵容他的生產力，所以資本家的政府想靠著大戰，把國家界限打破，拿自己的國家作中心，建一世界的大帝國，成一個經濟組織，為自己國內資本家一階級謀利益。俄、德等國的勞工社會，首先看破他們的野心，不惜在大戰的時候，起了社會革命，防遏這資本家政府的戰爭。聯合國的勞工社會，也都要求平和，漸有和他們的異國的同胞取同一行動的趨勢。這亘古未有的大戰，就是這樣告終。這新紀元的世界改造，就是這樣開始。資本主義就是這樣失敗，勞工主義就是這樣戰勝。世間資本家占最少數，從事勞工的人占最多數。因爲資本家的資產，不是靠著家族制度的繼襲，就是靠著資本主義經濟組織的壟斷，纔能據有。這勞工的能力，是人人都有的，勞工的事情，是人人都可以作的，所以勞工主義的戰勝，也是庶民的勝利。

民主主義、勞工主義既然占了勝利，今後世界的人人都成了庶民，也就都成了工人。我們對於這等世界的新潮流，應該有幾個覺悟：第一，須知一個新命的誕生，必經一番苦痛，必冒許多危險。有了母親誕孕的勞苦痛楚，纔能有兒子的生命。這新紀元的創造，也是一樣的艱難。這等艱難，是進化途中所必須經過的，不要恐怕，不要逃避的。第二，須知這種潮流，是祇能迎，不可拒的。我們應該準備怎麼能適應這個潮流，不可抵抗這個潮流。人類的歷史，是共同心理表現的紀錄。一個人心的變動，是全世界人心變動的徵幾。一個事件的發生，是世界風雲發生的先兆。一七八九年的法國革命，是十九世紀中各國革命的先聲。一九一七年的俄國革命，是廿世紀中世界革命的先聲。第三，須知此次平和會議中，斷不許持「大……主義」的陰謀政治家在那裏發言，斷不許有帶「大……主義」臭味，或伏「大……主義」根蒂的條件成立。卽或有之，那種人的提議和那種條件，斷歸無效。這場會議，恐怕必須有主張公道破除國界的人士占列席的多數，纔開得成。第四，須知今後的世界變成勞工的世界，我們應該用此潮流爲使一切人人變成工人的機會，不該用此潮流爲使一切人人變成强盜的機會。凡是不作工吃乾飯的人，都是强盜。强盜和强盜奪不正的資產，也是一種的强盜，沒有什麼差異。我們中國人貪惰性成，不是强盜，便是乞丐，總是希圖自己不作工，搶人家的飯吃，討人家的飯吃。到了世界成一大工廠，有工大家作、有飯大家吃的時候，如何能有我們這樣貪惰的民族立足之地呢？照此說來，我們要想在世界上當一個庶民，應該在世界上當一個工人。諸位呀！快去作工呵！

（原載《新青年》第五卷第五號，一九一八年十一月十五日（實際出版時間約為一九一九年一月）

劉半農

作揖主義

有位尹先生是我的畏友，他常說，「生平服膺『紅老之學』」。「紅」，就是《紅樓夢》；「老」，就是《老子》。這「紅老之學」的主旨，簡便些說，就是無論什麼事，都聽其自然。聽其自然又是怎麼樣呢？沈先生說：「譬如有人罵我，我們不必還罵：他一面在那裏大聲疾呼的罵人，一面就是他打他自己。我們在旁邊看看，也很好，何必費著氣力去還罵他？又如有一隻狗，要咬我們，我們不必打他，只是避開了就算；將來有兩隻狗碰了頭，自然會互咬起來。所以我們做事，只須抬起了頭，向前直進，不必在這『抬頭直進』四個字以外，再管什麼閒事；這就叫作聽其自然，也就是『紅老之學』的精神。」我想這一番話，很有些同 Tolstoj 的「不抵抗主義」相像，不過沈先生換了個「紅老之學」的游戲名詞罷了。

「不抵抗主義」我向來很贊成，不過因爲他有些偏於消極，不敢實行。現在一想，這個見解實在是大謬。爲什麼？因爲不抵抗主義面子上是消極，骨底是最經濟的積極。我們要辦事有成效，假使不實行這主義，就不免消費精神於無用之地。我們要保存精神，在正當的地方用，就不得不在可以不必的地方節省些。這就是以消極爲積極：不有消極，就沒有積極。既如此。我也要用些游戲筆墨，造出一個「作揖主義」的新名詞來。

「作揖主義」是什麼呢?請聽我說：

譬如朝晨起來，來的第一客，是位前清遺老。他拖了辮子，彎腰曲背走進來，見了我，把眼鏡一摘，拱拱手說：「你看!現在是世界不是世界了：亂臣賊子，遍於國中，欲求天下太平，非請宣統爺正位不可。」我急忙向他作了個揖，說：「老先生說的話，很對很對。領教了，再會罷。」

第二客，是個孔教會會長。他穿了白洋布做的「深衣」，古顏道貌的走進來，向我說：「孔子之道，如日月經天，江河行地。現在我們中國，正是四維不張，國將滅亡的時候；倘不提倡孔教，昌明孔道，就不免爲印度波蘭之續。」我急忙向他作了個揖，說：「老先生說的話，很對很對。領教了，再會罷。」

第三客，是位京官老爺。他衣裳楚楚，一擺一踱的走進來，向我說：「人的根。就是丹田。要講衛生，就要講丹田的衛生。要講丹田的衛生，就要講靜坐。你要曉得，這種內功，常做了可以成仙的呢！」我急忙向他作了個揖，說：「老先生說的話，很對很對。領教了，再會罷。」

第四、五客，是一位北京的評劇家，和一位上海的評劇家，手攜著手同來的。沒有見面，便聽見一陣「梅郎」、「老譚」的聲音。見了面，北京的評劇家說：「打把子有古代戰術的遺意，臉譜是畫在臉孔上的圖案；所以舊戲是中國文學美術的結晶體。」上海的評劇家說：「這話說得不錯呀！我們中國人。何必要看外國戲；中國戲自有好處，何必去學什麼外國戲？你看這篇文章，就是這一位方家所賞識的；外國戲裏，也有這樣的好處麼？」他說到「方家」二字，翹了一個大拇指，指著北京的評劇家，隨手拿出一張《公言報》遞給我看。我一看那篇文章，題目是「佳哉夢也」四個字，我急忙向兩人各作了一個揖，說：「兩位老先生說的話，很對很對。領教了，再會罷。」

第六客是個玄之又玄的鬼學家。他未進門，便覺陰風慘慘，陰氣逼人，見了面，他說：「鬼之存在，至今日已無絲毫疑義。為什麼呢？因為人所居者為『顯界』，鬼所居者，尚別有一界，名『幽界』。我們從理論上去證明他，是鬼之存在，已無疑義。從實質上去證明他，是搜集種種事實，助以精密之器械，繼以正確之試驗，可知除顯界外，尚有一幽界。」我急忙向他作了個揖，說：「老先生說的話，很對很對。領教了，再會罷。」

末了一位客，是王敬軒先生。他的說話最多，洋洋灑灑，一連談了一點多鐘。把「中學為體，西學為用」八個字，發揮得詳盡無遺，異常透切。我屏息靜氣聽完了，也是照例向他作了個揖，說：「老先生的話，很對很對。領教了，再會罷。」

如此東也一個揖，西也一個揖，把這一班老伯、老叔、仁兄大人之類送完了，我仍舊做我的我：要辦事，還是辦我的事；要有主張，還仍舊是我的主張。這不過忙了兩隻手，比用盡了心思腦力脣焦舌敝的同他們辯駁，不省事得許多麼？

何以我要如此呢？

因爲我想到前清末年官與革黨兩方面，官要尊王，革黨要排滿；官說革黨是「匪」，革黨說官是「奴」。這樣牛頭不對馬嘴，若是雙方辯論起來，便到地老天荒，恐怕大家還都是個「纏夾二先生」，斷斷不能有什麼誰是誰非的分曉。所以爲官計，不如少說閒話，切切實實想些方法去捉革黨；爲革黨計，也不如少說閒話，切切實實想些方法去革命。這不是一刀兩斷，最經濟最爽快的辦法麼？

我們對於我們的主張，在實行一方面，尚未能盡到相當的職務，自己想想，頗覺慚愧。不料一般社會的神經過敏，竟把我們看得像洪水猛獸一般。既是如此，我們感激之餘，何妨自貶聲價，處於「匪」的地位，卻把一般社會的聲價抬高——這是一般社會心目中之所謂高——請他處於「官」的地位？自此以後，你做你的官，我做我的匪。要是做官的做了文章，說什麼「有一班亂罵派讀書人，其狂妄乃出人意表。所垂訓於後學者，曰不虛心，曰亂說，曰輕薄，曰破壞。凡此惡德，有一於此，即足爲研究學問之障，而況兼備之耶？」我們看了，非但不還罵，不與他辯，而且要像我們江陰人所說的「鄉下人看告示」，奉送他「一篇大道理」五個字。爲什麼？因爲他們本來是官，這些話說，本來是「出示曉諭」以下，「右仰通知」以上應有的文章。

到將來，不幸而竟有一天，做官的諸位老爺們額手相慶曰：「謝天謝地，現在是好了，洪水猛獸，已一律肅清，再沒有什麼後生小子，要用夷變夏，蔑汚我神州四千年古國的文明了。」那時候，我們自然無話可說，只得像北京括大風時坐在膠皮車上一樣，一壁嘆氣，一壁把無限的痛苦儘量咽到肚子裏去；或者竟帶了這種痛苦，埋入黃土，做螻蟻們的食料。

萬一的萬一竟有一天變作了我們的「一千九百十一年十月十日」了，那麼，我一定是個最靈驗的預言家。我說：那時的官老爺，斷斷不再說今天的官話，却要說：「我是幾十年前就提倡新文明的，從前陳獨秀、胡適之、陶孟和、周啓明、唐元期、錢玄同、劉半農諸先生辦《新青年》時，自以爲得風氣之先，其時我的新思想，還遠比他們發生得早咧。」到了那個時候，我又怎麼樣呢？我想，一千九百十一年以後，自稱老同盟的很多，眞正的「老同盟」也沒有方法拒絕這班新牌「老同盟」。所以我到那時，還是實行「作揖主義」，他們來一個，我就作一個揖，說：「歡迎！歡迎！歡迎新文明的先覺！」

原載《新青年》第五卷第六號，一九一八年十二月十五日

人的文學

周作人

周作人（一八八五—一九六七），又名起孟、豈明，號知堂，浙江紹興人。一九〇六年至一九一一年在日本留學。一九一八年起任北京大學教授。一九四〇年出任華北偽政權教育總署督辦。一九四六年以漢奸罪入獄，一九四九年被保釋出獄。著作和譯作分別輯為《周作人散文全集》和《周作人譯文全集》。

我們現在應該提倡的新文學，簡單的說一句，是「人的文學」。應該排斥的，便是反對的非人的文學。

新舊這名稱，本來狠不妥當，其實「太陽底下何嘗有新的東西？」思想道理，衹有是非，並無新舊。要說是新，也單是新發見的新，不是新發明的新。「新大陸」是在十五世紀中，被哥侖布發見，但這地面是古來早已存在。電是在十八世紀中，被弗蘭克林發見，但這物事也是古來早已存在。無非以前的人，不能知道，遇見哥侖布與弗蘭克林纔把他看出罷了。眞理的發見，也是如此。眞理永遠存在，並無時間的限制，衹因我們自己愚昧，聞道太遲，離發見的時候尚近，所以稱他新。其實他原是極古的東西，正如新大陸同電一般，早在這宇宙之內，倘若將他當作新鮮果子、時式衣裳一樣看待，那便大錯了。譬如現在說「人的文學」，這一句話，豈不也像時髦。却不知世上生了人，便同時生了人道。無奈世人無知，偏不肯體人類的意志，走這正路，却迷入獸道鬼道裡去，旁皇了多年，纔得出來。正如人在白晝時候，閉著眼亂闖，末後睜開眼睛，纔曉得世上有這樣好陽光；其實太陽照臨，早已如此，已有了許多年了。

歐洲關於這「人」的眞理的發見，第一次是在十五世紀，於是出了宗教改革與文藝復興兩個結果。第二次成了法國大革命，第三次大約便是歐戰以後將來的未知事件了。女人與小兒的發見，却遲至十九世紀，纔有萌芽。古來女人的位置，不過是男子的器具與奴隸。中古時代，教會裡還曾討論女子有無靈魂，算不算得一個人呢。小兒也祇是父母的所有品，又不認他是一個未長成的人，却當他作具體而微的成人，因此又不知演了多少家庭的與教育的悲劇。自從 Froebel 與 Godwin 夫人以後，纔有光明出現。到了現在，造成兒童學與女子問題這兩大研究，可望長出極好的結果來。中國講到這類問題，却須從頭做起，人的問題，從來未經解決，女人小兒更不必說了。如今第一步先從人說起，生了四千餘年，現在却還講人的意義，從新要發見「人」，去「闢人荒」，也是可笑的事。但老了再學，總比不學該勝一籌罷。我們希望從文學上起首，提倡一點人道主義思想，便是這個意思。

我們要說人的文學，須得先將這個人字略加說明。我們所說的人，不是世間所謂「天地之性最貴」或「圓顱方趾」的人。乃是說，「**從動物進化的人類**」。其中有兩個要點，（一）「**從動物**」進化的，（二）從動物「**進化**」的。

我們承認人是一種生物。他的生活現象，與別的動物並無不同，所以我們相信人的一切生活本能，都是美的善的，應得完全滿足。凡有違反人性不自然的習慣制度，都應排斥改正。

但我們又承認人是一種從動物進化的生物。他的內面生活，比他動物更為複雜高深，而且逐漸向上，有能夠改造生活的力量。所以我們相信人類以動物的生活為生存的基礎，而其內面生活，却漸與動物相遠，終能達到高上和平的境地。凡獸性的餘留，與古代禮法可以阻礙人性向上的發展者，也都應排斥改正。

這兩個要點，換一句話說，便是人的靈肉二重的生活。古人的思想，以爲人性有靈肉二元，同時並存，永相衝突。肉的一面，是獸性的遺傳；靈的一面，是神性的發端。人生的目的，便偏重在發展這神性；其手段，便在滅了體質以救靈魂。所以古來宗教，大都厲行禁欲主義，有種種苦行，抵制人類的本能。一方面却別有不顧靈魂的快樂派，祇願「死便埋我」。其實兩者都是趨於極端，不能說是人的正當生活。到了近世，纔有人看出這靈肉本是一物的兩面，並非對抗的二元。獸性與神性，合起來便祇是人性。英國十八世紀詩人 Blake 在〈天國與地獄的結婚〉一篇中，說得最好：

（一）人並無與靈魂分離的身體。因這所謂身體者，原止是五官所能見的一部分的靈魂。

（二）力是唯一的生命，是從身體發生的。理就是力的外面的界。

（三）力是永久的悅樂。

他這話雖略含神祕的氣味，但狠能說出靈肉一致的要義。我們所信的人類正當生活，便是這靈肉一致的生活。所謂從動物進化的人，也便是指這靈肉一致的人，無非用別一說法罷了。

這樣「人」的理想生活，應該怎樣呢？首先便是改良人類的關係。彼此都是人類，却又各是人類的一個。所以須營一種利己而又利他，利他卽是利己的生活。第一，關於物質的生活，應該各盡人力所及，取人事所需。換一句話，便是各人以心力的勞作，換得適當的衣食住與醫藥，能保持健康的生存。第二，關於道德的生活，應該以愛智信勇四事爲基本道德，革除一切人道以下或人力以上的因襲的禮法，使人人能享自由眞實的幸福生活。這種「人的」理想生活，實行起來，實於世上的人無一不利。富貴的人雖然覺得不免失了他的所謂尊嚴，但他們因此得從非人的生活裡救出，成爲完全的人，豈不是絕大的幸福麼？這眞可說是二十世紀的新福音了。祇可惜知道的人還少，不能立地實行。所以我們要在文學上略略提倡，也稍盡我們愛人類的意思。

但現在還須說明，我所說的人道主義，並非世間所謂「悲天憫人」或「博施濟衆」的慈善主義，乃是一種個人主義的人間本位主義。這理由是，第一，人在人類中，正如森林中的一株樹木。森林盛了，各樹也都茂盛。但要森林盛，卻仍非靠各樹各自茂盛不可。第二，個人愛人類，就祇爲人類中有了我，與我相關的緣故。墨子說，兼愛的理由，因爲「己亦在人中」，便是最透徹的話。上文所謂利己而又利他，利他卽是利己，正是這個意思，所以我說的人道主義，是從個人做起。要講人道，愛人類，便須先使自己有人的資格，占得人的位置。耶穌說，「愛鄰如己」。如不先知自愛，怎能「如己」的愛別人呢？至於無我的愛，純粹的利他，我以爲是不可能的。人爲了所愛的人，或所信的主義，能夠有獻身的行爲。若是割肉飼鷹，投身給餓虎喫，那是超人間的道德，不是人所能爲的了。

用這人道主義爲本，對於人生諸問題，加以記錄研究的文字，便謂之人的文學。其中又可以分作兩項，（一）是正面的，寫這理想生活，或人間上達的可能性；（二）是側面的，寫人的平常生活，或非人的生活，都狠可以供研究之用。這類著作，分量最多，也最重要。因爲我們可以因此明白人生實在的情狀，與理想生活比較出差異與改善的方法。這一類中寫非人的生活的文學，世間每每誤會，與非人的文學相溷，其實却大有分別。譬如法國 Maupassant 的小說《人生》（*Une Vie*），是寫人間獸欲的人的文學；中國的《肉蒲團》却是非人的文學。俄國 Kuprin 的小說《坑》（*Jama*），是寫娼妓生活的人的文學；中國的《九尾龜》却是非人的文學。這區別就祇在著作的態度不同。一個嚴肅，一個游戲。一個希望人的生活，所以對於非人的生活，懷著悲哀或憤怒；一個安於非人的生活，所以對於非人的生活，感著滿足，又多帶些玩弄與挑撥的形迹。簡明說一句，人的文學與非人的文學的區別，便在「著作的態度，是以人的生活爲是呢？非人的生活爲是呢？」這一點上。材料方法，別無關係。卽如提倡女人殉葬——卽殉節——的文章，表面上豈不說是「維持風教」；但强迫人自殺，正是非人的道德，所以也是非人的文學。中國文學中，人的文學本來極少。從儒教道教出來的文章，幾乎都不合格。現在我們單從純文學上舉例如：

（一）色情狂的淫書類

（二）迷信的鬼神書類（《封神榜》、《西游記》等）

（三）神仙書類（《綠野仙蹤》等）

（四）妖怪書類（《聊齋志異》、《子不語》等）

（五）奴隸書類（甲種主題是皇帝狀元宰相，乙種主題是神聖的父與夫）

（六）强盜書類（《水滸》、《七俠五義》、《施公案》等）

（七）才子佳人書類（《三笑姻緣》等）

（八）下等諧謔書類（《笑林廣記》等）

（九）黑幕類

（十）以上各種思想和合結晶的舊戲

這幾類全是妨礙人性的生長，破壞人類的平和的東西，統應該排斥。這宗著作，在民族心理研究上，原都極有價值。在文藝批評上，也有幾種可以容許。但在主義上，一切都該排斥。倘若懂得道理，識力已定的人，自然不妨去看。如能研究批評，便於世間更為有益，我們也極歡迎。

人的文學，當以人的道德為本，這道德問題方面狠廣，一時不能細說。現在祇就文學關係上，略舉幾項。譬如兩性的愛，我們對於這事，有兩個主張。（一）是男女兩本位的平等。（二）是戀愛的結婚。世間著作，有發揮這意思的，便是絕好的人的文學。如諾威 Ibsen 的戲劇《娜拉》（*Et Dukkehjem*）、《海女》（*Fruen fra Havet*），俄國 Tolstoj 的小說《Anna Karenina》，英國 Hardy 的小說《Tess》等就是。戀愛起原，據芬蘭學者 Westermark 說，由於「人的對於與我快樂者的愛好」。卻又如奧國 Lucke 說，因多年心的進化，漸變了高上的感情。所以真實的愛與兩性的生活，也須有靈肉二重的一致。但因為現世社會境勢所迫，以致偏於一面的，不免極多。這便須根據人道主義的思想，加以記錄研究。卻又不可將這樣生活，當作幸福或神聖，讚美提倡。中國的色情狂的淫書，不必說了。舊基督教的禁欲主義的思想，我也不能承認他為是。

又如俄國 Dostojevskij 是偉大的人道主義作家。但他在一部小說中，說一男人愛一女子，後來女子愛了別人，他却竭力斡旋，使他們能夠配合。Dostojevskij 自己，雖然言行竟是一致，但我們總不能承認這種種行爲，是在人情以內，人力以內，所以不願提倡。又如印度詩人 Tagore 做的小說，時時頌揚東方思想。有一篇記一寡婦的生活，描寫他的「心的撒提（Suttee）」（撒提是印度古語，指寡婦與他丈夫的尸體一同焚化的習俗），又一篇說一男人棄了他的妻子，在英國別娶，他的妻子還典賣了金珠寶玉，永遠的接濟他。一個人如有身心的自由，以自由別擇，與人結了愛，遇著生死的別離，發生自己犧牲的行爲，這原是可以稱道的事。但須全然出於自由意志，與被專制的因襲禮法逼成的動作，不能並爲一談。印度人身的撒提，世間都知道是一種非人道的習俗，近來已被英國禁止。至於人心的撒提，便祇是一種變相。一是死刑，一是終身監禁。照中國說，一是殉節，一是守節，原來撒提這字，據說在梵文，便正是節婦的意思。印度女子被「撒提」了幾千年，便養成了這一種畸形的貞順之德。講東方化的，以爲是國粹，其實祇是不自然的制度習慣的惡果。譬如中國人磕頭慣了，見了人便無端的要請安拱手作揖，大有非跪不可之意，這能說是他的謙和美德麼？我們見了這種畸形的所謂道德，正如見了塞在罎子裡養大的、身子像蘿蔔形狀的人，祇感著恐怖嫌惡悲哀憤怒種種感情，決不該將他提倡，拿他賞贊。

其次如親子的愛。古人說，父母子女的愛情，是「本於天性」，這話說得最好。因他本來是天性的愛，所以用不著那些人爲的束縛，妨害他的生長。假如有人說，父母生子，全由私欲，世間或要說他不道。今將他改作由於天性，便極適當。照生物現象看來，父母生子，正是自然的意志。有了性的生活，自然有生命的延續，與哺乳的努力，這是動物無不如此。到了人類，對於戀愛的融合，自我的延長，更有意識，所以親子的關係尤爲深厚。近時識者所說兒童的權利，與父母的義務，便卽據這天然的道理推演而出，並非時新的東西。至於世間無知的父母，將子女當作所有品，牛馬一般養育，以爲養大以後，可以隨便喫他騎他，那便是退化的謬誤思想。英國教育家 Gorst 稱他們爲「猿類之不肖子」，正不爲過。日本津田左右吉著《文學上國民思想的研究》卷一說，「不以親子的愛情爲本的孝行觀念，又與祖先爲子孫而生存的生物學的普遍事實，人爲將來而努力的人間社會的實際狀態，俱相違反，却認作子孫爲祖先而生存，如此道德中，顯然含有不自然的分子」。祖先爲子孫而生存，所以父母理應愛重子女，子女也就應該愛敬父母。這是自然的事實，也便是天性。文學上說這親子的愛的，希臘 Homeros 史詩《Ilias》與 Euripides 悲劇《Troiades》中，說 Hektor 夫婦與兒子死別的兩節，在古文學中，最爲美妙。近來諾威 Ibsen 的《羣鬼》（*Gengangere*），德國 Sudermann 的戲劇《故鄉》（*Heimat*），俄國 Turgenjev 的小說《父子》（*Otsy i deti*）等，都狠可以供我們的研究。至於郭巨埋兒、丁蘭刻木那一類殘忍迷信的行爲，當然不應再行讚揚提倡。割股一事，尚是魔術與食人風俗的遺留，自然算不得道德，不必再叫他溷入文學裡，更不消說了。

照上文所說，我們應該提倡與排斥的文學，大致可以明白了。但關於古今中外這一件事上，還須追加一句說明，纔可免了誤會。我們對於主義相反的文學，並非如胡致堂或乾隆做史論，單依自己的成見，將古今人物排頭罵倒。我們立論，應抱定「時代」這一個觀念，又將批評與主張，分作兩事。批評古人的著作，便認定他們的時代，給他一個正直的評價，相應的位置。至於宣傳我們的主張，也認定我們的時代，不能與相反的意見通融讓步，唯有排斥的一條方法。譬如原始時代，本來祇有原始思想，行魔術食人肉原是分所當然。所以關於這宗風俗的歌謠故事，我們還是要拏來研究，增點見識。但如近代社會中竟還有想實行魔術食人的人，那便祇得將他捉住，送進精神病院去了。其次，對於中外這個問題，我們也祇須抱定時代這一個觀念，不必再劃出什麼別的界限。地理上歷史上，原有種種不同，但世界交通便了，空氣流通也快了，人類可望逐漸接近，同一時代的人，便可相並存在。單位是個我，總數是個人。不必自以為與衆不同，道德第一，劃出許多畛域。因為人總與人類相關，彼此一樣，所以張三李四受苦，與彼得約翰受苦，要說與我無關，便一樣無關，說與我相關，也一樣相關。仔細說，便衹爲我與張三李四或彼得約翰雖姓名不同，籍貫不同，但同是人類之一，同具感覺性情。他以爲苦的，在我也必以爲苦。這苦會降在他身上，也未必不能降在我的身上。因爲人類的運命是同一的，所以我要顧慮我的運命，便同時須顧慮人類共同的運命。所以我們衹能說時代，不能分中外。我們偶有創作，自然偏於見聞較確的中國一方面，其餘大多數都還須紹介譯述外國的著作，擴大讀者的精神，眼裡看見了世界的人類，養成人的道德，實現人的生活。

原載《新潮》第一卷第一號，
一九一九年一月一日

傅斯年

傅斯年（一八九六—一九五〇），字孟真，山東聊城人。

一九一六年至一九二〇年就讀於北京大學，創辦《新潮》雜誌。一九二〇年赴歐留學，一九二六年回國後歷任中央研究院歷史語言研究所所長、北京大學代校長等。一九四九年任臺灣大學校長。著作輯為《傅斯年全集》。

《新潮》發刊旨趣書

《新潮》者北京大學學生集合同好，撰輯之月刊雜誌也。北京大學之生命已歷二十一年，而學生之自動刊物，不幸遲至今日然後出版。向者吾校性質雖取法於外國大學，實與歷史上所謂「國學」者一貫，未足列於世界大學之林，今日幸能脫棄舊型，入於軌道。向者吾校作用雖曰培植學業，而所成就者要不過一般社會服務之人，與學問之發展無與，今日幸能正其目的，以大學之正義為心。又向者吾校風氣不能自別於一般社會，凡所培植皆適於今日社會之人也，今日幸能漸入世界潮流，欲為未來中國社會作之先導。本此精神，循此塗徑，期之以十年，則今日之大學固來日中國一切新學術之策源地，而大學之思潮未必不可普徧國中，影響無量。同人等學業淺陋，逢此轉移之會，雖不敢以此弘業妄自負荷，要當竭盡思力，勉為一二分之贊助：一則以吾校真精神喻於國人，二則為將來之真學者鼓勵興趣。同人等深慚不能自致於真學者之列，特發願為人作前驅而已。名曰「新潮」，其義可知也。

今日出版界之職務，莫先於喚起國人對於本國學術之自覺心。今試問當代思想之潮流如何？中國在此思想潮流中位置如何？國人正復茫然昧然，未辨天之高地之厚也。其敢於自用者竟謂本國學術可以離世界趨勢而獨立。夫學術原無所謂國別，更不以方土易其質性。今外中國於世界思想潮流，直不啻自絕於人世。既不於現在有所不滿，自不能於未來者努力獲求。長此因循，何時達旦。尋其所由，皆緣不辨西土文化之美隆如彼，又不察今日中國學術之枯槁如此；於人於己兩無所知，因而不自覺其形穢。同人等以爲國人所宜最先知者有四事：第一，今日世界文化至於若何階段？第二，現代思潮本何趣向而行？第三，中國情狀去現代思潮遼闊之度如何？第四，以何方學術納中國於思潮之軌？持此四者刻刻在心，然後可云對本國學術之地位有自覺心，然後可以漸漸導引此「塊然獨存」之中國同浴於世界文化之流也。此本誌之第一責任也。

中國社會，形質極爲奇異。西人觀察者恆謂中國有羣衆而無社會，又謂中國社會爲二千年前之初民宗法社會，不適於今日。尋其實際，此言是矣。蓋中國人本無生活可言，更有何社會眞義可說。若干惡劣習俗，若干無靈性的人生規律，桎梏行爲，宰割心性，以造成所謂蚩蚩之氓；生活意趣，全無從領略。猶之犬羊，於己身生死，地位，意義，茫然未知。此眞今日之大成也。同人等深願爲不平之鳴，兼談所以因革之方。雖學淺不足任此弘業，要不忍棄而弗論也。此本誌之第二責任也。

羣衆對於學術無愛好心，其結果不特學術銷沉而已，墮落民德爲尤巨。不曾研詣學問之人恆昧於因果之關係，實理不瞭而後有苟且之行。又，學術者深入其中，自能率意而行，不爲情牽。對於學術負責，則外物不足縈惑；以學業所得爲辛勞疾苦莫大之酬，則一切犧牲盡可得精神上之酬償。試觀吾國宋明之季甚多獨行之士；雖風俗墮落，政治淪胥，此若干「阿其所好」之人終不以衆濁易其常節，又觀西洋「Renaissance」與「Reformation」時代，學者奮力與世界魔力戰，辛苦而不辭，死之而不悔。若是者豈眞好苦惡樂，異夫人之情耶？彼能於眞理眞知灼見，故不爲社會所征服；又以有學業鼓舞其氣，故能稱心而行，一往不返。中國羣德墮落，苟且之行徧於國中。尋其由來：一則原於因果觀念不明，不辨何者可爲，何者不可爲；二則原於缺乏培植「不破性質」之動力，國人不覺何者謂「稱心爲好」。此二者又皆本於羣衆對於學術無愛好心。同人不敏，竊願鼓動學術上之興趣。此本誌之第三責任也。

本誌同人皆今日之學生，或兩年前曾爲學生者，對於今日一般同學，當然懷極厚之同情，挾無量之希望。觀察情實，乃覺今日最危險者，無過於青年學生。邇者惡人模型，思想厲鬼，偏於國中，有心人深以爲憂。然但能不傳謬種，則此輩相將就木之日，即中國進於福利之年。無如若輩專意鼓簧，製造無量惡魔子；子又生孫，孫又生子；長此不匱，眞是殷憂。本誌發願協助中等學校之同學，力求精神上脫離此類感化。於修學立身之方法與徑塗，盡力研求，喻之於衆。特闢「出版界評」、「故書新評」兩欄，商榷讀書之誼（此兩欄中就書籍本身之價值批評者甚少，借以討論讀書之方法者甚多）。其他更有專文論次。總期海內同學去遺傳的科舉思想，進於現世的科學思想；去主觀的武斷思想，進於客觀的懷疑思想；爲未來社會之人，不爲現在社會之人；造成戰勝社會之人格，不爲社會所戰勝之人格。同人淺陋，惟有本此希望奮勉而已。此本誌之第四責任也。

本誌主張，以爲羣衆不宜消滅個性；故同人意旨，盡不必一致；但挾同一之希望，遵差近之徑途，小節出入，所不能免者。若讀者以「自相矛盾」見責，則同人不特不諱言之，且將引爲榮幸。又本誌以批評爲精神，不取乎「庸德之行，庸言之謹」。若讀者以「不能持平」騰誚，則同人更所樂聞。

既以批評爲精神，自不免有時與人立異，讀者或易誤會，茲聲明其恉。立異之目的若僅在於立異而止，則此立異爲無謂。如不以立異爲心，而在感化他人，但能本「哀矜勿喜」之情，雖言詞快意爲之，要亦無傷德義，同人等所以不諱譏評者，誠緣有所感動，不能自已於言。見人迷離，理宜促其自覺之心，以啓其向上之路，非敢立異以爲高。故凡能以學問爲心者莫不推誠相與；苟不至於不可救藥，決不爲不能容受之誚讓。然而世有學問流於左道，而僞言僞旨足以惑人者，斯惟直發其覆，以免他人重墮迷障。同人等皆是不經閱歷之學生，氣盛性直，但知稱心為好，既不願顧此慮彼，尤恨世人多多顧慮者。讀者想能體會茲意，鑒其狂簡也。

本誌雖曰發揮吾校眞精神，然讀者若竟以同人言論代表大學學生之思潮，又為過當。大學學生二千人，同人則不逾二十，略含私人集合之性質，所有言論由作者自負之，由社員共同負之，苟有急進之詞，自是社中主張，斷不可誤以大學通身當之。

發刊伊始，諸待匡正，如承讀者賜以指教，最所歡迎。將特闢「通信」一欄，專供社外人批評質詢焉。

本誌罪案之答辯書

陳獨秀

原載《新青年》第六卷第一號，
一九一九年一月十五日

本誌經過三年，發行已滿三十冊；所說的都是極平常的話，社會上却大驚小怪，八面非難，那舊人物是不用說了，就是呫呫叫的青年學生，也把《新青年》看作一種邪說，怪物，離經叛道的異端，非聖無法的叛逆。本誌同人，實在是慚愧得很；對於吾國革新的希望，不禁抱了無限悲觀。

社會上非難本誌的人，約分為二種：一是愛護本誌的，一是反對本誌的。第一種人對於本誌的主張，原有幾分贊成；惟看見本誌上偶然指斥那世界公認的廢物，便不必細說理由，措詞又未裝出紳士的腔調，恐怕本誌因此在社會上減了信用，係這種反對，本誌同人是應該感謝他們的好意。

這第二種人對於本誌的主張，是根本上立在反對的地位了。他們所非難本誌的，無非是破壞孔教，破壞禮法，破壞國粹，破壞貞節，破壞舊倫理（忠、孝、節），破壞舊藝術（中國戲），破壞舊宗教（鬼神），破壞舊文學，破壞舊政治（特權人治）這幾條罪案。

這幾條罪案，本社同人當然直認不諱。但是追本溯源，本誌同人本來無罪，只因爲擁護那德莫克拉西（Democracy）和賽因斯（Science）兩位先生，才犯了這幾條滔天的大罪。要擁護那德先生，便不得不反對孔教、禮法、貞節、舊倫理、舊政治；要擁護那賽先生，便不得不反對舊藝術、舊宗教；要擁護德先生又要擁護賽先生，便不得不反對國粹和舊文學。大家平心細想，本誌除了擁護德、賽兩先生之外，還有別項罪案沒有呢？若是沒有，請你們不用專門非難本誌，要有氣力有膽量來反對德、賽兩先生，才算是好漢，才算是根本的辦法。

社會上最反對的，是錢玄同先生廢漢文的主張。錢先生是中國文字音韻學的專家，豈不知道語言文字自然進化的道理？（我以爲只有這一個理由可以反對錢先生。）他只因爲自古以來漢文的書籍，幾乎每本每葉每行，都帶著反對德、賽兩先生的臭味；又碰著許多老少漢學大家，開口一個國粹，閉口一個古說，不啻聲明漢學是德、賽兩先生天造地設的對頭；他憤極了才發出這種激切的議論，像錢先生這種「用石條壓駝背」的醫法，本誌同人多半是不大贊成的。但是社會上有一班人，因此怒罵他，譏笑他，却不肯發表意見和他辯駁，這又是什麼道理呢？難道你們能斷定漢文是永遠沒有廢去的日子嗎？

西洋人因爲擁護德、賽兩先生，鬧了多少事，流了多少血，德、賽兩先生才漸漸從黑暗中把他們救出，引到光明世界。我們現在認定只有這兩位先生，可以救治中國政治上道德上學術上思想上一切的黑暗。若因爲擁護這兩位先生，一切政府的迫壓，社會的攻擊笑罵，就是斷頭流血，都不推辭。

此時正是我們中國用德先生的意思廢了君主第八年的開始，所以我要寫出本誌得罪社會的原由，布告天下。

原載《新青年》第六卷第一號，一九一九年一月十五日

魯迅

魯迅（一八八一—一九三六），原名周樹人，字豫才，浙江紹興人。

一九〇二年赴日本留學，一九〇九年回國後先後任職於浙江兩級師範學堂、紹興中學堂、教育部社會教育司，兼任北京大學、北京師範大學、北京女子師範大學講師。一九二六年任教於廈門大學，一九二七年定居上海，從事文學創作與翻譯工作。著作輯為《魯迅全集》。

隨感錄・四〇

終日在家裏坐，至多也不過看見窗外四角形慘黃色的天，還有甚麼感？只有幾封信，說道，「久違芝宇，時切葭思」；有幾個客，說道，「今天天氣很好」：都是祖傳老店的文字語言。寫的說的，既然有口無心，看的聽的，也便毫無所感了。

有一首詩，從一位不相識的少年寄來，卻對於我有意義——

愛情　X

我是一個可憐的中國人。愛情！我不知道你是什麼。

我有父母，教我育我，待我很好；我待他們，也還不差。我有兄弟姊妹，幼時共我玩耍，長來同我切磋，待我很好；我待他們，也還不差。但是沒有人曾經「愛」過我，我也不曾「愛」過他。

我年十九，父母給我討老婆。於今數年，我們兩個，也還和睦。可是這婚姻，是全憑別人主張，別人撮合：把他們一日戲言，當我們百年的盟約。仿佛兩個牲口聽著主人的命令：「咄，你們好好的住在一塊兒罷！」

愛情！可憐我不知道你是什麼！

詩的好歹，意思的深淺，姑且勿論；但我說，這是血的蒸氣，醒過來的人的眞聲音。

愛情是什麼東西？我也不知道。中國的男女大抵一對或一羣——一男多女——的住著，不知道有誰知道。

但從前沒有聽到苦悶的叫聲。卽使苦悶，一叫便錯；少的老的，一齊搖頭，一齊痛罵。

然而無愛情結婚的惡結果，却連續不斷的進行。形式上的夫婦，既然都全不相關，少的另去姘人宿娼，老的再來買妾：麻痺了良心，各有妙法。所以直到現在，不成問題。但也曾造出一個「妒」字，略表他們曾經苦心經營的痕跡。

可是東方發白，人類向各民族所要的是「人」——自然也是「人之子」——我們所有的是單是人之子，是兒媳與兒媳之夫，不能獻出於人類之前。

可是魔鬼手上，終有漏光的所在，掩不住光明：人之子醒了；他知道了人類間應有愛情；知道了從前一班少的老的所犯的罪惡；於是起了苦悶，張口發出這叫聲。

但在女性一方面，本來也沒有罪，現在是做了舊習慣的犧牲。我們既然自覺著人類的道德，良心上不肯犯他們少的老的的罪，又不能責備異性，也只好陪著做一世犧牲，完結了四千年的舊賬。

做一世犧牲，是萬分可怕的事；但血液究竟乾淨，聲音究竟醒而且眞。

我們能夠大叫，是黃鶯便黃鶯般叫；是鴟鴞便鴟鴞般叫。我們不必學那才從私窩子裏跨出脚，便說「中國道德第一」的人的聲音。

我們還要叫出沒有愛的悲哀，叫出無所可愛的悲哀……我們要叫到舊賬勾消的時候。

舊賬如何勾消？我說，「完全解放了我們的孩子！」

原載《每週評論》第十一期，
一九一九年三月二日

思想革命

周作人

近年來文學革命的運動漸見功效，除了幾個講「綱常名教」的經學家，同做「鴛鴦瓦冷」的詩餘家以外，頗有人認為正當，在雜誌及報章上面，常常看見用白話做的文章，白話在社會上的勢力，日見盛大，這是很可樂觀的事。

但我想文學這事務本合文字與思想兩者而成，表現思想的文字不良，固然足以阻碍文學的發達，若思想本質不良，徒有文字，也有什麼用處呢？我們反對古文，大半原為他晦澀難解，養成國民籠統的心思，使得表現力與理解力都不發達，但別一方面，實又因為他內中的思想荒謬，於人有害的緣故。這宗儒道合成的不自然的思想，寄寓在古文中間，幾千年來，根深蒂固，沒有經過廓清，所以這荒謬的思想與晦澀的古文，幾乎已融合為一，不能分離。我們隨手翻開古文一看，大抵總有一種荒謬思想出現。便是現代的人做一篇古文，既然免不了用幾個古典熟語，那種荒謬思想已經滲進了文字裏面去了，自然也隨處出現。譬如署年月，因為民國的名稱不古，寫作「春王正月」固然有宗社黨氣味，寫作「己未孟春」，又像遺老。如今廢去古文，將這表現荒謬思想的專用器具撤去，也是一種有效的辦法。但他們心裏的思想，恐怕終於不能一時變過，將來老癮發時，仍舊胡說亂道的寫了出來，不過從前是用古文，此刻用了白話罷了。話雖容易懂了，思想却仍然荒謬，仍然有害。好比「君師主義」的人，穿上洋服，掛上維新的招牌，難道就能說實行民主政治？這單變文字不變思想的改革，又怎能算是文學革命的完全勝利呢？

中國懷著荒謬思想的人，雖然平時發表他的荒謬思想，必用所謂古文，不用白話，但他們嘴裏原是無一不說白話的。所以如白話通行，而荒謬思想不去，仍然未可樂觀，因爲他們用從前做過《聖諭廣訓直解》的辦法，也可以用了支離的白話來講古怪的綱常名教。他們還講三綱，却叫做「三條索子」，說「老子是兒子的索子，丈夫是妻子的索子」，又或仍講復辟，却叫做「皇帝回任」。我們豈能因他們所說是白話，比那四六調或桐城派的古文更加看重呢？譬如有一篇提倡「皇帝回任」的白話文，和一篇「非復辟」的古文並放在一處，我們說那邊好呢？我見中國許多淫書都用白話，因此想到白話前途的危險。中國人如不眞是「洗心革面」的改悔，將舊有的荒謬思想棄去，無論用古文或白話文，都說不出好東西來。就是改學了德文或世界語，也未嘗不可以拿來做「黑幕」，講忠孝節烈，發表他們的荒謬思想。倘若換湯不換藥，單將白話換出古文，那便如上海書店的譯《白話論語》，還不如不做的好。因爲從前的荒謬思想，尙是寄寓在晦澀的古文中間，看了中毒的人，還是少數，若變成白話，便通行更廣，流毒無窮了。所以我說，文學革命上，文字改革是第一步，思想改革是第二步，却比第一步更爲重要。我們不可對於文字一方面過於樂觀了，閑却了這一面的重大問題。

新舊思潮之激戰

李大釗

原載《每週評論》第十二號，
一九一九年三月九日

宇宙的進化，全仗新舊二種思潮，互相挽進，互相推演，彷彿像兩個輪子運着一輛車一樣；又像一個鳥仗着兩翼，向天空飛翔一般。我確信這兩種思潮，都是人羣進化必要的，缺一不可。我確信這兩種思潮，都應該知道須和他反對的一方面並存同進，不可妄想滅盡反對的勢力，以求獨自橫行的道理。我確信萬一有一方面若存這種妄想，斷斷乎不能如願，徒得一個與人無傷、適以自敗的結果。我又確信這二種思潮，一面要有容人並存的雅量，一面更要有自信獨守的堅操。

我們且看今日的日本，新的方面，有「黎明會」一班人士種種的結合，大張民主主義、社會主義的旗幟，大聲疾呼，和那一切頑迷思想宣戰。什麼軍閥、貴族，什麼軍國主義、資本主義，都是他們的仇敵，都在他們攻擊之列。他們天天宣傳，天天遊說，這兒一個演說會，那兒一個討論會，這裡立一個雜誌，那裡創一所日刊。公共結合以外，他們還有自己本着他專究的學理、擇選的問題，今天一個小冊子，明天一個小冊子，散布傳播，飛如蝴蝶。他們雖然定了一個公同進行的方向，都向着黎明的曙光去走。可是各人取那條路，還是各人的自由，不必從同，且不能從同，不可從同。那反對一方面，也是堂堂鼓、正正旗來相對應。「桐花會」、「黑龍會」這一班人的思想雖舊，他們也知道走正路，也知道本着自己所信的道理，思想在社會上造成一種正當的勢力，和新的對抗。就是那個「浪人會」的行動，在日本社會已為輿論所不直，他們對於新派的激戰，也不過開一個演說會，請反對黨的魁領蒞會辯論而已。

我們再回過頭來看看我們中國新的舊的，都是死氣沈沈。偶有一二稍稍激昂的議論、稍稍新穎的道理，因為靡有旗鼓相當的對立，也是單調靡有情采，比人家那如火如荼的新潮、那風起潮湧的新人運動，尚不知相差幾千萬里。那些舊人見了，尚且鬼鬼祟祟的，想用道理以外的勢力，來剷除這剛一萌動的新機。他們總不會堂皇正大的立在道理上來和新的對抗。在政治上相見，就想引政治以外的勢力；在學術上相遇，就想引學術以外的勢力。我嘗追究這個原因，知道病全在惰性太深、奴性太深，總是不肯用自己的理性，維持自己的生存，總想用個巧法，走個捷徑，靠他人的勢力，摧除對面的存立，這種靠人不靠己，信力不信理的民族性，眞正可恥！眞正可羞！

我正告那些頑舊鬼祟、抱着腐敗思想的人：你們應該本着你們所信的道理，光明磊落的出來同這新派思想家辯駁、討論。公衆比一個人的聰明質質量廣、方面多，總可以判斷出來誰是誰非。你們若是對於公衆失敗，那就當眞要有個自覺纔是。若是公衆袒右你們，那個能够推倒你們？你們若是不知道這個道理，總是隱在人家的背後，想抱着那位偉丈夫的大腿，拿强暴的勢力壓倒你們所反對的人，替你們出出氣，或是作篇鬼話妄想的小說快快口，造段謠言寬寬心，那眞是極無聊的舉動。須知中國今日如果有眞正覺醒的青年，斷不怕你們那偉丈夫的摧殘；你們的偉丈夫，也斷不能摧殘這些青年的精神。當年俄羅斯的暴虐政府，也不知用盡多少殘忍的心性，殺戮多少青年的志士，那知道這些青年犧牲的血，都是培植革命自由花的肥料；那些暗沈沈的監獄，都是這些青年運動奔勞的休息所；那暴橫政府的壓制却爲他們增加一層革命的新趣味。直到今日這樣滔滔滾滾的新潮，一決不可復遏，不知道那些當年摧殘青年、壓制思想的偉丈夫那裡去了。我很盼望我們中國眞正的新思想家或舊思想家，對於這種事實，都有一種覺悟。

原載《東方雜誌》第十六第三號，
一九一九年三月十五日

胡先驌

胡先驌（一八九四—一九六八），字步曾，號懺庵，江西新建人。一九一二年入美國加州大學柏克萊分校，一九一六年回國後任江西省廬山森林局副局長，一九一八年起任教於南京高等師範學校。一九二八年創辦靜生生物調查所。植物學論著之外的著作輯為《胡先驌文存》。

中國文學改良論

自陳獨秀、胡適之創中國文學革命之說，而盲從者風靡一時；在陳胡所言，固不無精到可采之處，然過於偏激，遂不免因噎廢食之譏！而盲從者方爲彼等外國畢業及哲學博士等頭銜所震，遂以爲所言者在在合理，而視中國文學果皆陳腐卑下不足取，而不惜盡情推翻之。殊不知彼等立言，大有所蔽也。彼故作堆砌艱澀之文者，固以艱深以文其淺陋；而此等文學革命家，則以淺陋以文其淺陋；均一失也。而前者尚有先哲之規模，非後者毫無文學之價值者所可比焉。某不佞，亦曾留學外國，寢饋於英國文學，略知世界文學之源流，素懷改良文學之志；且與胡適之君之意見，多所符合；獨不敢爲鹵莽滅裂之舉，而以白話推倒文言耳！今試平心靜氣以論文學之改良。讀者或不以其頭腦爲陳腐，而不足以語此乎？

文學自文學，文字自文字。文字僅取其達意；文學則必於達意之外，有結構，有照應，有點綴，而字句之間有修飾，有鍛鍊。凡曾習修辭學作文學者咸能言之，非謂信筆所之，信口所說，便足稱文學也。故文學與文字迥然有別。今之言文學革命者，徒知趨於便易，乃昧於此理矣！

或謂歐西各國言文合一，故學文字甚易，而教育發達。我國文言分離，故學問之道苦，而教育亦受其障礙而不能普及。實則近年來文學之日衰，教育之日敝，皆司教育之職者之過，而非文學有以致之也。且言文合一，謬說也。歐西言文，何嘗合一？其他無論矣。即以戲曲論。夫戲曲本取於通俗也，何莎士比亞之戲曲，所用之字至萬餘？豈英人日用口語，須用如此之多之字乎？小說亦本以白話爲本者也。今試讀 Charlotte Bronte 之著作，則見其所用典雅之字極夥。其他若 Dr. Johnson 之喜用奇字者，更無論矣。且歷史家如 Macaulay、Prescott、Green 等；科學家如達爾文、赫胥黎、斯賓塞爾等，莫不用極雅馴極生動之筆，以紀載一代之歷史，或敍述辯論其學理，而令百世之下，猶以其文爲規範；此又何如耶？夫口語所用之字句多寫實。文學所用之字句多抽象。執一英國農夫，詢以 perception、conception、conusciousness、freedom of will、reflection、stimulation、trance、meditation、suggestion 等名詞；彼固無從而知之；卽敷陳其義，亦不易領會也。且用白話以敍說高深之理想，最難剴切簡明，今試用白話以譯 Bergson 之創製天演論，必致不能達意而後已。若欲參入抽象之名詞，典雅之字句，則又不爲純粹之白話矣！又何必不用簡易之文言，而必以駁雜不純之口語代之乎？

且古人之爲文，固不務求艱深也。故孔子曰：「辭達而已矣。」今試以《左傳》、《禮記》、《國語》、《國策》、《論》、《孟》、《史》、《漢》觀之，除少數艱澀之句外，莫不言從字順；非若《書》之〈盤庚〉、〈大誥〉，《詩》之〈雅〉、〈頌〉可比也。至韓歐以還之作者，尤以奇僻爲戒；且有因此而流入枯槁之病者矣。此等文學苟施以相當之教育，猶謂十四五齡之中學生，不能領解其義，吾不之信也。進而觀近人之著，如梁任公之《意大利建國三傑傳》、《噶蘇士傳》，何等簡明顯豁！而亦不失文學之精神。下至金聖嘆之批《水滸》，動輒洋洋萬言，莫不痛快淋漓，纖悉必達；讀之者幾於心目十行而下，寧有艱澀之感！又何必白話之始能達意，始能明瞭乎？凡此皆中學學生能讀能作之文體，非《乾鑿度》、《穆天子傳》之比也。若以此爲猶難，猶欲以白話代之，則無寧剗除文字，純用語言之爲愈耳！

更進而論美術之韻文：韻文者，以有聲韻之辭句，傳以清逸雋秀之詞藻，以感人美術道德宗教之感想者也，故其功用不專在達意，而必有文采焉；而必能表情焉；寫景焉；再上則以能造境爲歸宿。彌爾敦、但丁之獨絕一世者，豈不以其魄力之偉大，非常人所能摹擬耶？我國陶謝李杜過人者，豈不以心境沖淡，奇氣恣橫，筆力雄沉，非後人所能望其肩背耶？不務於此，而以爲白話作詩，始能寫實，能述意，初不知白話之適用與否爲一事，詩之爲詩與否又一事也。且詩家必不能盡用白話，徵諸中外皆然。彼震於外國畢業而用白話爲詩者，曷亦觀英人之詩乎？Wordsworth、Browning、Byron、Tennyson，此英人近代最著名之詩家也。如 Wordsworth 之〈重至汀潭寺〉（Tintern Abbey）詩，理想極高潔而沖和；豈近日白話詩家所能作者？卽其所用之字，如 Seclusion、

Sportive、Vagrant、Tranquil、Trivial、Aspect、Sublime、Serene、Corporeal、Perplexity、Recompense、Grating、Interfused、Behold、Ecstasy等，豈白話中常見之字乎？其他若Byron之〈The Prisoner of Chillon〉；Tennyson之〈Œnone〉、Longfellow之〈Evangelme〉、皆雅詞正音也。至Browning之〈Rabbi Ben Ezra〉，則尤爲理想高超之作；非素習文學者不能窮其精蘊；豈元白之詩，嫠嫗皆解之比耶？其眞以白話爲詩者，如Robert Burnes之歌謠，《新青年》所載Lady A. Lindsay之〈Auld Robin Gray〉等詩是；然亦詩中之一體耳，更觀中國之詩，如杜工部之〈兵車行〉、〈贈衛八處士〉、〈哀江頭〉、〈哀王孫〉、〈石壕吏〉、〈垂老別〉、〈無家別〉、〈夢李白〉諸古體及律詩中之〈月夜〉、〈月夜憶舍弟〉、〈閣夜〉、〈秋興〉、〈諸將〉諸詩，皆情文兼至之作，其他唐宋名家指不勝屈，豈皆不能言情達意，而必俟今日之白話詩乎？如劉半農之〈相隔一層紙〉一詩，何如杜工部之「朱門酒肉臭，路有凍死骨」十字之寫得盡致？至如沈尹默之〈月夜〉詩：「霜風呼呼的吹著，月光明明的照著。我和一株頂高的樹並排立著，卻沒有靠著。」與其〈鴿子〉、〈宰羊〉諸詩，直毫無詩意，存於其間，眞可覆瓿矣。試觀阮大鋮之〈村夜〉：「坐聽柴扉響，村童夜汲還。爲言溪上月，已照門前山。暮氣千峰領，清宵獨樹間。徘徊空影下，襟露已斑斑。」其造境之高，豈可方物乎？卽小詩如「小娃撐小艇，偷採白蓮回；不解藏蹤跡，浮萍一道開」，亦較沈氏之月夜有情致也。不此之辨，徒以白話爲貴，又何必作詩乎？

不特詩尙典雅，卽詞典亦莫不然。故柳屯田之「願嬭嬭蘭心蕙性」之句，終爲白圭之玷；比之周清眞之「如今向漁村水驛，夜如歲，焚香獨自語」，同一言情，而有仙凡之別。然周之「許多煩惱，只爲當時一晌留情」之句，猶爲通人所詬病焉！至如曲，則《牡丹亭》「原來姹紫嫣紅開遍」一折，亦必用姹紫嫣紅，斷井頹垣，良辰美景，賞心樂事，雨絲風片，煙波畫船，錦屏人，韶光諸雅詞以點綴之；不聞其非俗語而避之也；且無論何人，必不能以俗語填詞而勝於湯玉茗此折之絕唱，則可斷言之矣。

以上所陳，爲白話不能全代文言之證。卽或能代之，然古語有云：「利不十不變法。」卽如今日之世界語，雖極便利，然欲以之完全替代各國語言文字，則必不可能之事也。且語言若與文字合而爲一，則語言變而文字亦隨之而變。故英之Chaucer去今不過五百餘年，Spencer去今不過四百餘年，以英國文字爲諧聲文字之故，二氏之詩，已如我國商周之文之難讀。而我國則周秦之書，尚不如是；豈不以文字不變，始克臻此乎？向使以白話爲文，隨時變遷；宋元之文，已不可讀，況秦漢魏晉乎？此正中國言文分離之優點，乃論者以之爲劣，豈不謬哉！且〈盤庚〉、〈大誥〉之所以難於〈堯典〉、〈舜典〉者，卽以前者爲殷人之白話；而後者乃史官文言之記述也。故宋元語錄，與元人戲曲，其爲白話，大異於今，多不可解。然宋元人之文章，則與今日無別。論者乃惡其便利，而欲故增其困難乎？抑宋元以上之學，已可完全拋棄而不足惜，則文學已無流傳於後世之價值；而古代之書籍，可完全焚毀矣！

斯又何解於西人之保存彼國之古籍耶？且 Chaucer、Spencer 卽近至莎士比亞、彌爾敦之詩文，已有異於今日之英文。而喬斯二氏之文，已非別求訓詁，卽不能讀；何英美中學尚以諸氏之詩文教其學子，而不限於專門學者始研究之乎？蓋人之異於物者，以其有思想之歷史；而前人之著作，卽後人之遺產也。若盡棄遺產以圖赤手創業，不亦難乎？某亦非不知文學須有創造之能力，而非陳陳相因卽盡其能事者，然亦非既能創造，則昔人之所創造便可唾棄之也。故瓦特創造汽機，後人必就瓦特所創造者而改良之，始能成今日優美之成績；而今日之汽機，無一非脫胎於瓦特汽機者。故創造與脫胎相因而成者也。吾人所斥爲模倣而非脫胎。陳陳相因，是謂模倣。去陳出新，是謂脫胎。故《史》、《漢》，創造而非模倣者也；然必脫胎於周秦之文。儷文，創造而非模倣者也，亦必脫胎於周秦之文。韓柳，創造而革儷文之弊者也；亦必脫胎於周秦之文。他若五言、七言、古詩、五律、七律、樂府、歌謠、詞曲，何者非創造，亦何者非脫胎者乎？故欲創造新文學，必浸淫於古籍，盡得其精華而遺其糟粕；乃能應時勢之所趨，而創造一時之新文學，如斯始可望其成功。故俄國之文學，其始脫胎於英法，而今遠駕其上，卽善用其遺產而能發揚張大之耳！否則盲行於具茨之野，卽令或達，已費無限之氣力矣！故居今日而言創造新文學，必以古文學為根基而發揚光大之，則前途當無可限量。否則徒自苦耳！

原載《公言報》，一九一九年三月十八日

致蔡元培書

林紓

鶴卿先生太史足下：

與公別十餘年，壬子一把晤，匆匆八年，未通音問，至以爲歉。屬辱賜書，以遺民劉應秋先生遺著囑爲題詞，書未梓行，無從拜讀，能否乞趙君作一短簡事略見示，謹撰跋尾歸之。

嗚呼！明室敦氣節，故亡國時殉烈者衆，而夏峰、梨洲、亭林、楊園、二曲諸老，均脫身斧鉞，其不死，幸也。我公崇尚新學，乃亦垂念逋播之臣，足見名教之孤懸，不絕如縷，實望我公爲之保全而護惜之，至慰，至慰。

雖然，尤有望於公者。大學爲全國師表，五常之所係屬。近者外間謠諑紛集，我公必有所聞，即弟亦不無疑信。或且有惡乎闖茸之徒，因生過激之論，不知救世之道，必度人所能行，補偏之言，必使人以可信。若盡反常軌，侈爲不經之談，則毒粥既陳，旁有爛腸之鼠，明燎宵舉，下有聚死之蟲。何者？趨甘就熱，不中其度，則未有不斃者。

方今人心喪敝，已在無可救挽之時，更侈奇衺之談，用以譁衆。

少年多半失學，利其便已，未有不糜沸麕至而附和之者，而中國之命如屬絲矣。晚清之末造，慨世者恆曰：「去科舉，停資格，廢八股，斬豚尾，復天足，逐滿人，撲專制，整軍備，則中國必強。」今百凡皆遂矣，強又安在？於是更進一解，必覆孔孟，剷倫常爲快。嗚呼！因童子之羸困，不求良醫，乃追責其二親之有隱瘵，逐之，而童子可以日就肥澤，有是理耶？外國不知孔孟，然崇仁、仗義、矢信、尚智、守禮，五常之道，未嘗悖也，而又濟之以勇。弟不解西文，積十九年之筆述，成譯著一百三十三種，都一千二百萬言，實未見中有違忤五常之語。何時賢乃有此叛親蔑倫之論？此其得諸西人乎，抑別有所授耶？

我公心右漢族，當在杭州時，間關避禍，與夫人同茹辛苦，而宗旨不變，勇士也。方公行時，弟與陳叔通惋惜公行，未及一送。申伍異趣，各衷其是。蓋今公爲民國宣力，弟仍清室舉人，交情固在，不能視若冰炭，故辱公寓書，殷殷於劉先生之序跋，實隱示明清標季各有遺民，其志均不可奪也。弟年垂七十，富貴功名，前三十年視若棄灰，今篤老，尙抱守殘缺，至死不易其操。前年梁任公倡馬班革命之說，弟聞之失笑。任公非劣，何爲作此媚世之言？馬、班之書，讀者幾人，殆不革而自革，何勞任公費此神力。若云死文字有礙生學術，則科學不用古文，古文亦無礙科學。英之迭更，累斥希臘、臘丁、羅馬之文爲死物，而至今仍存者，迭更雖躬負盛名，固不能用私心以蔑古，矧吾國人，尙有何人如迭更者耶？

須知天下之理，不能就便而奪常，亦不能取快而滋弊。使伯夷、叔齊生於今日，則萬無濟變之方。孔子爲聖之時，時乎井田封建，則孔子必能使井田封建一無流弊；時乎潛艇飛機，則孔子必能使潛艇飛機不妄殺人，所以名爲時中之聖。時者，與時不悖也。衛靈問陳，孔子行；陳桓弑君，孔子討。用兵與不用兵，亦正決之以時耳。今必曰天下之弱，弱於孔子，然則天下之強，宜莫強於威廉。以柏靈一隅抵抗全球，皆敗衄無措，直可爲萬世英雄之祖。且其文治、武功、科學、商務，下及工藝，無一不冠歐洲，胡爲懨懨爲荷蘭之寓公？若云成敗不可以論英雄，則又何能以積弱歸罪孔子？彼莊周之書，最擯孔子者也，然〈人間世〉一篇，又盛推孔子。所謂「人間世」者，不能離人而立之謂。其託顏回、託葉公子高之問難孔子，指陳以接人處衆之道，則莊周亦未嘗不近人情，而忤孔子。乃世士不能博辯，爲千載以上之莊周，竟咆勃爲千載以下之桓魋，一何其可笑也！

且天下惟有眞學術、眞道德，始足獨樹一幟，使人景從。若盡廢古書，行用土語爲文字，則都下引車賣漿之徒所操之語，按之皆有文法，不類閩廣人爲無文法之啁啾。據此，則凡京津之稗販，均可用爲教授矣。若云《水滸》、《紅樓》，皆白話之聖，並足爲教科之書，不知《水滸》中辭吻多采岳珂之《金陀萃篇》，《紅樓》亦不止爲一人手筆，作者均博極群書之人。總之，非讀破萬卷，不能爲古文，亦並不能爲白話。若化古子之言爲白話，演說亦未嘗不是。按《說文》，演，長流也，亦有延之、廣之之義。法當以短演長，不能以古子之長演爲白話之短。且使人讀古子者，須讀其原書耶，抑憑講師之一二語卽算爲古子？若讀原書，則又不能全廢古文矣。矧于古子之外，尙以《說文》講授。《說文》之學，非俗書也，當參以古籀，證以鐘鼎之文，試思用籀篆可化爲白話耶？果以籀篆之文，雜之白話之中，是引漢唐之環燕與村婦談心，陳商周之俎豆爲野老聚飮，類乎不類？弟閩人也，南蠻鴃舌，亦願習中原之語言。脫授我者以中原之語言，仍令我爲鴃舌之閩語，可乎？蓋存國粹而授《說文》，可也，以《說文》爲客，以白話爲主，不可也。

乃近來尤有所謂新道德者，斥父母爲自感情慾，于己無恩。此語曾一見之隨園文中。僕方以爲擬不於倫，斥袁枚爲狂謬，不圖竟有用爲講學者。人頭畜鳴，辯不屑辯，置之可也。彼又云：「武曌爲聖王，卓文君爲名媛。」此亦拾李卓吾之餘唾。卓吾有禽獸行，故發是言。李穆堂又拾其餘唾，尊嚴嵩爲忠臣。今試問二李之名，學生能舉之否？同爲埃滅，何苦增茲口舌？可悲也。大凡爲士林表率，須圓通廣大，據中而立，方能率由無弊。若憑位分勢力而施趨怪走奇之教育，則惟穆罕默德左執刀而右傳教，始可如其願望。今全國父老以子弟託公，願公留意，以守常爲是。

況天下溺矣，藩鎭之禍，邇在眉睫，而又成爲南北美之爭。我公爲南士所推，宜痛哭流涕，助成和局，使民生有所蘇息；乃以清風亮節之躬，而使議者紛紛集，甚爲我公惜之。

此書上後，可以不必示覆，唯靜盼好音，爲國民端其趣向，故人老悖，甚有幸焉。愚直之言，萬死，萬死。

林紓頓首

五四讀本——
掀起時代巨浪的五十篇文章

主編 陳平原（中央文史研究館館員） 季劍青（北京市社會科學院文化所研究員）

《五四讀本》意圖描繪的是「思想的五四」，是五四運動背景的蓬勃精神、各方的多元聲音。本書選錄三十一位重要人物所著的五十篇代表性的文獻，跨越由《新青年》創辦的一九一五年，到一九二二年新文化運動取得決定性勝利的 8 年時光，除了這些作者對五四學運本身的看法，更反映他們對新思潮、新青年、新倫理、新文學的想像。

2019 年 5 月出版 定價 480 元

杜威的三十二堂課——
胡適口譯，百年前演講精華

作者 約翰・杜威（John Dewey, 1859-1952）

約翰・杜威曾在一九一九年受邀到訪中國，並在訪華兩年餘間發表多場演講，對中國知識分子多所啟發，影響深遠。本書收錄其中兩大長篇系列演說，分別是「社會哲學與政治哲學」和「教育哲學」各十六講，由知名學者胡適口譯，帶給新生中國的講座精華。尤其在政治與社會混亂的時代，傾身聆聽百年前杜威提出的解方，依然意義深遠。

2019 年 5 月出版 定價 380 元

一九一九，日本與中國——
杜威夫婦的遠東家書

作者 約翰・杜威（John Dewey, 1859-1952）
愛麗絲・C・杜威（Harriet Alice Chipman Dewey，1858-1927）

他們親身經歷五四運動，目擊亞洲第一個共和國的巨變！杜威夫婦的家書有思想家的深刻觀察，也有旅人走踏的新奇體驗。

這 64 封家書，是杜威夫婦的異國行旅札記，是深刻全面的人文審視，也是他們理清思路、建構往後思想的筆記；為讀者帶來旅遊逸趣外，更引領我們凝視變動的亞洲，跟隨兩人思索世界的過去與未來。

2019 年 5 月出版 定價 350 元

民主與教育：
教育對民主社會的特別意義

作者 約翰・杜威（John Dewey, 1859-1952）

杜威地爬梳人類文明及教育發展，探討民主社會中教育樣貌之鉅作。不只巨觀社會，也微觀個人，提供政治和社會、教育和哲學，最恰當的解方。對於人類文明以及教育的發展，為什麼來到此刻，杜威以他深邃的思考，盡可能淺顯的文筆，做了一次兼顧總結與展望的說明，陳述一個置身在所謂「民主」社會裡的人，應該如何面對「教育」這件事——教育下一代，也教育自己。

2019 年 5 月出版 定價 450 元

JOHN DEWEY,
1859-1952

(來源：wikipedia)

約翰．杜威 訪華百年紀念

杜威在華期間，目擊亞洲第一個共和國的巨變，
也帶給新生中國多方的思索。

美國哲學家、教育家、心理學家。實用主義哲學的代表人物，引領進步主義教育運動，深刻影響了二十世紀美國的教育思維，中國五四時期的胡適等人也備受啟發。

杜威一八八四年取得約翰霍普金斯大學哲學博士學位後，執教於密西根大學，開始關注教育課題。一八九四年至芝加哥大學任教。彼時，一派以經驗為基礎的知識理論——實用主義——方興未艾，杜威為詹姆斯（William James）的學說撼動，原先的唯心思想遂而轉向實用關懷。這段時期杜威開始嘗試落實教改理念，他創立實驗學校，實施從活動中學習的教學法。

杜威同時也投身公眾議題、平權運動。一九一九年至一九二一年於中國講學，所發表的演講達兩百餘場，對中國的知識分子啟發甚巨、影響深遠。

五四抗議者於北京示威。
（來源：wikipedia）

一九一九年，五四運動

一場革新運動的迸發，絕不在一朝一夕，
而在思想與社會的長期醞釀。

五四運動發生於一九一九年（民國八年）五月四日的北洋政府治下的京兆地方，以青年學生為主的學生運動，以及包括廣大公民、市民和工商人士等中基層廣泛參與的一次示威遊行、請願、罷課、罷工和暴力對抗政府等多形式的行動。事件起因在第一次世界大戰結束後舉行的巴黎和會中，列強將戰敗國德國在山東的權益轉讓給日本，即山東問題。當時北洋政府未能捍衛國家利益，有國人極度不滿，從而上街遊行表達不滿。當時最著名之口號是「外爭國權（對抗列強侵權），內除國賊（懲處媚日官員）」。

廣義五四運動則是指自一九一五年中日簽訂《對華二十一條要求》到一九二六年北伐戰爭這段時間，中國知識界和青年學生反思及批判華夏傳統文化，追隨「德先生」（「民主」的英文「Democracy」）和「賽先生」（「科學」的英文「Science」），探索強國之路的新文化運動的繼續和發展。

五四運動百年

杜威訪華一百週年回顧

原載《北京大學日刊》第三百三十八號，一九一九年三月二十一日

蔡元培

致《公言報》函並答林琴南函

《公言報》記者足下：

讀本月十八日貴報，有「請看北京學界思潮變遷之近狀」一則，其中有林琴南君致鄙人一函。雖原函稱「不必示覆」，而鄙人為表示北京大學眞相起見，不能不有所辨正。謹以答林君函抄奉，請為照載。又，貴報稱「陳、胡等絕對的菲棄舊道德，毀斥倫常，詆排孔、孟」，大約即以林君之函為據，鄙人已於致林君函辨明之。惟所云「主張廢國語而以法蘭西文字為國語之議」，何所據而云然？請示覆。

▲答林君琴南函如左

琴南先生左右：

於本月十八日《公言報》中，得讀惠書，索劉應秋先生事略。憶第一次奉函時，曾抄奉趙君原函，恐未達覽，特再抄一通奉上，如荷題詞，甚幸。【趙體孟原函略】

公書語長心重，深以外間謠諑紛集為北京大學惜，甚感。惟謠諑必非實錄，公愛大學，為之辨正可也。今據此紛集之謠諑，加以責備，將使耳食之徒，益信謠諑爲實錄，豈公愛大學之本意乎？原公之所責備者，不外兩點：一曰「覆孔孟，剷倫常」，二曰「盡廢古書，行用土語爲文字」。請分別論之。

對於第一點，當先爲兩種考察：（甲）北京大學教員，曾有以「覆孔孟，剷倫常」教授學生者乎？（乙）北京大學教授，曾有於學校以外，發表其「覆孔孟，剷倫常」之言論者乎？

請先察「覆孔孟」之說。大學講義涉及孔孟者，惟哲學門中之中國哲學史。已出版者，爲胡適之君之《中國上古哲學史大綱》，請詳閱一過，果有「覆孔孟」之說乎？特別講演之出版者，有崔懷瑾君之《論語足徵記》、《春秋復始》。哲學研究會中，有梁漱溟君提出「孔子與孟子異同」問題，與胡默青君提出「孔於倫理學之研究」問題，尊孔者多矣，甯曰覆孔？

若大學教員於學校以外自由發表意見，與學校無涉，本可置之不論。然姑進一步而考察之，則惟《新青年》雜誌中，偶有對於孔子學說之批評，然亦對於孔教會等託孔子學說以攻擊新學說者而發，初非直接與孔子爲敵也。公不云乎？「時乎井田封建，則孔子必能使井田封建一無流弊。時乎潛艇飛機，則孔於必能使潛艇飛機不妄殺人。衛靈問陳，孔子行。陳恒弑君，孔子討。用兵與不用兵，亦正決之以時耳。」使在今日，有拘泥孔子之說，必復地方制度爲封建；必以兵車易潛艇飛機：聞俄人之死其皇，德人之逐其皇，而曰必討之，豈非昧於「時」之義，爲孔子之罪人，而吾輩所當排斥之者耶？

次察「剷倫常」之說。常有五：仁、義、禮、智、信，公既言之矣。倫亦有五：君臣、父子、兄弟、夫婦、朋友。其中君臣一倫，不適於民國可不論。其他父子有親，兄弟相友（或曰長幼有序），夫婦有別，朋友有信，在中學以下修身教科書中，詳哉言之。大學之倫理學涉此者不多，然從未有以父子相夷，兄弟相鬩，夫婦無別，朋友不信，教授學生者。大學尚無女學生，則所注意者，自偏於男子之節操。近年於教科以外，組織一進德會，其中基本戒約有不嫖、不娶妾兩條。不嫖之戒，決不背於古代之倫理。不娶妾一條，則且視孔、孟之說爲尤嚴矣。至於五常，則倫理學中之言仁愛，言自由，言秩序，戒欺詐，而一切科學皆爲增進知識之需。寗有剷之之理歟？

若謂大學教員曾於學校以外發表其「剷倫常」之主義乎？則試問有誰何教員，曾於何書、何雜誌，爲父子相夷、兄弟相鬩、夫婦無別、朋友不信之主張者？曾於何書、何雜誌爲不仁、不義、不智、不信及無禮之主張者？公所舉「斥父母爲自感情慾，于己無恩」，謂隨園文中有之，弟則憶《後漢書．孔融傳》路粹枉狀奏融有曰：「前與白衣禰衡跌盪放言，云：父之於子，當有何親？論其本意，實爲情欲發耳；子之於母，亦復奚爲？譬如寄物瓶中，出則離矣。」孔融、禰衡並不以是損其聲價，而路粹則何如者？且公能指出誰何教員，曾於何書、何雜誌，述路粹或隨園之語，而表其極端贊成之意者？且弟亦從不聞有誰何教員，崇拜李贄其人而願拾其唾餘者。所謂「武曌爲聖王，卓文君爲賢媛」，何爲曾述斯語，以號於衆，公能證明之歟？

對於第二點。當先爲三種考察：（甲）北京大學是否已盡廢古文而專用白話？（乙）白話果是否能達古書之義？（丙）大學少數教員所提倡之白話的文字，是否與引車賣漿者所操之語相等？

請先察「北京大學是否已盡廢古文而專用白話？」大學預科中，有國文一課，所據爲課本者，曰模範文，曰學術文，皆古文也。其每月中練習之文，皆文言也。本科中有中國文學史，西洋文學史、中國古代文學、中古文學、近世文學；又本科、預科皆有文字學，其編成講義而付印者，皆文言也。《北京大學月刊》中，亦多文言之作。所可指爲白話體者，惟胡適之君之《中國古代哲學史大綱》，而其中所引古書，多屬原文，非皆白話也。

次考察「白話是否能達古書之義？」大學教員所編之講義，固皆文言矣。而上講壇後，決不能以背誦講義塞責，必有賴於白話之講演，豈講演之語，必皆編爲文言而後可歟？吾輩少時，讀《四書集注》、《十三經注疏》，使塾師不以白話講演之，而編爲類似集注，類似注疏之文言以相授，吾輩其能解乎？若謂白話不足以講《說文》，講古籀，講鐘鼎之文，則豈於講壇上當背誦徐氏《說文解字繫傳》、郭氏《汗簡》、薛氏《鐘鼎款識》之文，或編爲類此之文言而後可，必不容以白話講演之歟？

又次考察「大學少數教員所提倡之白話的文字，是否與引車賣漿者所操之語相等？」白話與文言，形式不同而已，內容一也。《天演論》、《法意》、《原富》等，原文皆白話也，而嚴幼陵君譯爲文言。少仲馬、迭更司、哈德等所著小說，皆白話也，而公譯爲文言。公能謂公及嚴君之所譯，高出於原本乎？若內容淺薄，則學校報考時之試卷，普通日刊之論說，盡有不值一讀者，能勝於白話乎？且不特引車賣漿之徒而已，清代目不識丁之宗室，其能說漂亮之京話，與《紅樓夢》中寶玉、黛玉相埒，其言果有價值歟？熟讀《水滸》、《紅樓夢》之小說家，能於《續水滸傳》、《紅樓復夢》等書以外，爲科學，哲學之講演歟？公謂「《水滸》、《紅樓》作者，均博極羣書之人，總之非讀破萬卷，不能爲古文，亦並不能爲白話」。誠然，誠然。北京大學教員中，善作白話文者，爲胡適之、錢玄同、周啓孟諸君。公何以證知爲非博極羣書，非能作古文，而僅以白話文藏拙者？胡君家世從學，其舊作古文，雖不多見，然即其所作《中國哲學史大綱》言之，其瞭解古書之眼光，不讓於清代乾嘉學者。錢君所作之文字學講義、學術文通論，皆大雅之文言。周君所譯之《或外小說》，則文筆之古奧，非淺學者所能解。然則公何寬於《水滸》、《紅樓》之作者，而苛於同時之胡錢周諸君耶？

至於弟在大學，則有兩種主張如下：

（一）對於學說，仿世界各大學通例，循「思想自由」原則，取兼容並包主義，與公所提出之「圓通廣大」四字，頗不相背也。無論爲何種學派，苟其言之成理，持之有故，尙不達自然淘汰之運命者，雖彼此相反，而悉聽其自由發展。此義已於《月刊》之發刊詞言之，抄奉一覽。

【略】

（二）對於教員，以學詣爲主。在校講授，以無背於第一種之主張爲界限。其在校外之言動，悉聽自由，本校從不過問，亦不能代負責任。例如復辟主義，民國所排斥也，本校教員中，有拖長辮而持復辟論者，以其所授爲英國文學，與政治無涉，則聽之。籌安會之發起人，清議所指爲罪人者也，本校教員中有其人，以其所授爲古代文學，與政治無涉，則聽之。嫖賭娶妾等事，本校進德會所戒也，教員中間有喜作側豔之詩詞，以納妾狎妓爲韵事，以賭爲消遣者，苟其功課不荒，並不誘學生而與之墮落，則姑聽之。夫人才至爲難得，若求全責備，則學校殆難成立。且公私之間，自有天然界限。譬如公曾譯有《茶花女》、《迦茵小傳》、《紅礁畫槳錄》等小說，而亦曾在各學校講授古文及倫理學，使有人詆公爲以此等小說體裁講文學，以狎妓、姦通、爭有婦之夫講倫理者，寧值一笑歟？然則革新一派，即偶有過激之論，苟於校課無涉，亦何必強以其責任歸之於學校耶？

此復，並候著祺

八年三月十八日蔡元培敬啓

原載《北京大學月刊》第一卷第三號，一九一九年三月二十五日

馬寅初

馬寅初（一八八二—一九八二），名元善，字寅初，以字行，浙江嵊縣人。一九〇七年赴美留學，先後就讀於耶魯大學和哥倫比亞大學。一九一五年回國後，先後任教於北京大學、重慶大學、浙江大學等校。著作輯為《馬寅初全集》。

中國之希望在於勞働者

人生世間，往往有不足之感念，而此感念隨文化以俱進。故草昧之初，原始人類，榛榛狉狉，思念所及，不過衣、食、住三事，所謂肉體上單簡之欲望是也。以後文明日進，人類之欲望亦日增，由單純而複雜，由複雜而至於無窮，顧欲望者，非絕對的感念，乃人類對於貨財或對於學問、宗教、名譽等所生之感念也。人有飲食的欲望，則有飲食以慰之；有奢侈的欲望，則有奢侈品以滿之，故欲望日多，必財貨日進而文明始能日進。欲望與財貨二者，必相輔而行，未有財貨與欲望背道而馳，而世界能進於文明之域者也。美國之富，冠於全球，推厥原因，則在於供求之相濟。需要者多，其供給之數，適如其願以相償，雖有分配不均之苦，然終無兵變匪禍之患。若夫中國則適相反，供給之數，少於需要之數。不僅高尚之欲望，無由而滿，卽卑下之欲望，如衣、食、住三者，亦無實力以應之，則何怪乎不安之象，偏於全國耶？

夫中國旣患窮矣，吾將何以救之，曰：推廣生產，供給人民之利用也。生產云者，非以人力創造物質也。蓋宇宙間之物質，雖至小極微，非人力所能除滅，亦非人力所能創造，此卽物理學家物質不滅之說也。吾之所謂生產者，卽變物質之形體或物質之位置，使之能供吾人之利用也。譬如化水爲汽，使之動機，不過稍變水之形體耳。採煤於礦，用以助炊，亦不過稍變其位置耳，於原質上，固無絲毫之增減也。然欲物質變化與轉移，不可不具有三大要素，則自然、勞力與貲本是也，三者缺一，則生產不能完全。倘有貲本與自然而無勞力，則貲本與自然，不能有所作爲；若有勞力與自然，而無貲本，則勞力與自然亦無所施，生產之功，無可希望矣。

夫三大要素之關係，既如是其密切矣。試問中國有此三要素乎？曰：中國地大物博，人口繁多，足以與歐美相抗衡，故自然與勞力二者，大有取之不盡用之不竭之勢；若夫貲本，則枯竭已達極點。光復以來，內亂頻仍，軍需所出，無不取之於民，而焚毀劫掠之損失不與焉；商家倒閉，實業停頓，累累黃金，多入於外人之手，而天災地變之損失不與焉。故在今日而言生產，不亦戛戛乎難矣哉？故欲救中國之窮，非加貲本不爲功。蓋貲本者，勞働者之利器也。苟無利器，則雖有數萬萬之勞働者，亦無所施其技。蓋工欲善其事，必先利其器，未有器未利而能善其事也。譬有勞工一人於此，予以最優良之物質，使之製成物品，則其所得之生產額可以若干單位計之（假定十單位）。若使用勞工二人，而予以同值之物質（所給之物質，卽貲本之一種，無論勞力增加至若何程度，其值不隨之以俱增，然其量可以增大。例如一單位優良之物質每單位值百元者，可以二單位粗惡之物質每單位祇值五十元者代之，其量雖增大一倍，而其值不變），則二人所得之生產額（假定十七單位），必不能二倍於用一人時所得之生產額，其所以不能二倍於前者，因勞力雖二倍於前，而貲本則依然如故也，若更進而三倍其勞力，而貲本仍一定不變，則第三人所得之結果（假定二十二單位），非僅不能三倍於第一人，且第三人所增加者（五單位），更少於第二人所增加者（七單位），如是則生產之總額，固可以與勞働力同時遞增（如自十單位而十七單位而二十二單位），不過每後一單位之所得，斷不能如前一單位之多（例

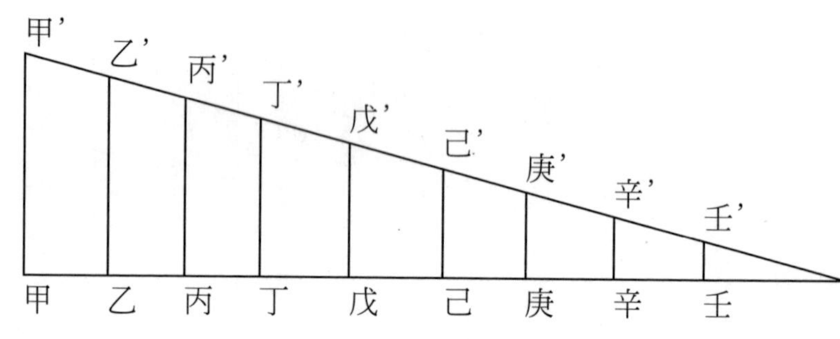

如第二人所加者爲七單位，小於第一人三單位，而第三人所加者爲五單位，又小於第二人二單位）。直至最後之一人無所增加而後止。自此以往，無論勞工之增進，達至若何程度，而生產總額始終不變，社會之生產力，至是停滯，雖欲增進，不能也，此觀下列之圖可以瞭然。【見上圖】

以甲壬平線均分爲八段，即作爲八單位（勞工），以直線甲甲'、乙乙'等譬每單位之生產力，則第一單位之收益，爲甲甲'，第二單位之收益爲乙乙'，第三單位之收益爲丙丙'（以上資本之值不變），如是遞進而遞減，直至第八單位，則所生產者爲壬壬'，小於第一單位不啻若干倍，若長此遞進不已，甲′壬′之斜線，必與甲壬之平線相合，則最後之一單位，直無生產力矣。自此之後，無論勞力單位增加至若何程度，必不能影響於生產額。雖然以上單位各個之生產力依次遞減，而其生產之總額，則依次遞增，直至最後一單位而後止，故三單位所生之甲丙丙′甲′，大於兩單位所生之甲乙乙′甲′，四單位所生之甲丁丁′甲′，大於三單位所生之甲丙丙′甲′。

今日中國之情形，與上述之理論，適相符合，貲本無加而人口日蕃，則生產額自不能與人口俱增，故分配所得，愈進而愈減。今日華工之傭率如是之低者，職是之故，而兵變匪禍乞丐如是之多者，亦職是之故。由此觀之，今日中國之患，不在乎人滿，而在乎無貲，其以人滿爲患而欲以之移於外國而爲外人所用者，其愚眞不可及也。故今日吾國所亟宜講求者，乃利用外貲之問題，非移民之問題也。夫外貲非不可用也，用之得其道，國家興焉，人民之幸福增焉。不觀乎美利堅乎？交通之便，農工商業之盛，何莫非外貲與人力之所助成乎？美能用外貲而致富，而吾豈獨不能哉？

夫外貲尚可借也，人工則不可得而借也，吾聞有借外貲以興國者矣，未聞有借人力而能興國者也。故生產中之三要素，惟人工爲神聖，惟人工爲不可缺之根本。自吾國今日之情形觀之，當以人工爲本，貲本爲末，有本而無末，則致末之來可矣，何必以人滿爲患也。

既有貲本，又有勞力，則每一單位之勞力，必有一單位之貲本以助其成，不如前次七八單位之勞力，全賴一單位之貲本，以構成其生產之結果。循是以往，勞力與貲本，得能並駕齊驅，而生產額亦能日增而月盛，社會之發達，可翹足而待也。夫貲本之所由成立，概括言之，不外過去時代生產之結果，卽由儲蓄而成立者也。蓋貲本增，生產亦增，生產增，人民之消費品亦多，則何患乎衣食不足，衣食足，則貯蓄之意思生焉，於是貯蓄日增，貲本日多，貲本愈多，則生產之發達亦愈速，而貯蓄之風因此亦愈盛。如是因果相循，靡有底止，而社會之進步，遂有蒸蒸日上之勢也。

夫貲本既由貯蓄而成立矣，則所借之外貲，至此可以分年攤還之方法而清償之，以免利子之負擔而享獨立之安榮，故借外貲以謀生產之發達，始終無害於中國也，復何樂而不為哉？

欲促社會之進步，必有貲於貯蓄者固已，然貯蓄亦必有貯蓄之要件，其最要者，厥為完備之法律制度，確能保護個人之所有權也。若在武人專橫、兵連禍結之國，則旦夕之生命，尚不敢自保，貯蓄之意思又何從而發生乎？卽有之，亦殊薄弱，此不僅影響於貲本，亦且影響於人民之道德。自此之後，人人徒狃於目前之逸樂，而不計終身之準備，是則社會最大之危險也，故不欲求生產之發達則已，若欲求生產之發達，則貪婪跋扈之武人，在所必去，斷無與勞働者並存之理。苟武力能除，則生產與儲蓄之障礙已去，而勞働者，自有從容從事之機緣。吾故曰：中國之希望，在於勞働者。

白話文學與心理的改革

傅斯年

原載《新潮》第一卷第五號，一九一九年四月五日自從去年秋天，我心裏有一種懷疑，覺得這白話文學的主義，不久定要風行，然而這白話文學主義的眞價值，或者爲着速效弄糟了——這眞可慮的很。凡是一種新主義，新事業，在西洋人手裏，勝利未必很快，成功却不是糊里糊塗；一到中國人手裏，總是登時結個不熟的果子，登時落了。所以這白話文學發展得越快，我越替他的前途耽心。這不是我一人的私慮，別人也有如此想的。《每週評論》的第十一號裏，有仲密先生的一篇〈思想革命〉，我看了很受點感動，覺得他所說的都是我心裏的話。

現在把他抄在下面——

近年來文學革命的運動漸見功效，……頗有人認爲正當。……白話在社會上的勢力日見盛大；這是很可樂觀的事。但我想文學這事務，本合文字與思想兩者而成。表現思想的文字不良，固然足以阻礙文學的發達，若思想本質不良，徒有文字，也有什麼用處呢？我們反對古文，大半原爲他晦澀難解，養成國民籠統的心思，使得表現力與理解力都不發達；但別一方面，實又因爲他內中的思想荒謬，于人有害的緣故。這宗儒道合成的不自然的思想，寄寓在古文中間，幾千年來，根深蒂固，沒有經過廓清，所以這荒謬的思想，與晦澀的古文，幾乎容合爲一，不能分離。我們隨手翻開古文一看，大抵總有一種荒謬思想出現。便是現代的人做一篇古文，既然免不了用幾個古典熟語，那種荒謬思想已經滲透了文字裏面去了，自然也隨着出現。……如今廢去古文，將這表現荒謬思想的專用器具撤去，也是一種有效的辦法。

但他們心裏的思想恐怕終于不能一時變過，將來老癮發時，仍舊胡說亂道的寫了出來，不過從前是用古文，此刻用了白話罷了。話雖容易懂了，思想却仍然荒謬，仍然有害。

……中國人如不眞是革面洗心的改悔，將舊有的荒謬思想棄去，無論用古文或白話文，都說不出好東西來。就是改學了德文或世界語，也未嘗不可以拿來做黑幕，講忠孝節烈，發表他們的荒謬思想。……從前的荒謬思想尚是寄寓在晦澀的古文中間，看了中毒的人還是少數，若變成白話，便通行更廣，流毒無窮了。所以我說，文學革命上，文學改革是第一步，思想改革是第二步，却比第一步更爲重要。我們不可對于文字一方面過于樂觀了，閑却了這一面的重大問題。

這篇文章我讀過之後，起了若干想念；現在我所做的這文，正所謂有感而作。平情而論，現在的社會裏，居然有人相信白話，肯用白話，眞所謂難能可貴，不溺流俗的人，我們歡迎之不暇，何必作求全的責備。又一轉念中國人在進化的決賽場上太落後了，我們不得不着急，大家快快的再跳上一步——**從白話文學的介殼，跳到白話文學的內心**，用白話**文學的內心造就那個未來的眞中華民國**。

白話文學的介殼，就是那些「什麼」、「那個」、「月亮」、「太陽」的字眼兒，連在一起的，就是口裏的話寫在紙上的。這個的前途定然發展的很寬，成功的很速。**白話文學的內心是人生的深切而又著明的**

表現，是向上生活的興奮劑。這個的前途就不容樂觀了。

現在並白話的介殼而亦反對的人，大概可以分做兩類：一類是迷頑可憐的老朽，一類是新舊未定家。迷頑可憐的老朽反對我們不會有什麼效果，因為有自然先生帮助我們打他們，他們垂死的命運早已判決了。況且他的氣力是萎靡的，膽子是老鼠似的，最怕的是勢力（這裏是說怕勢力。不是說崇拜勢力。因為崇拜勢力他還不配呢），最愛的是金錢，最發達的是肉慾，最講究的是門面話；因而最不健全的是他的作為，最沒效果的是他的反抗。況且這些人說不懂得道理，却還懂得「趨時」：若用眞理征服他，他便以化外自豪，若到大家成了風氣之後，他也決不為采薇而食的頑民。況且單就白話的介殼而論，未必有所謂離經叛道的東西；好在他們也是會說白話的，乃祖乃宗也曾讀過白話的高頭講章的；苟不至于如林紓一樣，怕白話文風行了，他那古文的小說賣不動了，因而發生飯碗問題，斷不至于發恨「拚此殘年」，反對白話。所以我們爽性不必理他；他久而久之總會變的。至于我所謂新舊未定家，就是唐俟先生所謂「理想經驗雙全家，理想經驗未定家」。這都是識時務的俊傑！他們既不會拚命發揮自己的主義，也決不會拚命反對別人的主義——只會看風使舵。他們都是時勢造就的兒子，沒有一句是造就時勢的老子；都是被群衆征服過的俘虜，沒有一個是征服群衆的將軍。見理不明，因而沒主義可說；志行薄弱，因而沒宗派可指，再加上個「唯吃飯主義」，就決定他的飄萍轉蓬的終身了。這不僅少數人如此，實在中國的大多數都是這般。民國元年，遍天下都是革命黨，到了四年，遍天下都是官僚派；這類滑稽的風氣遷流，確是中國人易于改變的徵驗。又如袁世凱篡國的時代，有位大人先生上表勸進，說，「賴大皇帝之威靈，軍未浹旬，而江表戡定」，轉眼之間，帝制取消，他又勸退，劈頭便是，「慰庭先生閣下」。這不是舉個極端的例，少數的例，實在可以形容中國人的普遍而又普通的心理啊！所以我平日總以爲在中國提倡一種新主義的精神很難得好——因爲中國人遺傳性上有問題，然而提倡一種新主義的皮毛沒有不速成的，因爲中國人都以「識時務」爲應世上策。由此看來，白話文學介殼的發展，順着時勢的遷流，幾年以內，總會有點小成績，可以無疑了。

然而白話文學內心的命運却很有問題。白話文學的內心應當是，人生的深切而又著明的表現，向上生活的興奮劑。（近來看見《新青年》五卷一號裏一篇文章叫做〈人的文學〉。我眞佩服到極點了。我所謂白話文學內心就以他所說的人道主義爲本）。這眞難辦到！第一層，我們的祖先差不多對于人生都沒有透徹的見解，會說什麼「聖賢」話，「大人」話，「小人」話，「求容」話，「驕人」話，「妖精」話，「渾沌」話，「仙佛俠鬼」話，最不會的是說「人」話，因爲他們最不懂得的是「人」，最不要求的是人生的向上。第二層，我們所居的社會，又是這般大家醉生夢死，少數人也難得覺悟。受那樣惡濁歷史的壓迫，被這樣惡濁空氣的包圍，想把向上的生活當作文學的本旨——「去開闢人荒」——眞是「難于上青天」的事。老實說，一千年來中國人的思想，總算經過無數的變化了，然而脾胃的本質依然如故。唐朝詩賦是時尚的，他們就拚命弄詩賦；宋朝制藝是時尙的，他們就拚命弄制藝；明清八股是時尙的，他們就拼命弄八股，現在英文是時尙的，他們就拚命弄英文。現在的學生學英文，和當年的童生學八股，其心理乃毫無二致。他們對于文學的觀念只有兩層：一層是用來滿足他的肉慾，一層是用來發揮他的肉慾。由前一層，才有非奴隸而似奴隸，非囚犯而似囚犯的獻諛文，科場文，由後一層，才有非妓女而似妓女，非變童而似變童的感慨文。所以用「曾子曰吾日三省吾身」做題目去作八股，和用「怎當他臨去秋波那一轉」做題目去作八股，是一種性情的兩面，其脾胃乃毫無二致。他們正在那裏經營獵取名利的妙用，研究乘興遣懷的韻事，你偏引着他們去開闢成敗禍福未可知的「人荒」，他們如何情願呢？苟不至于革面洗心的地步，必超不過「高頭講章白話文」的境界。然則白話文學內心的成功，頗有點不可期了。

但是把白話文學分做內外兩面，也是不通的辦法。所謂眞白話文學，必須包含三種質素：第一，用白話做材料；第二，有精工的技術；

第三，有公正的主義。三者缺一不可。美術派的主張，早經失敗了，現代文學上的正宗是爲人生的緣故的文學。譬之于人物：人物所由成是兩面的：一，才具；二，德行。加特林、拿破崙、葉赫那拉氏、袁世凱未嘗無才具，然而總不能說他是人，人物更不必論了。易卜生是近代戲劇的革命家，一半由于他革戲劇的藝術，一半由于他革人生的觀念（參看 Bernard Shaw's *The Quintessence of Ibsenism*）。俄國在近代文學界中放了個大異彩，一半由于他的藝術，一半由于他的主義。所謂世界的文學出產品者，何嘗不是用一種特殊的語言寫出的呢？但是經過各國翻譯之後，藝術上的作用，喪失了十之六七了，依然據有第一等的位置，只爲他有不朽主義的緣故。我們爲什麼愛讀〈孔雀東南飛〉呢？因爲他對于人生做了個可怕的描寫。爲什麼愛讀杜甫的〈石壕吏〉、〈兵車行〉呢？因爲他也對于人生做了個可怕的描寫。爲什麼重視王粲的〈七哀詩〉而輕視王粲的〈登樓賦〉呢？因爲〈七哀詩〉是悲憫人生的，〈登樓賦〉便不相干了。林紓揣度現在主張白話的人必以爲「《水滸》、《紅樓夢》不可思議」，眞是妄以小人之心度人的話：我們固不能說《紅樓夢》、《水滸》不是文學，然亦不成其爲眞有價値的文學，固不能不承認《紅樓夢》、《水滸》的藝術，然亦斷斷乎不能不否認他們的主旨。藝術而外無可取，就是我們應當排斥的文學。平情而論，中國人用白話做文已經好幾百年了，然而所出產的都是二三等以下的事物，這都由于沒有眞主義的緣故。現在大家所談的文學革命，當然不專就藝術一方面而論——若是就藝術一方面而論，原不必費此神力——當然更要注重主義一方面。文學革命第一聲砲放去，其中就有一種聲浪說道：「滅信仰造信仰，滅道德造道德，滅生活造生活。所以據我看來，胡適之先生的易卜生主義，周啓孟先生的〈人的文學〉和〈文學革命論〉、〈建設的文學革命論〉等，同是文學革命的宣言書。我現在看到許多不長進的白話——如我所作的——眞是不能樂觀；如此辦下去。勢必有「駢文主義的白話」、「八股主義的白話」，白話的墓誌銘、神道碑。**我們須得認清楚白話文學的材料和主義不能相離，去創造內外相稱，靈魂和體殼一**

貫的眞白話文學！

所以我們現在爲文學革命的緣故，最要注意的是思想的改變。至于這文學革命裏頭應當有的思想是什麼思想，〈人的文學〉中早已說得正確而又透徹，現在無須抄寫了。

但是單說思想革命，似乎不如說心理改換包括些，因爲思想之外，還有感情、思想的革命之外，還有感情的發展。合感情與思想，文學的內心才有所憑托，所以泛稱心理改換，較爲普遍了（思想原有廣狹兩層意思。狹意的就是心理學上所謂「思想」，廣義的就是心理的總稱。〈思想革命〉一篇裏所謂思想，當然不是狹意的。我現在不是格外立異，是爲說明的方便起見，分別講去，免大家誤會）。思想一種心理作用，發達最後，因而力量比較的薄弱。必有別種動機，然後有思想，而思想所得，又多不能見諸行事。思想固然有一部分創造的力量，然而不如感情更有創造的力量；感情主宰思想，感情決定行事，感情造成意志。感情是動力，因而影響一切的效果很大——這是思想所不及的。我們與其說中國人缺乏「人」的思想，不如說他缺乏「人」的感情；我們與其說俄國近代文學中富有「人」的思想；不如說他富有「人」的感情。思想儘管高明，文章儘管卑劣；一旦有深沉摯愛的感情發動，自然如聖靈啓示一般，欲罷不能（宗教徒所謂聖靈啓示就是感情的大發動）。中國人是個感情薄弱的民族，所以從古以來很少偉大的文學出產。現在希望一種有價值的新文學發生，自必**發揮**我們大家的**人的感情**。受一件不良社會的**刺激**，便把這刺激保持住來，**擴大**起來，研究起來，表現出來，解決了來——于是乎有正義的文學。

我現在有一種怪感想：我以爲未來的眞正中華民國，還須借着文學革命的力量造成。現在所謂中華民國者，眞是滑稽的組織；到了今日，政治上已成「水窮山盡」的地步了。其所以「水窮山盡」的緣故，想由于思想不變，政體變了，以舊思想運用新政體，自然弄得不成一件事。回想當年鼓吹革命的人，對于民主政體的眞像，實在很少眞知灼見，所以能把滿洲推倒，一半由于種族上的惡感，一半由于野心家的投機。我彷彿記得孫中山在《民報》上拿唐太宗比自己，章太炎在《訄書》上居然有「後王者起」的話頭。唐太宗是什麼人，還不是楊廣一流的人才而又敗類的嗎？章太炎在當年並不主張共和是大家知道的。至于有人竟自把「飲冰內熱」、「一臥滄江驚歲晚，幾回青鎖點朝班」兩個典故，當做名字，去鼓吹「開明專制萬能」的主義，更全是舊思想了。革新的主動人物既已如此，被鼓吹的人也就可想而知。學者的心裏忘不了「九世之讐」，一般人的心理又要借着機會躁進；所謂民主主義，只好當幌子罷了。所以民國元二年間像唐花一般的「怒發」，和民國三四年間像冰雹一般的摧殘，都是專制思想的表現，都是受歷史上遺傳思想的支配，都是用「英雄」、「豪傑」、「宦達」、「攀權」的人生觀弄出來的。想「宦達」要「攀權」的人固不足深責，至于「英雄」、「豪傑」又何嘗不是民賊的綽號呢？用這種精神去造民國，不用平民的精神去造民國，豈有不弄成政治混亂，四方割據的呢？到了現在，大家應該有一種根本的覺悟了：形式的革新——就是政治的革新——是不中用的了，須得有精神上的革新——就是運用政治的思想的革新——去支配一切。物質的革命失敗了，政治的革命失敗了，現在有思想革命的萌芽了。現在的時代，和光緒末年的時代有幾分近似，彼時是政治革命的萌芽期，現在是思想革命的萌芽期。想把這思想革命運用成功，必須以新思想夾在新文學裏，刺激大家，感動大家；因而使大家恍然大悟；徒使大家理解是枉然的，必須喚起大家的感情；徒用言說曉喻是無甚效力的，必須用文學的感動力。未來的眞正中華民國靠着新思想，新思想不能不夾在新文學裏；猶之乎俄國的革命是以文人做肥料去培養的。我們須得認清楚我們的時代。認清楚了，須得善用我們的時代。

二十年裏的各種改革，弄到結果，總是「葫蘆題」；這都原于不是根本改革。放開思想去改革政治，自然是以暴易暴，沒有絲毫長進。若是以思想的力量改造社會，再以社會的力量改造政治，便好得多了——這是根本改革。更有一層，若果不作征服的決心，而取遷就的手段，又是枉然。中國人的革新事業多半如此。我們須得立定志願去克服舊主義

（不適時的主義）——這是改革的根本手段。天地間事，不是東風壓倒西風，就是西風壓倒東風；各不相下，便成旋風，旋風是最討厭的。所以調和是遷就的別名，遷就是糟糕的綽號。政治上講調和，才有今日的怪現狀；學術上講調和，才有所謂「古今中外黨」。

梁任公先生能發明新文體，因而有所謂「新民派」，是極好的事了，然而偏要和策論的調頭調和，其末流便成一種浮飃飃的、油汪汪的報紙文——這是文學上的調和。須知天地間的事物，不是一件一件一段一段的獨立的，是互相關聯的：所以西洋成西洋的系統，中國成中國的系統，動搖一件，牽動多種：調和是沒成效的，必須征服，必須根本改換。改革的作用是散佈「人的」思想，改革的武器是優越的文學。文學的功效不可思議；動人心速，入人心深，住人心久；一經被他感化了，登時現于行事。用手段高強的文學包括着「人的」思想，促動大家對于人生的自覺心，是我們的使命。我們須得認清楚我們的使命！認清楚了，須得竭力完成我們的使命！

總而言之，眞正的中華民國必須建設在新思想的上面。新思想必須放在新文學的裏面；若是彼此離開，思想不免丟掉他的靈驗，麻木起來了。所以未來的中華民國的長成，很靠着文學革命的培養。文學原是發達人生的唯一手段。既這樣說，我們所取的不特不及與人生無涉的文學，並且不及僅僅表現人生的文學，只取抬高人生的文學。凡抬高人生以外的文學，都是應該排斥的文學。

民國八年四月五日

原載《每週評論》第二十二號，一九一九年五月十八日

梁漱溟

梁漱溟（一八九三—一九八八），原名煥鼎，字壽銘，廣西桂林人。一九一七年至一九二四年任教於北京大學。三〇年代在山東發起鄉村建設運動。一九四六年任民盟秘書長。著作輯為《梁漱溟全集》。

論學生事件

我算是北京大學的一個人，這一次被捕學生中間，也有我的熟友。在他們未被釋放的時候，我聽到許多人運動保釋，而當局拿出「此風萬不可長」的臭話，一定不允，我也同大家一樣的氣惱。但我今天拿我與大家不同的意思來投稿，在大家認爲學生派的報紙上貢獻於我同人。

我的意思狠平常，我願意學生事件付法庭辦理，願意檢廳去提起公訴，檢廳去審理判罪，學生去遵判服罪。檢廳如果因人多檢察的不清楚，不好辦理，我們盡可一一自首，就是情願犧牲。因爲如不如此，我們所失的更大。在道理上講，打傷人是現行犯，是無可諱的。縱然曹章罪大惡極，在罪名未成立時，他仍有他的自由。我們縱然是愛國急公的行爲，也不能侵犯他、加暴行於他。縱然是國民公衆的舉動，也不能橫行，不管不顧。絕不能說我們所做的都對，就犯法也可以使得，我們民衆的舉動，就犯法也可以使得。在事實上講，試問這幾年來哪一件不是借着國民意思四個大字不受法律的制裁才鬧到今天這個地步？我們既然恨司法官廳不去檢舉公安會，我們就應當恭領官廳對於我們的犯罪的檢舉審判。

但我如說這話，大家一定不謂然的狠多，我以為這實在是極大的毛病。什麼毛病？就是專顧自己不管別人，這是幾千年的專制（處處都是專制，不但政治一事）養成的。除了仰臉的橫行，與低頭的順受橫行，再不會事事持自己的意思，而又顧及別人的意思。試請大家舉目四觀，國人中除了仰臉的就是低頭的，除了低頭的就是仰臉的。再看一個人，除了仰臉的時候就是低頭的時候，除了低頭的時候就是仰臉的時候。尋一個事事曉得不肯橫行，與不受橫行，實在不容易得。我以為大家不願受檢察廳檢舉的意思，自以所行無有不合的意思，還是這個毛病。這個毛病不去掉，絕不能運用現在的政治制度，更不會運用未來社會改革後的制度。質而言之，就是不會作現在同以後的人類的生活。不會作這種生活，不待什麼強鄰的侵略，我們自己就不能在現在世界上未來世界上存在。

我初想經過審判之後，可以由司法總長呈總統特赦。一方顧全了法律，一方免幾個青年受委曲。記得那年日本因日俄和約事，人民怨外交失敗，東京大起暴動，暴動的主犯河野廣中就是特赦的。然我又想終不如服罪的好，現在中國無所不用其特赦，我們實在羞與爲伍，何必受他這特赦。最好我們到檢廳自首，判什麼罪情願領受，那眞是無上榮譽，這好榜樣，可以永遠紀念的。

原載《北京高等師範學校週刊》第七十期，一九一九年五月二十日

文學革新雜談

錢玄同

今天我拿到《週刊》第六十八期，看見中間有張雲君與友人論白話文的通信。他講的話，我都是十分贊同。

我現在對於「繁簡問題」還要再講幾句話：

現在反對白話文的人，他們的論調種種不同。我耳朵裏聽見的，以「白話用字繁，不及古文之簡」這一類話爲最多。張君說古文所以簡的緣故，是因爲他的構造籠統、粗疏、含糊；白話文所以繁的緣故，是因爲他的構造分晰、精密、朗暢。這眞是很精當、很確實的判斷。我以爲簡的文章，不但意思籠統、粗疏、含糊；即揆之文理，亦多有不通的地方。

中國現在存留的最古的文章，不是《尙書》嗎？就第一篇〈堯典〉而論，從「曰若稽古帝堯」到「黎民於變時雍」一段，是後代作史的人追記堯的名字和他的什麼「聖德神功」，所以說「曰若稽古」。「乃命羲和」以下，是敘堯改的政治了。「命」竟沒有主格，照文義看來，倒好像和上文一氣相承。這種晦澀欠通的文筆，到了左丘明就改良了，到了司馬遷就更沒有的了。但是《左傳》比《尚書》繁，《史記》比《左傳》又繁。《左傳》因爲嫌《尚書》的「粗疏」，他要做的「精密」一點，因此就繁了。《史記》對於《左傳》也是這樣。

記得前幾年，吾師章太炎先生說：「《尚書》中〈甘誓〉一篇，文理實在有些欠通；第一句『大戰于甘』，竟不知誰和誰戰；第二句『乃召六卿』，也不知是誰召的；第三句『王曰』，才算出了一個主格；直到第六句『有扈氏威侮五行』，才知道是一個什麼『王』和一個什麼『有扈氏』打仗。但是終不知道這『王』是誰，所以鬧到〈禹誓〉、〈啓誓〉爭不明白。」我想太炎師這話，說的眞不錯。但是那班古文家一定要說，「這是妙文，非後世拘拘於繩墨者所及。」他假如果然說這個話，我以爲很容易回答他。待我來作幾句妙文給他看看，文曰：「宣戰於北京。乃咨國會。大總統曰，……德國蔑棄公法，蹂躪人權。」請問他們：這文妙不妙？如說妙，那麼爲什麼他們文集裏不刻這類的妙文。要刻那種拘拘於繩墨的不妙之文呢？如說現在不能這樣做，那麼請免開尊口，不要瞎恭維《尙書》——恭維《尙書》卻也可以；但只可說，四千年以前的野蠻人居然已經會作這樣成片段的文章，總算他聰明，總算難爲他。如其說，那是古聖先儒的妙文，百世之下應該景仰效法，那便叫做胡說八道。這眞和何紹基晚年，自己的字已經寫的很好，顚倒去臨那五六歲的小孩子描的「上大人孔乙己」一樣的笑話。

《史記．殷本紀》的〈贊〉末了一句，叫做「孔子以殷輅車爲善而色尙白」。殷朝的車叫做輅，是一件事；孔子以輅車爲善，又是一件事；殷朝色尙白，又是一件事。三件事絕不相干，忽然用一個「而」字，把他連成一句，這眞是不通到了極點了。恐怕現在略通文理的高小學生，都不至於鬧這笑話罷。要知二千年前的大學問家司馬遷竟會鬧這笑話的緣故，就壞在一個「簡」字上。只因簡了，於是就作出這樣籠統、粗疏、含糊的句子來了。

以上不過隨便講講。我個人的意思，無非是說，愈分晰、愈精密、愈朗暢的文章，字數一定是愈多的。因爲要他分晰，要他精密，要他朗暢，則介詞連詞之類應該有的，一個也闕少不得；名詞動詞之類，複音的比單音的要明顯——譬如一個「道」字，最普通的有兩個意義。若都用一個單音的「道」字，則容易誤解。若用複音語，曰「道路」，曰「道理」，則一望便明白了——那就該用複音的。介詞連詞應有盡有，名詞動詞改用複音，那麼，比到舊日的古文，他倆的字數，必至了成五與三的比例——或者竟至加了一倍——一般人覺得本來只要寫三百字就完事的，現在要寫到五百個字才算完事，於是就說：「這是不經濟。」殊不知道在看的人一方面，假定一分鐘二十個字，看那古文，因爲文章籠統、粗疏、含糊，所以三百個字，雖然十五分鐘就已看完，可是還要仔細推求，才能明白——說不定還有誤會的地方——這仔細推求的時間，或者還要費上兩三個十五分鐘也未可知。若看白話的文章，因爲文章分晰、精密、朗暢，所以五百個字雖然要看到二十五分鐘，可是看完了，意思也明白了，用不著再瞎費仔細推求的工夫。請問誰經濟，誰不經濟呢？

至於寫的一方面，雖然多寫二百個字，好像多費一點時間，但是寫的人的意思，老老實實照著說話寫了，不必去用那什麼「推敲」的工夫，比那少寫二百個字的反可以少耗時間，所以實際上反是經濟的。

況且做了古文，覺得總要寫上幾個規規矩矩的什麼「正楷」，就是隨便些，亦還得要寫幾個什麼「行楷」，字體最好是依照《字學舉隅》，就是隨便些，亦還得要寫幾個「有所本」的帖體。那東倒的形狀和破體小寫的字體，是萬不可用的。因爲古文自有他古文的身價，仿佛一個紳士老爺，總得要穿上天青緞子馬褂，藍寧綢袍子，粉底皀靴，才算合格。要是穿上一件竹布長衫，一條外國呢褲，再是一雙形狀古怪的白帆布鞋子，那便失掉了紳士的體統了。

至於白話文章，本是平民文學，本來沒有特別的架子，所以寫的時候，儘可就便利的方面著想，隨便下筆，只要看的明白就行，沒有什麼「正楷」、「行楷」之可言。至於「正體」、「帖體」的話，更可一筆勾消。姜太公的「姜」字借作生薑的「薑」字用，北京的「京」字借作吃了一驚的「驚」字用，很合於同音假借的舊例；「對」、「觀」、「難」、

「亂」，這些字左面半個，筆劃太複雜，就把他們攏共寫個「又」字，也是無妨；我的姓的「錢」字，儘可以寫那藥方上的「ㄐ」字，「雖」字、「類」字盡可單寫左面半個；「聲」字儘可單寫三分之一……只要寫的人便利，看的人明白，什麼都可以寫得。譬如某甲穿一件竹布長衫，某乙穿一件柳條呢的袍子，某丙穿一件愛國布的袍子，只要能夠保護他的身子，什麼都可以穿得——這樣看來，作古文的人因爲必須寫什麼「正楷」、「行楷」和「正體」、「帖體」的緣故，恐怕他寫三百個字還沒有寫完，我們寫五百個字早就寫完了哩。請問誰經濟，誰不經濟呢？

我再向大家講一個笑話：清朝末年，有一個小學堂的教習教國文，遇到一句文章，叫做「若汝狗，白而往，黑而歸，汝能無異乎？」這位教習把「若汝狗」三字解釋作「譬如你是一隻狗」，因此新聞紙上傳爲笑談。我想，這位教習固然欠通，可是編教科書的人的文章也太求簡古了。如作「若汝之狗」，或作「若汝所豢之狗」，則學生也容易領會，教習就是不通，也不至於誤解了。

若說簡的文章，因其耐人尋思，所以別有趣味，不比白話文張口見喉嚨，一切說盡，毫無含蓄。那麼，我要請問：有兩句詩，叫做「蛙翻白『出』闊，蚓死紫『之』長」，你道好不好？還有一句詩，叫做「天刮吃陳團」，意謂「等到天亮了，外面的鞭爆聲音刮拉刮拉響的時候，我們去吃陳家的湯團。」這樣的意思，用五個字來包括，眞算「簡」到極處了。耐人尋思嗎？別有趣味嗎？就算耐人尋思，就算別有趣味，還不是耐一班搖頭晃腦的斗方名士尋思，別有刁鑽古怪的趣味？請問和一般人應這用文章有什麼關係？

這篇文章，是因爲看了張君的通信，有所感觸，提起筆來，隨便寫下去的，沒有層次，不成片段，本來算不的一篇論文，只算和大家隨便談談罷了。

八年五月六日

原載《每週評論》第二十三號，
一九一九年五月二十六日

羅家倫

羅家倫（一八九七—一九六九），字志希，浙江紹興人。

一九一七年至一九二〇年就讀於北京大學。一九二〇年赴美留學，一九二六年回國後歷任清華大學校長、中央大學校長等。著作輯為《羅家倫先生文存》。

「五四運動」的精神

什麼叫做「五四運動」呢？

民國八年五月四日北京學生幾千人因山東問題失敗在政府高壓的底下，居然列隊示威，作正當民意的表示。這是中國學生的創舉，是中國教育界的創舉，也是中國國民的創舉。大家不可忘了！列隊示威，在外國是常有的事，何以我們要把他看得大驚小怪呢？

不知這次運動裏有三種眞精神，可以關係中國民族的存亡。

第一，這次運動是學生犧牲的精神。從前我們中國的學生，口裏法螺破天，筆下天花亂墜，到了實行的時候，一個個縮頭縮頸。比起俄國朝鮮的學生來，眞是慚愧死人哩！惟有這次一班青年學生，奮空拳、揚白手，和黑暗勢力相鬥。傷的也有，被捕的也有，因傷而憤死的也有，因賣國賊未盡除而急瘋的也有。這種的犧牲精神不磨滅，眞是再造中國的元素。

第二，這次運動是社會裁制的精神。當這個亂昏昏的中國，法律既無效力，政治又復黑暗，一班賣國賊，宅門口站滿了衛兵，出來坐着飛也似的汽車，車旁邊也站著衛兵。市民見了，敢怒而不敢言，反覺得他們有神聖不可侵犯的樣子。他們也未始不微微笑道：「誰敢動我？」那知道一被手底無情的學生，把那在逃的嚇得如喪家之犬，被捉的打得發昏之十一章。他們那時候纔知道社會裁制的利害！這次學生雖然沒有把他們一個一個的打死，但是把他們在社會上的偶像打破了！以後的社會裁制，更要多哩！我敢正式告我國民道：在這無法律政治可言的時候，要想中國有轉機，非實行社會裁制不可！

第三，這次運動是民族自決的精神。無論什麼民族，都是不能壓制的。可憐我們中國人，外受強國的壓制，內受暴力的壓制，已經奄奄無生氣了。當這解放時代不能自決，還待何時？難道中國人連朝鮮印度人都不及嗎？這次學生不問政府，直接向公使團表示，是中國民族對於自決第一聲。不求政府直接懲辦賣國賊，是對內自決的第一聲。這次運動是二重保險的民族自決運動。

總觀以上的理由，我也不用多說了。祇是高呼道：

學生犧牲的精神萬歲！

社會裁制的精神萬歲！

民族自決的精神萬歲！

原載《時事新報》，一九一九年五月二十七日

張東蓀

張東蓀（一八八六—一九七三），原名萬田，浙江杭縣（今杭州市）人。一九〇五年至一九一一年間留學日本，民國成立後進入報界，一九一七年起主編《時事新報》。一九二八年起先後任教於光華大學和燕京大學。著有《知識與文化》、《理性與民主》等。

「五四」精神之縱的持久性與橫的擴張性

北京有個《五七報》，我以爲不應該命名爲「五七報」，而應該命名爲「五四報」，因爲五七是表示國恥，五四是表示雪恥鋤奸的精神。這個雪恥鋤奸的精神自那五四發生，卻有二個根本要素，一是縱的持久性，一是橫的普遍性。

持久性是關於時間的，故是縱的。擴張性是關於空間的，故是橫的。縱的持久性不是沒有底止，乃是達到要求而止。橫的擴張性也不是沒有界限，乃是普遍全國而止。

在縱的持久性中，須得人人有持久性，不指一部分而言。在橫的擴張性中，自然是以北京學生爲起點，擴張到全國的學界，再擴張到學界以外的所有一切國民。這二個乃是交相爲用。明白說來，就是愈能持久始愈能擴張，愈能擴張始愈能持久。

但是有一個不同的地方，就是持久性是基於個人的決心，擴張性是基於群衆的模倣。個人的決心雖可以喚起群衆的模倣，群衆的模倣也可以堅個人的決心。但個人的決心容易，群衆的模倣比較的困難，所以我願學界熱心的人對於橫的擴張宜特別去用力。

原載《少年中國》第一卷第二期，一九一九年七月二十六日

王光祈

王光祈（一八九二—一九三六），字潤璵，四川溫江人。

一九一四年至一九一八年就讀於中國大學，一九一八年與李大釗等人創立「少年中國學會」，一九二〇年赴德國留學。著作輯為《王光祈文集》。

「少年中國」之創造

我著這篇文章，有兩件事要預先聲明：

（一）這篇文章是我個人的意思，是我個人對於創造「少年中國」的意見，把他寫出來，請求會內會外同志的指教，讀者幸勿誤認為「少年中國學會」全體的意見。

（二）我所說的「少年中國」（Young China），「中國」二字應解釋為地域名稱（Place），如亞細亞、直隸一樣，不是指國家（Nation）而言，我是一位夢想大同世界的人，我將「中國」這個地方看作**世界的一部分**，要想造到世界大同的地位，非先把「中國」這個地方造成**配得上為大同世界的一部分不可**。我的腦筋裏沒有國界的存在。我們為人類謀幸福的活動原不必限於「中國」境內。不過是歐美日本各國已經有許多人士替他們的民族力謀幸福，只剩下亞洲東南角上一大塊地方、一大團人類還是亂七八糟的。我們既生長在這個地方，情形較為熟習，故改造「中國」的責任，當然放在我們肩上。我理想中的「少年中國」就是要使**中國這個地方**——人民的風俗制度、學術生活等等——**適合於世界人類進化的潮流，而且配得上爲大同世界的一部分。換一句話說，這就是我對於改造世界的下手處。近世流行的國家主義——侵略的或和平的——在我這篇文章裏頭當然無立足之地了。

列位對於我這個題目的意義既已明瞭，然後再說我對於一切主義的態度。我覺得現在中國人的思想行爲，無論在什麼主義之下都不能生存。要想中國人有適應各種主義的能力，非先有一番預備工夫不可。換一句話說，就是要實施某種主義便有某種主義的先決問題。譬如有一位不知養息病軀的病夫，住在一間有碍衛生的屋子，請了幾位粗知醫藥的醫生。這幾位醫生略診脈息，便爭論起來，甲說要吃涼藥，乙說要吃熱藥，丙說要吃……藥，鬧個不休。對於病人的屋子，既不消毒亦不遷移。對於病人養病防病的方法，亦不講究。這幾位醫生的藥方縱是起死回生、包醫萬症的仙丹，亦是沒有用處。必得先把病人移在一個適於養病的所在，又細細告訴病人一切養病防病的方法，然後再由幾位醫生平心靜氣的斟酌一個藥方，這位病人才有痊愈的希望。現在中國人好像病夫，國內的汚濁空氣——一切不良——好像一間有碍衛生的屋子，中國人之「自甘暴棄」好像不知養病防病的病夫，一切主義好像藥方，一切提倡主義的人好像粗知醫藥的醫生。我們要想改造「中國」這個地方，必先變換這種汚濁的空氣、剷除這種**「自甘暴棄」的劣根性**，然後才可以說到實施什麼主義。我現在只想作一位打掃病房的小子、軟語丁寧養病防病方法的看護婦，使這位**病人自己願意養病防病、自己願意吃藥**，**造成一個適於衛生的環境**，然後才有病癒的希望。換一句話說，我就是要**解決一切主義的先決問題**。

我們要改造「中國」，便應該先從中國少年下手，有了新少年，然後「少年中國」的運動才能成功。現代哲學思潮的趨勢注重人生問題，我們「少年中國」的少年應該注重**「人的生活問題」**——精神的與物質的——換一句話說，就是**怎麼樣適應環境的問題**。我以爲「少年中國」的少年要有下列的三種新生活：

（一）**創造的生活**

（二）社會的生活

（三）科學的生活

第一，我們「少年中國」的少年要有**創造的生活**。我們人類所以繼續不斷的進化，就是因爲能夠創造。生物學家所說的「物競天擇適者生存」，適字的解釋就是指創造而言。**惟創造者才能適、才能生存**，自然界的現象、社會的狀況都不是一成而不變的。我們人類處於這種變幻無常的自然界及社會裏頭，當然要**隨時改進**、**隨時創造以適應環境**，**然後才能夠生存**。可見，創造是適於生存的唯一條件了。我們現代的中國人只知道**占便宜**，不知道慘淡經營的創造生活。國故黨只知把古人已經發明發現的保守住，決不像再開天地創造生活，完全出於**占便宜的心理**。這種人不用說了，就是號稱維新黨的，今日照抄美國憲法明日模倣英國政治，今日歡迎馬克思的社會主義明日歡迎克魯泡特金的無政府主義，什麼康德咧、杜威咧，我們終日都在歡迎決不想自己創造，這種維新黨的行徑又**何嘗不是占便宜**。我以爲這是中華民國青年的絕大恥辱！

列位試閉眼想想，我們住在這個地球上、生存於自然界中，若是我們的古人都害了我們一般的懶病，只占便宜、享現成、不創造，我們今日當作如何景象。我恐怕還是住在山洞裏頭、披着樹葉，一句話一個字都不能說不能寫呢。又試想現代各先進國的哲人志士，若不創造學說、改革一切，我們現在豈不是尙在宣統爺的駕下大呼天子萬歲嗎？可見，我們中國古人既有創造能力，現代各國志士亦能創造生活。只有我們現在的中國人只知模倣、不知創造，好像天生我們是專來占便宜似的。

列位要知道專占便宜是不成功的，古人的生活已經不適於現代生活了。各國人的生活亦不必適於中國人的生活了。譬如我們穿的衣服，要他適合身體，一定是要照身材的大小，自己新縫一件方好。若是購買已經做成的衣服，或是借來的衣服，或是偷來的衣服，一定是不容易適合我們身體。袖長剪短衣寬減窄，一種勉強遷就的辦法，決不是優美民族所樂爲的。

況且我們專占便宜，不思創造，我們就成了世界上的冗人，阻碍世界的進化，我們就永遠喪失我們的人格，照倫理學講起來，我們還有在新世界立起的地方嗎？又照生理學講起來，我們這種不用腦力不用體力，「飽食終日，無所用心」、「羣居終日，言不及義」的人類，還有身心發達的希望嗎？

青年呵！我們現在唯一的道路就是**創造**我們今後的生活，就是**創造的生活**。我們的困苦環境是**可以征服的**，我們不良的環境是**可以改進的**。我們若是能夠創造生活，無論什麼主義我們都有辦法。若是無創造能力，無論什麼主義都是沒有辦法。所以我說「少年中國」的少年是要有創造生活。

第二，我們「少年中國」的少年應該了解**社會的生活**。我們中國人的生活囿於家庭範圍以內，只知道親子之間自相倚靠，專做慈孝兩個字的文章。夫婦之間只有肉慾，謹守「不孝有三無後爲大」的聖訓。若是提出社會的生活五個大字，一定是莫名其妙。社會的生活，簡單說起來就是**共同生活**、**互助的生活**。我們人類同居地球上面，凡愈進化的民族他們的生活內容愈擴大、愈豐富、愈優美。這種豐富優美的生活是要大家共同協力才能夠創造出來，不是一個人或幾個人或一個家庭單獨行動所能獲得的。所以，我們個人對於社會就有了**一定的地位**，**一定的關係**，**一定的責任**。在消極的方面，我們只能在不妨害他人的範圍內自由活動，不能侵害他人、侮辱他人，要尊重他人的人格。在積極的方面，我們要察社會的需要，從事某種勞動以盡個人對於社會的天職，不是只圖自己快活，不管社會上需要與否。現在的中國人都是你欺我詐，全不知互助的道理。智識階級的人對於勞動階級的人更是漠不關心，其餘官民男女富貴貧賤各是各的世界，全無溝通調劑的方法，階級思想、部落思想極為發達。你防我欺、我防你詐，這樣現象還有進化的希望嗎？無論什麼主義進來都是辦不好的，凡是提倡民主主義（Democracy）的人，若不澈底使一般人**了解社會的生活之意義**，永遠不能達到民主主義的目的。所以我說「少年中國」的少年是應該了解社會的生活。

第三，我們「少年中國」的少年要合於**科學的生活**。說起科學二字，中國人實在慚愧得狠，分明是得了疾病應該請醫生診病吃藥、好好靜養，偏偏要去求神問卦、降乩扶鸞；分明是經濟組織不良，因之貧富懸隔，「朱門酒肉臭，路有凍死骨」，他偏說是死生有命、富貴在天；分明是古文舊說，已不適於現代生活，他偏說這是聖哲名言，不能任意批評，須無條件的服從。以上是說中國人的思想信仰不合於科學，純是一種無意識的生活，不合理的生活。至於我們現在的政治組織、經濟組織、社會組織、家庭組織皆未經過一番思考。換一句說，皆未用過科學方法為一種精密的研究。我們現在提倡科學的生活，就是主張**有意識的生活**、**合理的生活**，凡遇一件事，皆要經過一番嚴密考察的工夫。若是大家還是信神信鬼、盲從古說，對於現狀永不改良，諉之命運，無論什麼主義進來都是不能實施，所以我說「少年中國」的少年是要合於科學的生活。

以上所說的三種生活——創造的、社會的、科學的——就是我們少年中國學會同志所要極力提倡的，我與他取了一個名字叫做「**少年中國**

主義」。

讀者對於「少年中國主義」的觀念既已明瞭，然後再說實現「少年中國主義」的方法。以下的文章專是敍述方法。

我們少年中國學會有兩種事業要積極進行的：

（一）革新思想；

（二）改造生活。

革新思想，我們想了三種辦法：

（A）**教育事業**：大家看了這四個字，一定以爲老生常談，必定笑道現在中央已設有教育部、各省已設有教育廳、各縣已設有縣視學；從大學校至幼稚園，各處皆已漸次設立，那裏用得着你們幾個的青年出來鼓吹！列位你要知道，現在中國的教育是貴族的教育，現在中國的學校是紈袴子弟的俱樂部，我們辛辛苦苦勞農兩界的子弟能夠進大學堂嗎？出洋留學嗎？越是經費充足、設備稍全的學堂越是貴族子弟的專利品。我們勞農兩界的子弟生下地來就受了饑寒交迫的苦況——他幷未作過惡事——那裏還有機會讀書！列位！你要知道教育不平等就是社會上的絕大危機！現在我們所要辦的教育與教育部所辦的教育是兩件事。我們盡我們的力量隨時隨地創辦平民學校、半工半讀學校，是一個不要學費而且能顧全他的生活的學校。此外，如平民教育講演之類都包括在此項事業內。

（B）**出版事業**：現在中國的出版界眞是貧乏極了！一般不懂外國文字的人就如聾子瞎子一樣，世界潮流已鬧得天翻地覆，我們還在這裏大作其夢。一般書賈只知營利，專印幾部墮落青年的誨淫誨盜的小說不用說了，就是東西洋留學的先生們歸國以後，除了奔走於權貴門下，有幾位曾對於出版界稍有貢獻呢？我們少年中國學會會員發了一個宏願，要從事出版事業。將來除了將自己求學的心得隨時編著外，凡外國有新書出版，亦將次第譯出介紹於國內的社會。

（C）**新聞事業**：新聞事業亦爲廣義的教育，我們少年中國學會會員大概皆從事教育實業，兼營新聞事業的占全數十之五六。現在擬在各國籌辦通信社，一方面將歐美各國政治社會狀況輸入國內，一方面將吾國青年活動狀況譯成外國文字，在海外發表，以引起世界各國的同情，爲一**種青年的國際運動**。

以上所說係革新思想傳播主義的方法。今再述改造生活的方法：

（D）**改造個人生活**：要改造社會上一般人的生活，**應先從改造個人自己的生活下手**。我們現在的生活完全是一種煩悶的生活，但是要怎麼樣才算是理想愉快的生活？因爲各人的主觀不同、環境不同，狠難定出一個適當的標準，不過是我們竭力將個人自己的生活改善，引起**一般人的興趣**，知道改革生活；要得美滿的生活，不必取途於陞官發財——一般人認爲改善生活的不二法門——還有其他捷徑可走，弁且打破一般人命運之說，以爲生活由天而定，不可改造。我們最反對兩種個人生活：（1）**不自然的個人生活**；（2）**無秩序的個人生活**。第一種如像官吏的生活、軍人的生活、和尚尼姑的生活、舊式家庭的生活都是極不自然的生活、機械的生活。分明是世界上一個自由人，偏偏要縮小「人」

的範圍、束縛「**人」的發展**，在一種卑鄙齷齪、專制式武斷官吏軍人生活之下活動。分明是男女老幼之間皆當以「愛」字爲結合的基礎，偏偏被和尚尼姑的禁慾主義與舊式家庭的形式主義束縛起來，還有什麼舊式婚姻咧、舊式教育咧，都是摧殘天機、束縛自由的利器。我們既生在二十世紀一切解放的時代，所有從前不自然的生活我們立刻要自動的解放，我們要創造一個**天機活潑的生活**，打破**形式主義**，打破**不自然的個人生活**。第二種我們應該反對的就是無秩序的個人生活了。中國人的生活極無秩序，不但是沒有百年的計畫、十年的計畫，明日怎麼樣生活，後天怎麼樣生活，他也不知道。甚至於今天早晨起牀，今天一日做事的秩序他也沒有支配。只知道餓了便吃飯，飽了便睡覺。有時還到嫖賭界中無聊消遣。外國人最善利用時間，猶恨光陰太速。中國人最不善利用時間，却恨光陰太長。無怪乎外國人純是一團朝氣生氣，中國人純是一團暮氣死氣。青年呵！我們今後的個人生活一定要有秩序，今天做甚麼，明天做甚麼，今年做甚麼，明年做甚麼，十年以後怎麼樣，百年以後怎麼樣，我們都要有一個秩序，有一個辦法。先要立一個最高的理想目的，然後尋出一個下手的地方，一步一步的做去，我們的理想目的雖不必及身而見，但是必可以一天一天的接近，有了這種覺悟，有了這種勇氣，然後個人生活才有改善的希望。個人生活既是極其自然又是極有秩序，由這種個人積成的社會一定是長足進步了。

綜合全篇所說的，把他摘要寫出來作我這篇文章的結論。

（一）「少年中國」的少年是要有創造的、社會的、科學的生活；

（二）實現「少年中國主義」的方法簡單說起來，要由我們一般青年與一般平民——勞農兩界——打成一氣，且為一種青年的國際運動，分析說起來就是（A）教育事業、（B）出版事業、（C）新聞事業、（D）改造個人生活。

至於我們對於政治的或經濟的具體意見，因為我們學會不是政黨，無發表的必要，而且我們尚在研究期間，亦未到發表的時候。總之，我們所做的事情是一切主義必須的預備工夫、先決問題，今將我們學會的宗旨寫在下面，這篇文章就算著完了。

本學會宗旨：本科學的精神，爲社會的活動，以創造「少年中國」。

譯成英文便是：

Our Association dedicates itself to Social Services under the guidance of the Scientific Spirit in order to realize our ideal of Creating a Young China.

八年七月二十六日

原載《解放與改造》第一卷第一號，一九一九年九月一日

第三種文明

張東蓀

我以爲人類的文明，自有歷史以來，可以分做三個時期，每一個時期各有特徵，可以說第一種文明第二種文明和第三種文明。

第一種文明是習慣與迷信的文明。依古代文明史的研究，知道古代人類完全是拘束於習慣，個人沒有超越習慣的思考與能力，所以威斯透麥克說：「古代社會上習慣就是唯一的道德律，未開化的人類不許個人有獨立的良心。」（注：Westermarck, *Origin and Development of Moral Ideas*, I. P. 119）這就是習慣與迷信的解釋了，這種文明的特徵，在思想方面，是沒有人格的觀念，沒有自決的行動。在制度方面，就是宗教制度、皇室制度、地主制度，和奴隸制度，至於最初的酋長制度和亂婚，因爲在歷史以前，可以不必說了。在原人時代，各部落互相擄人，擄了去的人等於牛馬，這便是奴隸制度的起源。至於帝王制度卻起於宗教，就是政教不分。總之，在這種文明底下，思想是束縛的，制度是階級的，但是沒有國家的發展。

第二種文明是自由與競爭的文明，也就是從習慣解放出來的第一步。第一個表現是科學的發生，第二個表現是政教分離，第三個表現是革命與立憲的運動。科學出世了，習慣與迷信的拘束失了權威，個人乃得自由思考與自由行動，個人自由的第一步是縮小宗教，就是政教分離，那第二步便是推翻以前的制度，就是革命與立憲。殊不知自由與競爭是相連的，有了自由，競爭必隨伴而來，在一方面，個人因自由而競爭，就生了資本制度傭工制度及其他附屬的制度。在他方面，因爲競爭而有國家的富強，就生了國家主義殖民制度，及其他附屬制度，總之，在這種文明底下，道德上是個人主義，制度上是國家主義，經濟上是競爭主義，思想上是唯物主義，社會的組織是有階級的懸隔，民族間是戰爭的。

第三種文明是互助與協同的文明。因爲尚沒有成熟，不能詳細說明。然而也有幾點可以預言的：

一、思想上道德上必定以社會爲本位。

二、經濟上必定以分配爲本位。

三、制度上必定以世界爲本位。

四、社會上必定沒有階級的等次，雖不能絕對，也須近於水平線。

要而言之，第一種文明是宗教的文明，第二種文明是個人主義與國家主義的文明，第三種文明是社會主義與世界主義的文明。現在我請拿這三種文明比較一回，第二種文明是部分自覺的，第三種文明是普通自覺的，第一種文明是不自覺的。第二種文明是偏重個性的，第三種文明是偏重羣性的，第一種文明是本性未開發的。所以這三種文明各各不相同，有人說現在社會主義的新潮流是復古，這便大錯了。

下這第三種文明的種子的人，第一從生物學方面講來，是克魯泡特金（Kropotkin），與伐伯爾（Fabre），他們二個人都是實地上考察動物的生活，知道生物生活的要素是協助，不是互爭；第二從社會學講來，現在大多數的社會學家——如頡德（Kidd）爲尤甚（注：頡氏近作《The Science of Power》一書，書後有一張表，列舉他的主張與達爾文相反的地方。）——都是傾向社會性的；第三從法學講來，是狄驥

（Duguit）和斯泰姆拉（Stammler），一個主張沒有權利，一個主張法律是自律的制約的意志，第四從經濟學講來，自然是馬克斯（Marx）派的社會分配說了，現在社會主義的學說雖是分歧，但是大體已經確定了——社會主義與進化論相關的疑問，與犯罪學相關的疑問，與淑種學相關的疑問解決了，思想上可以說已經大成了。

在事實上，這第三種文明，因爲大戰的緣故，方纔出芽。因個人的自覺有先後不同，民族的自覺也有先後不同，歐美先進的民族自然比中華民族，自覺得早些，這次大戰把第二種文明的破罅一齊暴露了，就是國家主義與資本主義已到了末日，不可再維持下去，因爲資本主義存在一天，那階級的懸隔愈大一天，結果沒有不發生社會的爆裂的。國家主義存在一天，那武力的增加愈甚一天，結果沒有不發生民族間的慘劇的。這二個本來是互相結托，用國家的權力行經濟的侵略，到大戰告終，這二個已經同到了末日，除了一部分的政客還在那里講甚麼非牛非馬的國際聯盟以外，恐怕覺悟的人已經是不少了。

我嘗說大戰譬如春雨，第三種文明的萌芽經了這春雨，自然茁壯起來，但是尙須吸取陽光，纔能成熟，陽光是甚麼呢？就是大戰後的各國革命。里寧說「你們以爲大戰後必定是世界平和，我以爲大戰後必定世界大革命。」里寧的觀察眞是不錯，大家要曉得現在支持國家主義與資本主義的止有歐西三島和亞東三島。如果他們一有革命，世界必從風而靡，就好像一間破屋子止有兩根柱子支着，兩根柱子一倒，便都坍了。這個結果是個甚麼呢：就是全世界的大改造——依第三種文明的原則來改造（注：我以爲改造世界的方法以羅塞爾的主張爲最好，請參看讀書錄）。

所以我們現在應當準備着，以待大改造的臨頭。不過我們有一個最苦痛的地方，就是中國今天的現象是十七世紀十八世紀十九世紀二十世紀的人聚於一堂，雖則歐美先進國也是複雜的，他們的思想也有差池，但是新的究竟居多數，且相差也不甚遠。我們則不然，一則開化的很少，二則距離得太遠，大多數的人仍逗留在第一種文明與第二種文明之交，不但沒有第三種文明的資格，並且也沒有第二種文明的陶養，這個眞是苦痛了。

但是我對於我們中華民族的前途，是很樂觀的，因爲世界改造以後，必定是取互助主義與勞動生活。互助主義不必說了，從勞動生活說來，我們人口很多，生活很低，自然能取得一個地位，不過大改造未成以前，在這個黃青不接的時候，不能不有一個辦法，據我看來，第一是文化運動——廣義的教育，第二是設法變外貨爲外資。第三是移民，文化運動尤當是啓發下級社會的知識和道德。變外貨爲外資，就是目的在變純粹消費階級爲勞動階級，止要是工廠能自治，本來不怕資本家，若果能行工廠立憲制，就是外人開的，也不妨事。那移民就是往各國需要人工的地方去，總之，以文化運動爲最要。

最後，我請說一說文化運動的方針。我以爲我們雖則仍區留在第一種文明與第二種文明之交，但是不應該再提倡第二種文明的知識和道德，而應該專從第三種文明去下培養工夫。要提倡互助的精神，要培植協同的性格，要養成自治的能力，要促進合羣的道德。

我這篇不過是「發凡」，自信不甚詳盡，我因爲腦力不足，不能細述，「讀者諒之」。

原載《東方雜誌》第十六卷第九號，一九一九年九月十五日

杜亞泉

杜亞泉（一八七三—一九三三），原名煒孫，字秋帆，號亞泉，浙江山陰（今紹興市）人。

一九〇四年起任商務印書館編譯所理化部主任，一九一一年至一九一九年任《東方雜誌》主編。著作輯為《杜亞泉著作兩種》、《杜亞泉文存》等。

新舊思想之折衷

數月以前，有人批評本誌，中有數語云：「你說他舊麼，他卻像新；你說他新麼，他卻實在不配。」吾人援引此言，特以表明新舊二字，在現時之意義，頗爲複雜；若僅以單簡之觀念爲現時思想界派別之標誌，則誠有似舊非舊，似新非新，渾混而不易明者，蓋新舊二字，本從時間之觀念發生，其間自含有時代關係，時代不同，意義亦異：即如戊戌時代之新舊，與歐戰以後現時代之新舊，意義自然不同。現時代之新思想，若以戊戌時代之見解評判之，則雖不能謂之爲舊，亦實不能謂之爲新。今吾人欲爲新舊思想之折衷，不可不將戊戌時代之所謂新舊，與歐戰以後現時代之所謂新舊，表明其差異於下。

在戊戌時代，吾國人之思想界，顯然有二種派別，當時以新舊二字爲其標誌，其意義本極單純，即以主張仿效西洋文明者爲新，而以主張固守中國習慣者爲舊：吾人在當時，固爲竭力鼓吹新思想，排斥舊思想者。然二十餘年以來，時勢變遷，人類社會上別有一種新動機發生，西洋之現代文明，乃不適於新時勢，而將失其效用，雖當世之人，亦有不承認此新時勢而詫爲夢囈者，但多數之人對於此新時勢固咸有所覺悟。各國之軍事家、外交家及其他資本主義者，深恐現代文明被其破壞，故竭力防遏之、消弭之，以維持現代文明；而一部分之哲學家、政治家及其他勞動主義者，則深知現代文明在現時已無維持之法，惟有創造未來文明，以求救濟。故現時在人類社會上，其思想又顯有二種之派別。吾人若因時代之關係，而以新舊二字爲之標誌，**則不能不以主張創造未來文明者爲新，而以主張維持現代文明者爲舊**。人類之思想上，既有如是之派別，則吾國人之思想，自然亦隨之而變遷。一部分之思想家，既覺悟西洋現代文明之缺點，知完全仿效之可危；且以世界各國，關係日深，**新時勢之來，中國與西洋各國必處於同一之境遇，故未來文明之創造，不能視爲西洋人獨有之要求，即不能諉爲西洋人獨具之責任**。中國人既爲人類之一部分，則對於世界之未來文明，亦宜有所努力，有所貢獻。中國固有文明雖非可直接應用於未來世界，然其根本上與西洋現代文明，差異殊多，關於人類生活上之經驗與理想，頗有足以證明西洋現代文明之錯誤，爲世界未來文明之指導者；苟以科學的法則整理而刷新之，其爲未來文明中重要之一成分，自無疑義，此非吾國熱心國粹者自己誇負之言，卽西洋學者亦屢言之。而吾國一部分之醉心歐化者，對於西洋現代文明，無論爲維持的、爲破壞的，皆主張完全仿效，雖陷於衝突矛盾而不顧；惟對於中國固有文明，則以爲絕無存在之價値，苟尚有纖芥之微留於國人之腦底者，則仿效西洋文明絕不能完全。此種思想，固由戊戌時代之新思想推演而來。然以時代關係言之，則不能不以主張刷新中國固有文明，貢獻於世界者爲新，而以主張革除中國固有文明，同化於西洋者爲舊，故現時代之所謂新舊，與戊戌時代之所謂新舊，表面上幾有倒轉之觀；然詳察之，則現時代之新思想，對於固有文明，乃主張科學的刷新，並不主張頑固的保守，對於西洋文明，亦主張相當的吸收，惟不主張完全的仿效而已，若以戊戌時代之思想衡之，固在不新不舊之間也。

現時代之新思想，可爲戊戌時代新舊思想之折衷，而吾人今日之所論者，則又爲現時代新舊思想之折衷。蓋現在之世界，雖爲新時勢發展之時期，而舊時勢之餘威，尙儼然存在。正如拿破崙戰役以後，民權思想勃興，政治革命之風潮，已瀰漫全歐，而各國專制政府所組織之神聖同盟，一時猶維持其勢力。當歐戰後，吾人希望太平，以謂此後世界當無復戰禍。今和約立矣，國際同盟成矣，論者乃謂「此種和約，不能維持至五年之久」（英國《觀察報》論文）。且有謂「此次和約之結果，吾人可卽將約文束之高閣，而亟從事於第二次之戰爭」（英國《每日新聞》論文）。是耶非耶，吾人不暇推論；第就關係於吾東亞大陸者證之，覺戰爭時人道正義之呼聲，已悉爲外交上「我欲」之呼聲所掩矣。吾國人處此時勢，若完全適用現時代之新思想，則實行無抵抗主義，適爲新時勢之犧牲。故一方對於新時勢不可不有所努力者，一方對於舊時勢仍不可不有所戒備。此折衷論之所由起，亦吾人之所不得已者也。

新舊思想之差異，就表著者言之，不過程度分量之問題，非極端反對者。其於西洋文明，一方主張完全仿效者，一方亦主張爲相當的吸收；其於固有文明，一方主張完全革除者，一方亦不主張頑固的保守，則折衷之結果，似不過於程度分量之間，爲幾分之加減而已。然吾人苟從根本上審察新舊思想之差異，則彼此實各處於極端，有如南北磁之異性，正負數之異號者，其差異之出發點，實根源於自然界，以自然界中，本有矛盾對抗之定律存在也。今吾人不暇遠爲搜討，僅從人類生活上，說明二者之差異，差異既明，則折衷之道可得而言矣。

夫人之生活於斯世也，必有因生活而具有之能力，即心力體力，施用之以成就生產者，**是之謂生活能**。又必有因生活而需要之費用，即消費生產以給養身心者，**是之謂生活費**。**人類生活之進步，當然要求生活能之增大，與生活費之增多，且二者又當然互相聯合，依經濟的法則，要求以最少之生活能，得最多之生活費**。以中國人之生活，與西洋人之生活比較，則中國人生活能之拙劣，生活費之微少，與二者之間，種種不經濟之處，均明晰顯見。西洋現代文明，**既應用科學與機械，以發展生活能，擴張生活費，而其政治法律風俗習慣等，又以適於人類生活之**

自由發達爲主。中國固有文明，概有抑制生活能（如禁伎巧、尚寧靜），限制生活費（如崇節儉）之傾向，且使之損耗於不經濟之處者頗多（如婚喪儀禮之繁重，家族制度之係累等）。故革除中國固有文明，仿效西洋現代文明之思想，在要求人類之生活，順自然的進步而已。然順自然的進步，固可爲眞實之進步乎？生活能大，則利源日闢，生活費多，則需要日增，二者皆有使自然界增加生產之效；此種進步，吾人不能不承認其眞實。然從自然界增加生產，限於酬報遞減之定律，故眞實之進步有限制，而虛僞之進步乃無限制。所謂虛僞之進步者，卽甲之生活能大，則乙之生活能受其妨害，甲之生活費多，則乙之生活費被其侵奪是也。夫如是，則一部分人類之生活，已大危險，況以妨害侵奪時互起競爭之故，又一部人類之生活，亦受相當之損耗；乙之生活旣危，甲之生活亦未裕，人類生活之不經濟，實莫此爲甚矣。且競爭之結果，所增之生活能與生活費，乃全與生活反對，卽其所能所費者，全以損害生活、侵奪生活爲目的。如近世軍備競爭、軍械競爭、資金戰、糧食戰等，所能愈大，所費愈多，其妨害生活、侵奪生活亦愈烈。故求人類生活眞實之進步者，對於此等虛僞之進步，不可不加以制止，西洋人於歐戰開始以後，漸採用制止之手段，如食糧限制、日用品限制之類。對於生活費之限制，既已實行，而資本歸公、生產機關歸公之理想，亦卽對於利用資本與機械以增大其生活能者加以抑制之意，與吾國固有文明之傾向漸同。蓋人類生活，欲望無窮，若任其自然，則必至於相爭相奪，成弱肉強食之世界，以自然界眞相之一方面，本來如是也。德國之尼采主義，卽從自然哲學推演而來，其結果則釀成世界之戰爭，與德國之挫辱；求自然之恩惠，適得自然之懲罰而已：進化之民族，未有不以節約制限，爲其文化之中心，希臘羅馬之斯篤克學派、希伯來之基督教義皆然。吾國固有文明之所以維持不敝者，其精神卽在於此。故現時代之新思想，在制止虛僞的進步，以矯正舊思想之錯誤，固不僅程度分量之加減已也。

但吾人依新思想以蘄求未來文明，若趨走極端，則必傾於共產的社會主義，蓋欲使生活能增大，而不妨害他人之生活能，非生產共營不可

（例如浙東沿海十餘縣皆產棉，有舊式榨油廠數十家，專榨棉油。近設一新式榨油廠，能從棉子剝淨餘棉，又從棉油棉餅中提出副產物數種，得利較豐，乃以高價收買棉子，廉價售出棉油。舊式榨廠，因此停業，職工數千人，遂失生計，獲利者僅新廠少數股東。若生產共營，則舊廠新廠，均為社會上所有之營業，新廠興，舊廠廢，猶之以新機器換舊機器，勞力少而生產多，人類可減少其勞動時間而不減少其生活費）。否則操科學以殺人，利於刀兵，率機器以食人，甚於猛獸，誠不如抑制之為愈也。欲使生活費增多，而不侵奪他人之生活費，非分配均等不可；否則絕貧者之饘粥，以供富者之膏粱，剝貧者之藍縷，以製富者之文繡，誠不如限制之為善也。然烏託邦之理想，既不能實現，欲滅科學，毀機器，絕膏粱文繡，以返於太古醇樸之世，又與人類之進步背馳；將純任自然，聽其相爭相奪、弱肉強食以終古乎？於是調和於理想與事實之間，而折衷論以起。最普通之折衷論，卽現時世界各國政府所最注意之社會政策。對於生活能大生活費多者，減削之，課以所得稅及奢侈品稅，所得稅有至四分之三者，奢侈品稅有至十餘倍者；對於生活能小生活費少者，補助之，如教育之普及、慈善事業之勸導皆是；雖不均富，雖不共產，而裒多益寡以劑其平，似其結果當無大異。吾人以為此種政策，猶之戰場之上，將帥發令，行總攻擊，槍礮對列，施放不絕，既生出大多數之死者傷者，乃更遣紅十字隊，投以藥餌，裹以繃帶，以救死護傷；卽使死者復生，傷者皆痛，謂其結果與不戰相等，夫誰信之？但軍備未撤，戰爭未止，有此殷勤勇敢之紅十字會，行慈善於硝煙彈雨之中，慰情聊勝於無。吾人今日，所以為折衷論之研究者，亦此意耳。

吾人今日之折衷論，乃欲就吾國情勢，於此新舊過渡時代，謀應付之方策也。吾國人之生活能，不可不使之增大，否則他國人之操科學以殺吾、率機器以食吾者，吾人將無法抵抗之。故若以極端的新思想，反對國人之殖產興業，吾人絕不贊成。但吾人之意見，則以為節約生活費，實較增大生活能為尤要。吾國人苟能忍守其向來低廉之生活費，則科學與機器，亦將無如之何。日本現時，中等階級以上，悉仿效西洋文明，而農民則兀然不動。日本社會學者，乃有西洋文明如怒潮、東洋農民如石壁之嘆。蓋蔬食布衣而外，本非生事所必須，彼農民以自己產出之粟米麻絲，供給自己之衣食，故外國人欲以工藝品吸收吾國之資財，惟賴此石壁以當之。記者近時，居鄉數月，見農民生計，甚爲穩固，惟世家多中落，商夥多失業，識書數、通文義、能談論時事，而家無儋石者，乃實繁有徒。轉覺生活能較大者，生活難亦愈甚，故以爲增大生活能，不如節約生活費之爲尤要也。且吾國今日殖產興產之後盾，亦賴有多數生活費低廉之勞動者以供給材料、擔任工作，庶足與外國製品相抵抗；若不節約生活費，則將無殖產興業之可言，雖增大其生活能，復何所用之。現時吾國青年子弟之求學或實習工商業者，其生活費與生活能，往往同時並進，學問知識稍稍呈露頭角，則服用之品已悉尙時髦；甚則生活能之增進，僅以寸計，生活費之增進，乃以尺計，殊可慨焉！吾人以爲增進生活能，必以節約生活費爲其根柢，此吾人折衷論之一端也。

至吾國人之生活能，不可不增大，前已言之。增大之法，在於求學識、習藝能，舍此固無他道焉。中流社會，不能任勞動事業，居恆坐食，侘傺無聊。若乘此閒暇之時，披閱書史，學習書畫；或蒔花植木，捕蟲養鳥，為動植生物之研究；或登山涉水，採石搜巖，為地理礦物之考察；他如工藝品之可仿造者千百條，何妨擇其一二，為精密之試驗；農商業之應調查者若干事，亦可就其鄉土，為詳明之統計。苟一材一技之足稱，卽足以益人而利己，乃彼等往往不屑為此。其生活之進步，常不求諸己而求諸人，務廣交遊，通聲氣，於徵逐娛樂之中，施運動營謀之術，一人得意，千百人隨之，此風乃瀰漫全國，上自政府官吏，下至鄉里士紳，幾無一人不出於此。記者竊謂外國社會上之勢力，以勞動家為最大，吾國社會上之勢力，當以彼等社交家為最大。現時彼等尚無明白之結合，設稍事組織，聯成一黨，必足以操縱全國之選舉，左右全國之政治而有餘，以中流以上十之八九均已網羅其中也。彼等中之優秀者，亦似有幾何之學識藝能，然皆由社交上感染而來，非出於自己之研究，故按其實際，則籠統模糊，一切皆似是而非；蓋其人之生活能，實際上並無增加，不過如貧血之人，藉互相擁擠以稍增溫熱而已。我國自戊戌至今，仿效西洋文明二十餘年，悉成似是而非之象，實由國人之生活能並未增進，缺乏學識藝能之故耳。吾人主張從實際上增大生活能，此又吾人折衷論之一端也。

上列二端，示折衷論之概要，吾人已不暇更端詳述。揭其總義，則吾人主張以現代文明爲表，以未來文明爲裏，表面上爲奮鬬的個人主義，精神上爲和平的社會主義。不奮鬬不足以生存於現世，吾人絕不願以黃老派之玄談，柏拉圖之理想，自誤誤人。至共產均富之社會，雖不能實現於今日之世界，但不妨建設之於吾人之心裏，吾人就其平日之所嚮往者，舉其數端，依吾人之良心而實行之，此固吾人所可自由自主者。如吾人每日之衣食，可視爲社會之公物，吾人宜爲之撙節，且宜以勞動補償之；又如吾人之財產，亦可視爲社會之公物，吾既取吾之所需，有餘則宜善爲保存，且以補給他人之不足。以儉惜物，以勤治生，嚴於守己而勿吝於給人，是爲中國之古君子，是爲世界之新人物。

原載《東方雜誌》第十六卷第十一號，一九一九年十一月十五日

章士釗

章士釗（一八八一—一九七三），字行嚴，號秋桐，湖南善化（今長沙市）人。一九〇九年入英國亞伯丁大學。一九一二年回國後任《民立報》主筆，一九一四年創辦《甲寅》雜誌。一九一七年任北京大學教授。一九二五年任段祺瑞執政府教育總長。著作輯為《章士釗全集》。

新時代之青年

（一九一九年九月演說）

新時代一語，每每易起誤解，以為新之云者，宜是嶄新時期，與從前時代，絕不相謀。諸君試閉目沉思，假定一新時代者突然而起，一切文字制度都非前有，則其社會人物成何景象？仔細思之，豈非回復上古原人之狀況乎？夫以上古原人與今世文明相較，社會組織上文野繁簡之程度，不可以道里計，不可以品物計。而一言以蔽之，不過一無歷史與有歷史之區別而已。故歷史者，在人類社會諸可貴之物之中最為可貴。今人競言教育，不知教育之所以必要之旨，在以前輩之所發明經驗傳之後人，使後人可以較少之心力博得較大之效果，不至再如前輩走却許多迂道，費却許多日力，纔能築得可以流傳之基礎而已。昨閱報，見杜威博士在北京教育部演說，謂：「教育所以不可少，因人有生必有死，人死而學問經驗與之俱死，後一代之人，又須從新學問，從新經驗，豈非文化永無進步之日？故教育云者，卽將此種學問經驗傳遞下去之謂也。」云云。其言殊有至理。以知新時代云者，絕非無中生有天外飛來之物，而為世世相承連綿不斷，有可斷言。既曰世世相承，連綿不斷，是歷史爲活動的整片的，如電影然，動動相續，演成一齣整劇，從而指定一點曰，此某時代也，此某時代與某時代之所由分也，是皆權宜之詞，於理論未爲精當。自古朝代變換，每有一定時日可指，如中華民國第一任臨時大總統，於民國元年十月十日就職，則以民國元年十月十日，爲滿清與民國遞嬗之點，自屬無訛。然此純爲形式之事，至言時代之精神，則絕無如此顯明之界線可分。如史學家恆分史期爲上古中古近代，究竟上古與中古之分，中古與近代之分，在何年何月何日何時何分鐘何秒鐘，殆無史家可以言之。今縱曰分不當泥於邏輯，追晰至分鐘秒鐘，而分在何年並非絕對不可能之事實，則假令某年爲上古史中古史之分點，果有人能證實某年以上社會中絕不含有中古史所載之羣性，某年以下，社會中絕不含有上古史所紀之事件乎？如其不能，則時代之分，無顛撲不破之理，可依爲據。宇宙最後之眞理，乃一動字，自希臘諸賢以至今之柏格森，多所發明。柏格森尤爲當世大家，可惜吾國無人介紹其學說，總之時代相續，狀如犬牙，不爲櫛比，兩時代相距，其中心如兩石投水，成連線波，非同任作兩圓邊線，各不相觸。故知新時代之所謂新，亦猶前言一種權宜之詞耳。友人胡君適之，提倡白話，反對古典文學，在一定範圍以內，其說無可駁者。惟其所標主義，有曰：說話須說現在的話，不可說古人的話。聽者不可以辭害意，若以辭害意，則須知不說古人的話，現在卽無話可說。今試考字書，何字不有幾千年或幾百年之歷史？文字者，祖宗所貽流我輩之寶藏也，我輩失此寶藏，學問知識上，立見窮無立錐，故古人用文字以達其意思。吾輩之意思，有與古人同者，或古人之意思。有先我而得者，吾輩爲立言便利及節省心思起見，正有說古人的話之必要。故以愚見觀之，不說古人的話，不必一定是新文字的規律。二十年前，英人李提摩太著《泰西新史攬要》，文中喜用中國詞章家語，如寫天氣晴之時，則曰：「淑氣催黃鳥，晴光轉綠蘋之候。」此固無謂之至，然如「談何容易」乃前漢人語，今人談話，任意說出，人人可以了解，而且覺其自然，古人之中恐未必有幾人憶及此語之發生，距使用此語時已在二千年以外。然則說古人的話，亦視如何說法已耳，或謂文無新舊，惟其是。誠然，今人講新文學頗採極端之見，揮斥一切舊者，欲從文學上劃出一紀元，號之曰新。愚謂所見太狹，且亦絕不可能。新時代既非截然爲一時代矣，則在此時代中之青年，欲別於前一時代之人，自號曰新青年，與前一時代之人截然不同，亦不可得。夫無論何時代之人，宜講究最適合於該時代之政治學問，以求自立。若襲此最適合者以新之名號，斯亦可耳，然絕非與舊者析疆分界鴻溝確立之謂也。宇宙之進步，如兩圓合體，逐漸分離，乃移行的而非超越的。既曰移行，則今日占新面一分，蛻舊面亦祇一分。蛻至若干年之久，從其後而觀之，則最後之新社會，與最初者相衡，或釐然爲二物，而當其乍占乍蛻之時，固仍是新舊雜糅也。此之謂調和。調和者，社會進化至精之義也。社會無日不在進化之中，卽社會上之利益希望，情感嗜好，無日不在調和之中。故今日之爲青年者，無論政治方面，學術或道德方面，亦盡心於調和之道而已。萬不可蹈一派浮薄者之惡習，動曰若者腐敗當吐棄，若者陳舊當掃除，初不問彼所謂腐敗者是否眞應吐棄，彼所謂陳舊者是否眞應掃除。而凡不滿意於淺薄之觀察，類欲摧陷而廓清之也。故今之社會道德，舊者破壞，新者未立，頗呈青黃不接之觀，而在此歐戰期後爲尤甚。人心世道之憂，莫切於此，凡爲青年，不可不共分此憂也。今日論壇上有最新之二名詞，曰改造，曰解放。此日本之思潮，影響近被於吾國。日本作者如福田德三、吉野作造之流，於此類主義，大有所貢獻。上海最近所出之雜誌，亦有以自由解放等字標爲旗幟者，持議不可不謂其正大。然愚謂改造者，就一物而改造之也。其物之本質如何，首宜致問。若是朽木之不可雕，糞土之牆之不可圬，改造亦有何用？解放者，就人而解放之也。解放成績之良否，當然視其人之程度以爲衡。林肯之釋黑奴，最爲解放之好例。然美洲黑奴之所爲，究何所聞於世界？卽如吾國女子解放問題，頗有人論及，然所討論者，在以今日吾國婦女之程度，施行無限制之解放，是否有益於社會及女子本身；至於女子之應否解放，其理皎然明白，固無一人疑之也。由此以談，無論改造，無論解放，俱不可不以舊有者爲之基礎，則此種名詞，悉可納諸調和之中。新舊質劑之結果，因別型成一物，斯曰改造。新舊不相容之結果，舊者因爲新者留出餘地若干，己身不在所留餘地之內，更占一步，斯曰解放。調和時義之大，有如此者。愚爲此言，絕非助守舊者張目，特以翻手爲舊，覆手爲新，在邏輯上爲不可能。且舊之云者，又確非悉可屏棄之物。近人於吾國舊有之道德，殊少研究，無可諱言，卽鄙人舊學荒蕪，至可慚汗。研究之功既少，因之中國舊道德之爲何物，雖昌言排斥，而實一無所知者，竟不乏人，此其現象，至可駭嘆。往往吾國早有是說，絕不注意，而於西洋同一之說，轉崇若聖神。如近世競言實業，實業在英文爲 Industry，而 Industry 訓爲勤，不過吾國「民生在勤」之古義。「民生在勤」，看祗四字，含義何等博大！茍吾國有學者引伸此義，列爲綱目，附以證明，則生計學之成科未始不在數百年前，而吾無其人。且在今不知利用祖宗所傳之寶藏發揮而光大之，而誦習歐文眉飛色舞，語以相當華文之義，頓露鄙夷之態者，隨在而有。聞留英中國學生某君，習爲奢侈，一日在倫敦帽店購物，店夥出示一帽，價爲十二先令，並不辨其帽之品質，即日須更佳者，店夥喻其意，因以同等之帽，將碼價易為一幾尼，出示某。某詢為一幾尼也，仍不辨該帽之品質，欣然付價而去。以此例適用於中西文化之比較，吾國所固有者，恆不幸處於十二先令之地位，為青年所拋棄，殊可歎也。然愚絕非頑固守舊者之徒也。十八年前，愚持極端之革命論，並主廢學以救國。後亡命往東京，漸變易其觀念，竟由廢學救國，反而為求學救國。已因與革命老友握別，留學英倫，而極端之革命思想，變化不少。民國八年間之所經驗，可以證明吾逐漸變化之理想，不大謬者，其例甚夥。故吾之新舊調和論，即或字之為守舊論，亦由證例歸納所得，與先天假設之說，大大不同。往者張翰思蓴，棄官歸里，夫蓴菜乃平生習食之品，何久久不思，而一旦思之，此其致思，絕非一朝一夕之故，亦絕非田夫野老之所能為。故同一食蓴，張翰歸時所食之味，與去時所食之味，本質雖未嘗或異，而感覺上必有大差者，此有經驗與無經驗有比較與無比較之分而已。蓴菜為物，一經提倡，數百年後，且羣覺其味的然可口。至今游西湖者，登湖邊小酒樓，恆易聯想及於張翰。此雖出於游者好奇之想，然亦經驗比較之談，有以入人深也。愚之發爲新舊調和論，自問亦由經驗比較而來，特工夫至爲淺薄，不能如張翰思蓴之魔力，足以迴天下人之口，同參蓴味。當世若有大家，能出其絕大之經驗比較，範爲學說，別成新型，而又其本人之道德學問能發生一種信仰力，必能於吾國現時進化級中放一色彩，而社會感其功德不淺也。茲當歐戰已終，世界局勢大變，承空前大戰爭之後，必且有空前大改革發生，於是人人有迎新之機，家家有應變之想，吾國青年界之受茲影響亦絕鉅，雖然此當分別言之。歐洲之戰爭，科學之戰爭也，物質之戰爭也，經濟之戰爭也，經此結果，科學方面物質及經濟方面之必生絕大變化，此不待言。然各國凋殘已甚，必先言恢復，然後可言改進，則其變化，或上或下，忽進忽退，其中必且參差，而不能逕前直邁。且其社會風紀，敗壞不少。近有人自法國歸，稱其男人游惰好小利，女人習侈而賣淫，逈非前之所有。卽此一例，其他可想。總之歐洲之所應爲，一面開新，必當一面復舊。物質上開新之局，或急於復舊，而道德上復舊之必要，必甚於開新。此其所當知者。凡欲前進，必先自立根基。舊者根基也。不有舊，絕不有新，不善於保舊，絕不能迎新；不迎新之弊，止於不進化，不善保舊之弊，則幾於自殺。例如前清政治，號稱腐敗，不腐敗亦不至於召革命，然今日政治腐敗之程度，遠甚於前清，而民國八年間，則固共和其名，舉國皆富於迎新之機會也。此其故何也？其所迎者新之僞，而舊之眞者已破壞無餘也。如前清官僚，雖不事事而尚知恥，不敢大貪黷，與今之官僚妄事事而不知恥，貪黷無厭，贓款動數百萬者，適得其反。觀此可以澈悟矣。新機不可滯，舊德亦不可忘，挹彼注此，逐漸改善，新舊相銜，斯成調和。凡物號稱調和，自以適宜於當時情況者爲主旨，並不必下一最後之論斷。討論道德問題，易及於最後絕對之一境，此時非談玄學，暫不置論，惟愚敢言道德不必爲最終之眞理已耳。故道德有宜於古時者，有宜於今時者，吾人固不可以其曾宜於古時，因執成見，亦斷其宜於今時，亦不可以其不宜於今時，遂並其所含宜於古今時之通性而亦拋之。夫道德有宜於西洋者，有宜於吾國者，吾人固不可以其宜於西洋，因深閉固拒，以爲必不宜於吾國，亦不可以其宜於西洋，因偏於歐化，以爲必可行於吾國，亦斟酌調和之可耳。愚前言已非守舊者流矣，其三致意於舊，特欲流傳其適宜者耳。至其不適宜，當然改易。如吾國聖賢教人，教以如何能成爲天地間之一人，而不教以如何能成爲社會中之一分子，彷若盈天地間之人，俱各各有其獨立之位置，毋須與他人發生關係者，然及其由誠意正心修身以及齊家治國平天下，而又視家與國與天下爲與我對待之一體。所謂家與國與天下者，自身舉不必有意識。我若不能將誠意正心修身各級功夫修養完全，自有法齊之治之平之。而家與國與天下，若不得我卽未見有何種自齊自治自平之道。故中國人之思想，動欲爲聖賢，爲王者，爲天吏，作君作師，不肯自降其身，僅求爲社會中之一分子，盡我一分子之義務，與其餘分子同心戮力，共齊其家，共治其國，共平其天下。故吾國賢者，每標獨善，而不言公善 Common Good，此其流弊。一則將公民應有之權利沒煞，易啓人僭竊專制之心。一則立境過高，灰人進取向上之意。前者彰明較著，無取說明。後者其理亦至明顯，蓋吾國學者立教，動以聖賢期人，而又標出聖賢為人生最難到之一境，卽言庸德之行，庸言之謹，夫婦可以與知，而旋曰中庸不可能。是直以不可到之境期諸人也。夫以不可到之境期諸人，如方士之求神山，虛無縹渺，可望而不可卽，而人易於灰心短氣矣。人至灰心短氣，其行動恆易趨於正相反對之一方面，以為求為聖賢既不可得，何必自苦。又以為聖賢小德且有出入，何況吾儕，自律之心一懈，放僻邪侈，因無所不為矣。故中國道德之墮落，由於取法乎上而不得，轉而降下，一落千丈者，比比然也。孟子曰：五百年必有王者興，其間必有名世者。夫至五百年之久，始有一所謂王者與名世出，則五百年間之厄運歸誰收拾，此乃視社會如一玩物，收庋拂拭，純賴藏家。如前後兩賞鑒家相距有五百年之久，則在此五百年間，彼玩物者，惟有聽其塵封蟲蝕而已。換言之，此乃將社會看成一毫無機能之物，如無王者與名世出，則社會上之政治學問道德種種，皆將無法以自舉。故孟子又曰：待文王而後興者，凡民也；若夫豪傑之士，雖無文王猶興。茲所謂豪傑之士，殆亦名世之類，非數百年不出者耳。舉天下皆凡民，舉天下皆待文王而興，而所謂文王，必間數百年而始一出，則此數百年間之民生國計，直是無從談起。試問人而進化，國際競爭，直有一日千里之勢，由今觀之，有孱國弱種，能閉關臥治若干年，而不為埃及波蘭之續者乎？無有也。則又何能將社會擱置至數百年之久，而待王者名世之出乎，孟子生於周末，鑒於天下之生，一治一亂，中間總隔有數百年，故以所得歷史上之材料歸納之有是結論，故其論在當時亦不為失，惟萬萬不可再適用於今日矣。今日國家之存亡，純卜之於社會全體，而國政之出於何途，社會道德之養成何象，純由社會自決。故從前人存政舉、人亡政息諸老話，都用不着。社會者羣稱也，欲知自決，於何着手，仍不能不求諸分子本身。凡一團體，其分子整齊，以分子共同之力量，發為團體之力量者，其社會良，良且久。反之，分子不整齊，純賴少數人或一二人之操縱，發為團體之力量者，其社會不良，良亦不久。以此知團體之要素，在分子整齊；而為分子者之義務，不在希望為少數之操縱者，而在爲多數之整齊者。多數既已整齊，則在此多數之中，推舉首領以代表其團體，彼其社會事業，自然董理。觀夫北美新出之邦，比較世界各國，分子最爲整齊，故其國不出梟雄，不出大政治家，亦並不出大學者，社會上智識學業，趨於平等，法律既良，機遇相似，平流而進，頗呈雍容華貴之觀。今之威爾遜，稱爲世界最大偉人，而純爲機勢所造成，從彼在本國之立脚點觀之，亦整齊社會之一整齊者，隨流應運而出，爲代表已耳，有何奇也？最近吾國之學生運動，亦可稱爲整齊社會之一小影。如北京學生團之代表馬駿，吾知其非有意爲學生中之拿破崙，其在學生社會中隨流應運而出，與威爾遜之在美國爲總統，彷彿相類。右舉兩例，諸君如不以爲擬非其倫，且謂含有幾分眞理，則爲分子者，亦惟在一分子範圍以內，求其所以爲一分子而已。愚本說之要旨，兩言決之，一曰新舊調和，一曰社會自決。蓋凡物必屬於己，方爲可貴，三家村婦，馳入五都之市，耳目所接，金碧輝煌，然究何補於該婦耶！此知物必己有，始有眞價，則以今世文明，科學奮進，吾國闇陋，當然哀多益寡，以求自存。然固有之道德學問，可資爲本原者，不知所以保存而疏導之，是忘本也。更進一層，凡物必以己力得之，方爲可貴，如行船遇順風，或生長於巨室，居移氣，養移體，此皆偶然之事，與己無關。以政治言，或開明專制者，與列國之統治者，以良法施於一國，縱其民所享之福利甚爲圓滿，而政家評價，則終謂下於國民，奮鬬所得，且不及其圓滿者焉。此知物必己得，始有眞價。則今日之吾國，雖曰共和，實質與共和相去，何啻萬里？國民之當奮起，求以人民之公意與共和之蟊賊相搏戰，以搏最後之勝利，不待言也。近日學生及團體之運動，卽不肯以國家付之二三賣國者之手。而求所以自決之萌芽，此其關係，至爲重大。總之，一國之文化，能保其所固有；一國之良政治，爲國民力爭經營而來，斯其國有第一等存立之價値。此種責任，卽在青年諸君。鄙人不學，所欲發揮之義蘊，百不達一，然若因此鼓盪諸君之興味，爲國前驅，國家遂獲進一步之發展，則此區區一夕話，諸君賜以可供紀念之榮幸，終身不能忘。

原載《晨報》，一九一九年十月十三、十四日

蔣夢麟

蔣夢麟（一八八六—一九六四），原名夢熊，字兆賢，號孟鄰，浙江餘姚人。一九〇八年赴美留學，先後就讀於加州大學柏克萊分校和哥倫比亞大學。一九一七年回國後歷任北京大學校長、教育部總長等。著作輯為《孟鄰文存》、《蔣夢麟教育論著選》等。

新舊與調和

什麼叫做新思想？這個問題大家以爲容易答的。但把這個問題提出來要人答，大家就知道是不容易答了。若把《說文》裡的字義來講，那一個講新思想的，曾經想到《說文》的字義呢？若說從西洋輸入的思想是新思想，那西洋的思想也有很多是舊的。若說西洋輸入的新思想就是新，那希臘的美術、人生觀，羅馬的法律、建築，在我國可算是很新的。所以新思想不能用時代來定，也不能以西洋輸入的來做標準。

照我的意思看來，新思想是一個態度。這一個態度是向那進化一方面走。抱這個態度的人，視吾國向來的生活是不滿足的。向來的思想，是不能得知識上充分的愉快的。所以他們要時時改造思想，希望得滿足的生活，充分愉快的知識活動。他們既視現在的生活爲不滿足，現在的知識活動爲不能得充分的愉快，所以把固有的生活狀況、固有知識就批評起來。這就惹起舊思想的反抗。舊思想的人說，你們天天講什麼新思想，迎合青年厭舊喜新的心理，把我國的國粹都拋棄了，把我國的道德都破壞了。於是凡有講新思想的，就送他一個過激派、共產主義派、無政府主義派的一個徽號。這是他們消極的反抗新思想。從積極一方面做，他們就講起來古文是這樣好，向來的道德觀念是那樣好。簡單說一句，他們以現在的生活爲滿足的。即不滿足的，也是國粹傷失的緣故。以現在的知識活動爲愉快的，即不充分，是不盡心講國學的緣故，但把國粹國學發揮起來，滿足的生活就來了，充分的知識活動也就「樂在其中」。他們對於西洋思想未必是不歡迎，不過不要和他們向來的見解太離奇。所以他們聽慣了一種新學說，起初以爲離奇，極力反對的。後來也漸漸地受不知不覺的感化，倒也贊成了。兩三年前他們所反對的「個性主義」、「自動主義」，到今日成了各個人的口頭禪，就是一個證據。我曾記得三年前有人說，什麼自動主義不自動主義，學生自動教員不動。

照這樣看來，所謂新舊調和是自然的趨勢。抱新思想的人，漸漸把他的思想擴充起來了。抱舊思想的人，自然不知不覺的受他的影響，受他的感化。舊生活漸漸自然被新生活征服，舊思想漸漸被新思想感化。

新陳代謝是進化的道理，自然的趨勢，不是機械的調和。我想兩個學派是有調和的價值的，如黃梨洲說陸王是先尊德性，後道問學，程朱是先道問學，後尊德性，兩派不過是先後次序不同。這就是朱陸學派的調和說。這兩個調和說，自然有哲學上的價值和位置。宗教家說，宗教是最要緊的。科學家說，科學是最要緊的。詹姆斯說，只要於人生有實在的受用，宗教和科學都是要緊的。這是實驗主義的主張於哲學上自然有價值的。現在我們中國的新派，並不是說凡我國所固有的都不好。他們說，我們固有的思想有礙進化，所以要改造。舊派並不是說新派都不好，他們是惡新派要推倒他們所據爲安樂窩的固有觀念。新派是要改造舊觀念，組織一能使生活豐富的新系統。舊派是怕他們組織新系統，因此打破自己的安樂窩。新派現在正在組織新系統的試驗期內，怎樣和舊派調和？若要他們停止組織的試驗，新生活從什麼地方產生出來呢？若要求新生活，必要組織思想的新系統，必要改造，有時要打破舊觀念，舊派肯不反對麼？舊的本來不與新的爭，實在新的活動太利害，打破了舊的安樂窩，若要免去爭端，非新的停止活動不可。要新的停止活動，就是要中國停止進化。調和派如要中國進化呢，這調和的方法，就是推倒自己的目的。調和派如不要中國進化呢，他們就變了守舊派。所以他們如要中國進化，快快換他們的方法罷。照此看來，愛進化的人講調和，是自己沒主張，從這面看，覺得有些道理；從那面看，也覺得有些道理；聽見兩方面辯論起來，不敢開罪這面，也不敢開罪那面，自己又不肯痛下工夫，就說些那老大人對小孩子爭論時說的話：「你有道理，他也有道理，你有不是的地方，他也有不是的地方，照我看來，大家還是講和，不要鬧罷。」這一派的人，對於新思想，未必是反對的。不過是有些怕麻煩，怕多用腦力。求新思想是很費腦力的，改變人生觀，是很要有魄力的。

還有一派調和家，是認差了題目。他們把新舊兩派認作兩個學派起來了，於是想來居調和的地位。不知道程朱道問學，陸王尊德性，是方法不同，目的是一個求眞理。後來的人盲從程朱的，把道問學認作目的，忘却了求眞理。盲從陸王的，把尊德性認作目的，也忘却了求眞理。所以有黃梨洲出來，指破他們都走差了路，認差了目的。宗教家是求豐富的生活，科學家也求豐富的生活，宗教是一個方法，科學也是一個方法；後來的人把宗教認作目的，把科學也認作一個目的，却把生活忘記了。所以詹姆斯出來，指破他們走差了路，認差了目的。現在中國新派的目的，在求豐富的生活，充分愉快的知識活動。他們的方法，並不是一個方法叫做「新」。他們正在創造方法的時候，正在試驗時期，還沒有認方法作目的。舊派的目的，在保守安樂窩，他們的目的與新派的目的是不同的。兩個不同的目的，什樣可調和呢？我不是說調和派是沒用的，我說現在講調和還太早。即使到了全國的學者，都求豐富的生活，充分愉快的知識活動的時候，各派有了一個系統的方法，還用不着調和的地方。要到大家忘却了眞目的，認方法作目的的時候，方才用得到那黃梨洲、詹姆斯來喚醒他們。新陳代謝的時候，講不來調和的。

把以上的意思總括起來，「新」是一個態度。求豐富的生活，充分愉快的知識，活動的態度，不是一個方法，也不是一個目的。「舊」是對於這新態度的反動，並不是方法，也不是目的。新舊既不是方法，又不是目的，所以不是兩個學派。兩個學派之中，能容調和派新舊之間，是用不着調和派。

原載《新青年》第六卷第六號，一九一九年十一月一日

我們現在怎樣做父親

魯迅

我作這一篇文的本意，其實是想研究怎樣改革家庭；又因爲中國親權重，父權更重，所以尤想對於從來認爲神聖不可侵犯的父子問題，發表一點意見。總而言之，只是革命要革到老子身上罷了。但何以大模大樣，用了這九個字的題目呢？這有兩個理由：

第一，中國的「聖人之徒」，最恨人動搖他的兩樣東西。一樣不必說，也與我輩決不相干；一樣便是他的倫常，我輩却不免偶然發幾句議論，所以株連牽扯，很得了許多「剗倫常」、「禽獸行」之類的惡名。他們以爲父對於子，有絕對的權力和威嚴；若是老子說話，當然無所不可，兒子有話，却在未說之前早已錯了。但祖父子孫，本來各各都只是生命的橋梁的一級，決不是固定不易的。現在的子，便是將來的父，也便是將來的祖。我知道我輩和讀者，若不是現任之父，也一定是候補之父，而且也都有做祖宗的希望，所差只在一個時間。爲想省却許多麻煩起見，我們便該無須客氣，儘可先行占住了上風，擺出父親的尊嚴，談談我們和我們子女的事；不但將來着手實行，可以減少困難，在中國也順理成章，免得「聖人之徒」聽了害怕，總算是一舉兩得之至的事了。所以說，「我們怎樣做父親」。

第二，對於家庭問題，我在本誌的〈隨感錄〉（二五、四〇、四九）中，曾經略略說及，總括大意，便只是從我們起，解放了後來的人。論到解放子女，本是極平常的事，當然不必有什麼討論。但中國的老年，中了舊習慣舊思想的毒太深了，決定悟不過來。譬如早晨聽到烏鴉叫，少年毫不介意，迷信的老人，却總須頹唐半天。雖然很可憐，然而也無法可救。沒有法，便只能先從覺醒的人開手，各自解放了自己的孩子。自己背着因襲的重擔，肩住了黑暗的閘門，放他們到寬闊光明的地方去；此後幸福的度日，合理的做人。

還有，我曾經說，自己並非創作者，便在上海報紙的〈新教訓〉裏，挨了一頓罵。但我輩評論事情，總須先評論了自己，不要冒充，纔能像一篇說話，對得起自己和別人。我自己知道，不特並非創作者，並且也不是眞理的發見者。凡有所說所寫，只是就平日見聞的事理裏面，取了一點心以爲然的道理；至於終極究竟的事，却不能知。便是對於數年以後的學說的進步和變遷，也說不出會到如何地步，單相信比現在總該還有進步還有變遷罷了。所以說，「我們現在怎樣做父親」。

我現在心以爲然的道理，極其簡單。便是依據生物界的現象，一、要保存生命；二、要延續這生命；三、要發展這生命（就是進化）。生物都這樣做，人也這樣做，父親也就是這樣做。

生命的價値和生命價値的高下，現在可以不論。單照常識判斷，便知道既是生物，第一要緊的自然是生命。因爲生物之所以爲生物，全在有這生命，否則失了生物的意義。生物爲保存生命起見，具有種種本能，最顯著的是食欲。因有食欲纔攝取食品，因有食品纔發生溫熱，保存了生命。但生物的個體，總免不了老衰和死亡，爲繼續生命起見，又有一種本能，便是性欲。因性欲纔有性交，因有性交纔發生苗裔，繼續了生命。所以食欲是保存自己，保存現在生命的事；性欲是保存後裔，保存永久生命的事。飲食並非罪惡，並非不淨；性交也就並非罪惡，並非不淨。飲食的結果，養活了自己，對於自己沒有恩；性交的結果，生出子女，對於子女當然也算不了恩——前前後後，都向生命的長途走去，僅有先後的不同，分不出誰受誰的恩典。

可惜的是中國的舊見解，竟與這道理完全相反。夫婦是「人倫之中」，却說是「人倫之始」；性交是常事，却以為不淨；生育也是常事，却以爲天大的大功。人人對於婚姻，大抵先夾帶着不淨的思想。親戚朋友有許多戲謔，自己也有許多羞澀，直到生了孩子，還是躲躲閃閃，怕敢聲明；獨有對於孩子，却威嚴十足，這種行徑，簡直可以說是和偷了錢發跡的財主，不相上下了。我並不是說——如他們攻擊者所意想的——人類的性交也應如別種動物，隨便舉行；或如無恥流氓，專做些下流舉動，自鳴得意。是說，此後覺醒的人，應該先洗淨了東方固有的不淨思想，再純潔明白一些，了解夫婦是伴侶，是共同勞動者，又是新生命創造者的意義。所生的子女，固然是受領新生命的人，但他也不永久佔領，將來還要交付子女，像他們的父母一般。只是前前後後，都做一個過付的經手人罷了。

生命何以必需繼續呢?就是因爲要發展,要進化。個體既然免不了死亡,進化又毫無止境,所以只能延續着,在這進化的路上走。走這路須有一種內的努力,有如單細胞動物有內的努力,積久纔會繁複,無脊椎動物有內的努力,積久纔會發生脊椎。所以後起的生命,總比以前的更有意義,更近完全,因此也更有價值,更可寶貴;前者的生命,應該犧牲於他。

但可惜的是中國的舊見解,又恰恰與這道理完全相反。本位應在幼者,却反在長者;置重應在將來,却反在過去。前者做了更前者的犧牲,自己無力生存,却苛責後者又來專做他的犧牲,毀滅了一切發展本身的能力。我也不是說——如他們攻擊者所意想的——孫子理應終日痛打他的祖父,女兒必須時時咒罵他的親娘。是說,此後覺醒的人,應該先洗淨了東方古傳的謬誤思想,對於子女,義務思想須加多,而權利思想却大可切實核減,以準備改作幼者本位的道德。況且幼者受了權利,也並非永久佔有，將來還要對於他們的幼者，仍盡義務。只是前前後後，都做一個過付的經手人罷了。

「父子間沒有什麼恩」這一個斷語，實是招致「聖人之徒」面紅耳赤的一大原因。他們的誤點，便在長者本位與利己思想，權利思想很重，義務思想和責任心却很輕。以爲父子關係，只須「父兮生我」一件事，幼者的全部，便應爲長者所有。尤其墮落的，是因此責望報償，以爲幼者的全部，理該做長者的犧牲。殊不知自然界的安排，却件件與這要求反對，我們從古以來，逆天行事，於是人的能力，十分萎縮，社會的進步，也就跟着停頓。我們雖不能說停頓便要滅亡，但較之進步，總是停頓與滅亡的路相近。

自然界的安排，雖不免也有缺點，但結合長幼的方法，却並無錯誤。他並不用「恩」，却給與生物以一種天性，我們稱他爲「愛」。動物界中除了生子數目太多——愛不周到的如魚類之外，總是摯愛他的幼子，不但決無利益心情，甚或至於犧牲了自己，讓他的將來的生命，去上那發展的長塗。

人類也不外此，歐美家庭，大抵以幼者弱者爲本位，便是最合於這生物學的眞理的辦法。便在中國，只要心思純白，未曾經過「聖人之徒」作踐的人，也都自然而然的能發現這一種天性。例如一個村婦哺乳嬰兒的時候，決不想到自己正在施恩；一個農夫娶妻的時候，也決不以爲將要放債。只是有了子女，即天然相愛，願他生存；更進一步的，便還要願他比自己更好，就是進化。這離絕了交換關係利害關係的愛，便是人倫的索子，便是所謂「綱」。倘如舊說，抹煞了「愛」，一味說「恩」，又因此責望報償，那便不但敗壞了父子間的道德，而且也大反於做父母的實際的眞情，播下乖剌的種子。有人做了樂府，說是「勸孝」，大意是什麼「兒子上學堂，母親在家磨杏仁，豫備回來給他喝，你還不孝麼」之類，自以爲「拚命衛道」。殊不知富翁的杏酪和窮人的豆漿，在愛情上價值同等，而其價值却正在父母當時並無求報的心思；否則變成買賣行爲，雖然喝了杏酪，也不異「人乳喂豬」，無非要豬肉肥美，在人倫道德上，絲毫沒有價値了。

所以我現在心以爲然的，便只是「愛」。

無論何國何人，大都承認「愛己」是一件好事。這便是保存生命的要義，也就是繼續生命的根基。因爲將來的運命，早在現在決定，故父母的缺點，便是子孫滅亡的伏線，生命的危機。易卜生做的《羣鬼》（有潘家洵君譯本，載在《新潮》一卷五號）雖然重在男女問題，但我們也可以看出遺傳的可怕。歐士華本是要生活能創作的人，因爲父親的不檢，先天得了病毒，中途不能做人了。他又很愛母親，不忍勞他服侍，便藏着嗎啡，想待發作時候，由使女瑞琴帮他喫下，毒殺了自己；可是瑞琴走了。他於是只好託他母親了。

歐：「母親，現在應該你幫我的忙了。」

阿夫人：「我嗎？」

歐：「誰能及得上你。」

阿夫人：「我！你的母親！」

歐：「正爲那個。」

阿夫人：「我，生你的人！」

歐：「我不曾教你生我。並且給我的是一種什麼日子？我不要他！你拿回去罷！」

這一段描寫，實在是我們做父親的人應該震驚戒懼佩服的；決不能昧了良心，說兒子理應受罪。這種事情，中國也很多，只要在醫院做事，便能時時看見先天梅毒性病兒的慘狀；而且傲然的送來的，又大抵是他的父母。但可怕的遺傳，並不只是梅毒，另外許多精神上體質上的缺點，也可以傳之子孫，而且久而久之，連社會都蒙着影響。我們且不高談人羣，單爲子女說，便可以說凡是不愛己的人，實在欠缺做父親的資格。就令硬做了父親，也不過如古代的草寇稱王一般，萬萬算不了正統。將來學問發達，社會改造時，他們僥幸留下的苗裔，恐怕總不免要受善種學（Eugenics）者的處置。

倘若現在父母並沒有將什麼精神上體質上的缺點交給子女，又不遇意外的事，子女便當然健康，總算已經達到了繼續生命的目的。但父母的責任還沒有完，因爲生命雖然繼續了，却是停頓不得，所以還須教這新生命去發展。凡動物較高等的，對於幼雛，除了養育保護以外，往往還教他們生存上必需的本領。例如飛禽便教飛翔，鷙獸便教搏擊。人類更高幾等，便也有願意子孫更進一層的天性。這也是愛，上文所說的是對於現在，這是對於將來。只要思想未遭錮蔽的人，誰也喜歡子女比自己更强，更健康，更聰明高尙——更幸福；就是超越了自己，超越了過去。超越便須改變，所以子孫對於祖先的事，應該改變，「三年無改於父之道可謂孝矣」，當然是曲說，是退嬰的病根。假使古代的單細胞動物，也遵着這教訓，那便永遠不敢分裂繁復，世界上再也不會有人類了。

幸而這一類教訓，雖然害過許多人，却還未能完全掃盡了一切人的天性。沒有讀過「聖賢書」的人，還能將這天性在名教的斧鉞底下，時時流露，時時萌蘖，這便是中國人雖然凋落萎縮，却未滅絕的原因。

所以覺醒的人，此後應將這天性的愛，更加擴張，更加醇化；用無我的愛，自己犧牲於後起新人。開宗第一，便是理解。往昔的歐人對於孩子的誤解，是以爲成人的豫備；中國人的誤解，是以爲縮小的成人。直到近來，經過許多學者的研究，纔知道孩子的世界，與成人截然不同；倘不先行理解，一味蠻做，便大礙於孩子的發達。所以一切設施，都應該以孩子爲本位，日本近來，覺悟的也很不少；對於兒童的設施，研究兒童的事業，都非常興盛了。第二，便是指導。時勢既有改變，生活也必須進化；所以後起的人物，一定尤異於前，決不能用同一模型，無理嵌定。長者須是指導者協商者，却不該是命令者。不但不該責幼者供奉自己；而且還須用全副精神，專爲他們自己，養成他們有耐勞作的體力，純潔高尚的道德，廣博自由能容納新潮流的精神，也就是能在世界新潮流中游泳，不被淹沒的力量。第三，便是解放。子女是即我非我的人，但既已分立，也便是人類中的人。因爲即我，所以更應該盡教育的義務，交給他們自立的能力；因爲非我，所以也應同時解放，全部爲他們自己所有，成一個獨立的人。

這樣，便是父母對於子女，應該健全的產生，盡力的教育，完全的解放。

但有人會怕，彷彿父母從此以後，一無所有，無聊之極了。這種空虛的恐怖和無聊的感想，也即從謬誤的舊思想發生；倘明白了生物學的眞理，自然便會消滅。但要做解放子女的父母，也應豫備一種能力。便是自己雖然已經帶着過去的色采，却不失獨立的本領和精神，有廣博的趣味，高尚的娛樂。要幸福麼？連你的將來的生命都幸福了。要「返老還童」，要「老復丁」麼？子女便是「復丁」，都已獨立而且更好了。這纔是完了長者的任務，得了人生的慰安。倘若思想本領，樣樣照舊，專以「勃谿」爲業，行輩自豪，那便自然免不了空虛無聊的苦痛。

或者又怕，解放之後，父子間要疏隔了。歐美的家庭，專制不及中國，早已大家知道；往者雖有人比之禽獸，現在却連「衛道」的聖徒，也曾替他們辯護，說並無「逆子叛弟」。因此可知：惟其解放，所以相親；惟其沒有「拘攣」子弟的父兄，所以也沒有反抗「拘攣」的「逆子叛弟」。若威逼利誘，便無論如何，決不能有「萬年有道之長」。例便如我中國，漢有舉孝，唐有孝悌力田科，清末也還有孝廉方正，都能換到官做。父恩諭之於先，皇恩施之於後，然而股上有疤的人物，究屬寥寥。足可證明中國的舊學說舊手段，實在從古以來，並無良效，無非使壞人增長些虛僞，好人無端的多受些人我都無利益的苦罷了。

獨有「愛」是眞的。路粹引孔融說，「父之於子，當有何親？論其本意，實爲情欲發耳。子之於母，亦復奚爲，譬如寄物瓶中，出則離矣。」（漢末的孔府上，很出過幾個有特色的奇人，不像現在這般冷落，這話也許確是北海先生所說；只是攻擊他的偏是路粹和曹操，教人發笑罷了。）雖然也是一種對於舊說的打擊，但實於事理不合。因爲父母生了子女，同時又有天性的愛，這愛又很深廣很長久，不會即離。現在世界沒有大同，相愛還有差等，子女對於父母，也便最愛，最關切，不會即離。所以疏隔一層，不勞多慮。至於一種例外的人，或者非愛所能鉤連。但若愛力尚且不能鉤連，那便任憑什麼「恩威，名分，天經，地義」之類，更是鉤連不住。

或者又怕，解放之後，長者要喫苦了。這事可分兩層：第一，中國的社會，雖說「道德好」，實際却太缺乏相愛相助的心思。便是「孝」、「烈」這類道德，也都是旁人毫不負責，一味收拾幼者弱者的方法。在這樣社會中，不獨老者難於生活，即解放的幼者，也難於生活。第二，中國的男女，大抵未老先衰，甚至不到二十歲，早已老態可掬，待到眞實衰老，便更須別人扶持。所以我說，解放子女的父母，應該先有一番豫備；而對於如此社會，尤應該改造，使他能適於合理的生活。許多人豫備着，改造着，久而久之，自然可望實現了。單就別國的往時而言，斯賓塞未曾結婚，不聞他侘傺無聊；瓦特早沒有了子女，也居然「壽終正寢」，何況在將來，更何況有兒女的人呢？

或者又怕，解放之後，子女要喫苦了。這事也有兩層，全如上文所說，不過一是因爲老而無能，一是因爲少不更事罷了。因此覺醒的人，愈覺有改造社會的任務。中國相傳的成法，謬誤很多：一種是錮閉，以爲可以與社會隔離，不受影響。一種是教給他惡本領，以爲如此纔能在社會中生活。用這類方法的長者，雖然也含有繼續生命的好意，但比照事理，却決定謬誤。此外還有一種，是傳授些周旋方法，教他們順應社會。這與數年前講「實用主義」的人，因爲市上有假洋錢，便要在學校裏遍教學生看洋錢的法子之類，同一錯誤。社會雖然不能不偶然順應，但決不是正當辦法。因爲社會不良，惡現象便很多，勢不能一一順應；倘都順應了，又違反了合理的生活，倒走了進化的路。所以根本方法，只有改良社會。

就實際上說，中國舊理想的家族關係父子關係之類，其實早已崩潰。這也非「於今爲烈」，正是「在昔已然」。歷來都竭力表彰「五世同堂」，便足見實際上同居的爲難；拚命的勸孝，也足見事實上孝子的缺少。而其原因，便全在一意提倡虛僞道德，蔑視了眞的人情。我們試一翻大族的家譜，便知道始遷祖宗，大抵是單身遷居，成家立業；一到聚族而居，家譜出版，却已在零落的中塗了。況在將來，迷信破了，便沒有哭竹、臥冰；醫學發達了，也不必嘗穢、割股。又因爲經濟關係，結婚不得不遲，生育因此也遲，或者子女纔能自存，父母已經衰老，不及依賴他們供養，事實上也就是父母反盡了義務。世界潮流逼拶着，這樣做的可以生存，不然的便都衰落；無非覺醒者多，加些人力，便危機可望較少就是了。

但既如上言，中國家庭，實際久已崩潰，並不如「聖人之徒」紙上的空談，則何以至今依然如故，一無進步呢？這事很容易解荅。第一，崩潰者自崩潰，糾纏者自糾纏，設立者又自設立；毫無戒心，也不想到改革，所以如故。第二，以前的家庭中間，本來常有勃谿，到了新名詞流行之後，便都改稱「革命」，然而其實也仍是討嫖錢至於相罵，要賭本至於相打之類，與覺醒者的改革，截然兩塗。這一類自稱「革命」的勃谿子弟，純屬舊式，待到自己有了子女，也決不解放；或者毫不管理，或者反要尋出《孝經》，勒令誦讀，想他們「學於古訓」，都做犧牲。

這只能全歸舊道德舊習慣舊方法負責，生物學的眞理決不能妄任其咎。

既如上言，生物爲要進化，應該繼續生命，那便「不孝有三，無後爲大」，三妻四妾，也極合理了。這事也很容易解荅。人類因爲無後，絕了將來的生命，雖然不幸，但若用不正當的方法手段，苟延生命而害及人羣，便該比一人無後，尤其「不孝」。因爲現在的社會，一夫一妻制最爲合理，而多妻主義，實能使人羣墮落。墮落近於退化，與繼續生命的目的，恰恰完全相反。無後只是滅絕了自己，退化狀態的有後，便會毀到他人。人類總有些爲他人犧牲自己的精神，而況生物自發生以來，交互關聯，一人的血統，大抵總與他人有多少關係，不會完全滅絕。所以生物學的眞理，決非多妻主義的護符。

總而言之，覺醒的父母，完全應該是義務的，利他的，犧牲的，很不易做；而在中國尤不易做。中國覺醒的人，爲想隨順長者解放幼者，便須一面清結舊賬，一面開闢新路。就是開首所說的「自己背着因襲的重擔，肩住了黑暗的閘門，放他們到寬闊光明的地方去；此後幸福的度日，合理的做人。」這是一件極偉大的要緊的事，也是一件極困苦艱難的事。

但世間又有一類長者，不但不肯解放子女，並且不准子女解放他們自己的子女，就是並要孫子曾孫都做無謂的犧牲。這也是一個問題；而我是願意平和的人，所以對於這問題，現在不能解答。

原載《新青年》第六卷第六號，一九一九年十一月一日

吳虞

吳虞（一八七二—一九四九），原名姬傳、永寬，字又陵，四川新都（今屬成都市）人。

一九〇五年入日本法政大學，一九〇七年回國後任成都府立中學等校教員。一九二一年起任教於北京大學、北京師範大學、四川大學等校。著作輯為《吳虞文錄》等。

吃人與禮教

我讀《新青年》裏魯迅君的《狂人日記》，不覺得發生了許多感想。我們中國人，最妙是一面會吃人，一面又能夠講禮教。吃人與禮教，本來是極相矛盾的事，然而他們在當時歷史上，却認爲並行不悖的，這眞正是奇怪了。

《狂人日記》內說：「我翻開歷史一查，這歷史每頁上都寫著『仁義道德』幾個字。仔細看了半夜，才從字縫裏看出字來，滿本都寫著兩個字，是『吃人』。」我覺得他這日記，把吃人的內容，和仁義道德的表面，看得清清楚楚。那些戴著禮教假面具吃人的滑頭技倆，都被他把黑幕揭破了。我現在試舉幾個例來，證明他的說法：

（1）《左傳》：僖公九年，「周襄王使宰孔賜齊侯胙。曰，『天子有事于文、武，使孔賜伯舅胙。』齊侯將下拜。孔曰，『且有後命：天子使孔曰，「以伯舅耋老，加勞賜一級，無下拜！」』對曰，『天威不違顏咫尺，小白余敢貪天子之命，無下拜？恐隕越於下，以遺天子羞。敢不下拜？』下，拜。登，受。」這是記襄王祭文王武王之後，拿祭肉分給齊侯，說「齊侯年老，可以不必下拜，講君臣的禮節」。齊侯聽得襄王如此分付，便同管仲商量。管仲答道，「照著襄王分付的話做去，不行舊禮，便成了爲君不君，爲臣不臣，那就是大亂的根本了。」（《齊語》）於是齊侯出去見客，便說道：「天子如天，鑒察不遠，威嚴常在顏面之前，不敢不拜。」据這樣看來，齊侯是很講禮教的。君君臣臣的綱常名教，就是關於小小的一塊祭肉，也不能苟且。講禮教的人到這步田地，也就盡夠了。就是如今刻《近思錄》、《傳習錄》的老先生，講起禮教來，未必有這樣的認眞。齊侯眞不媿爲五霸之首了。然而我又考《韓非子》說道，「易牙爲君主味。君之所未嘗食，唯人肉耳。易牙蒸其首子而之。」《管子》說道，「易牙以調和事公。公曰，『惟蒸嬰兒之未嘗。』於是蒸其首子，而獻之公。」（戴子高《管子校正》：〈治要〉「首子」作「子首」，《韓子·難篇》同，今本誤倒。）你看齊侯一面講禮教，尊周室，九合諸侯，不以兵車，葵丘大會，說了多少「誅不孝，無以妾爲妻，敬老，慈幼」等等道德仁義的門面話；却是他不但是姑姊妹不嫁的就有七個人，而且是一位吃人肉的。豈不是怪事？好像如今講禮學的人，家中淫盜都有，他反罵家庭不應該講改革。表裏相差，未免太遠。然而他們這類人，在歷史上，在社會上，都占了好位置，得了好名譽去了。所以獎勵得歷史上和社會上表面講禮教、內容吃人肉的，一天比一天越發多了。

（2）就是漢高帝。《漢書》：高帝二年，「漢王為義帝發喪，袒而大哭，哀臨三日。發使告諸侯曰，『天下共立義帝，北面事之。今項羽放殺義帝江南，大逆無道，寡人親為發喪，兵皆縞素。願從諸侯王擊楚之殺義帝者！』」高帝雖是大流氓出身，但他這樣舉動，是確守名教綱常，最重禮教的了。十二年，過魯，以太牢祀孔子。孔二先生背時多年，自高帝用太牢加禮以後，後世祀孔的典禮，便成了極重大的定例。武帝以後，用他傳下這個方法，越發尊崇孔學，罷黜百家，儒教遂統一中國。這崇儒尊孔的發起人，是要推高帝；儒教在中國專制二千多年，也要推高帝為首功了。班固又恭維高帝道，「天下既定，命蕭何次律令，韓信申軍法，張蒼定章程，叔孫通制禮儀，陸賈造《新語》；雖曰不暇給，規摹弘遠矣。」据這樣看來，漢高帝哭義帝，斬丁公，他把名教綱常看得非常重要。他曉得三綱之中君臣一綱，關係自己的利害尤其吃緊，所以見得孔二先生說「君臣之義不可廢」的話，他就立刻把從前未做皇帝時候「溺儒冠」的皮氣改過，趕忙拿太牢去祀孔子，好借孔子種種尊君卑臣的說法來做護身符。他又製造許多律令禮儀來維持輔助，以期貫澈他那些名教綱常的主張。果然就傳了四百年天下，騙了個「高皇帝」的尊號，史臣居然也就讚美他得天統了。却是我讀《史記．項羽本紀》，說「項王與漢俱臨廣武而軍，相守數月。當此時，彭越數反梁地，絕楚糧食。項王患之，爲高俎，置太公其上。告漢王曰，『今不急下，吾烹太公！』漢王曰，『吾與項羽俱北面受命懷王，約爲兄弟；吾翁卽若翁，必欲烹而翁，幸分我一杯羹！』」漢王這樣辦法，幸而有位項伯在旁營救，說是「爲天下者不顧家」——就是說想得天下做皇帝的人，本來就不顧他老爹死活的。項王幸虧聽了他的話，未殺太公。假如殺了，分一杯羹給漢王，那漢王豈不是以吃他老爹的肉爲「幸」嗎？又讀《史記·黥布列傳》說，「漢誅梁王彭越，醢之。盛其醢，偏賜諸侯。」這也可見當時以人爲醢，不但皇帝吃人肉，還要偏給諸侯，嘗嘗人肉的滋味。怪不得《左傳》記「析骸易子而食」；曾國藩《日記》載「洪楊之亂，江蘇人肉賣九十文錢一斤，漲到一百三十文錢一斤」。原來我們中國吃人的風氣，都是霸主之首，開國之君，提倡下來的。你看高帝一面講禮教，一面尊孔子，一面吃人肉，這類崇儒重道的禮教家，可怕不可怕呢？後來太公得上尊號做「太上皇」，沒有弄到鍋裏去成了羹湯，眞算是意外的僥倖呀！

（3）就是臧洪張巡輩了。考《後漢書·臧洪傳》：「洪，中平末，棄官還家，太守張超請他做郡功曹。後來曹操圍張超於雍丘，洪將赴其難，自以衆弱，從袁紹請兵，袁紹不聽，超城遂陷，張氏族滅，洪由是怨紹，絕不與通。紹興兵圍洪，城中糧盡，洪殺其愛妾，以食兵將，兵將咸流涕，無能仰視。」臧洪不過做張超的功曹，張超也不過是臧洪的郡將，就在三綱的道理說起來，也沒有該死的名義。便有知己之感，也止可自己慷慨捐軀，以死報知己，就完事了。怎麼自己想做義士，想身傳圖像，名垂後世，却把他人的生命拿來供自己的犧牲，殺死愛妾，以享兵將，把人當成狗屠呢？這樣蹂躪人道、蔑視人格的東西，史家反稱許他爲「壯烈」，同人反親慕他爲「忠義」，眞是是非顚倒，黑白混淆了。自臧洪留下這個榜樣，後來有個張巡，也去摹仿他那篇文章：考《唐書．忠義傳》載：「張巡守睢陽城，尹子奇攻圍既久，城中糧盡，易子而食，析骸而爨。巡乃出其妾，對三軍殺之，以饗軍士，曰，『請公爲國家戮力守城，一心無二。巡不能自割肌膚，以啖將士，豈可惜此婦人！』將士皆泣下，不忍食。巡強令食之。括城中婦人，既盡，以男夫老小繼之，所食人口二三萬。許遠亦殺奴僕以哺卒。」（《新書》）臧洪殺妾，兵將都流涕，不能仰視。張巡殺妾，軍士都不忍食。可見越是自命忠義的人，那吃人的膽子越大。臧洪張巡，被禮教驅迫，至於忠於一個郡將，保守一座城池，便鬧到殺人吃都不顧，甚至吃人上二三萬口。僅僅他們一二人對於郡將，對於君主，在歷史故紙堆中博得「忠義」二字。那成千累萬無名的人，竟都被人白吃了。孔二先生的禮教講到極點；就非殺人吃不成功，眞是慘酷極了。一部歷史裏面，講道德說仁義的人，時機一到，他就直接間接的都會吃起人肉來了。就是現在的人，或者也有沒做過吃人的事；但他們想吃人，想咬你幾口出氣的心，總未必打掃得乾乾淨淨！

到了如今，我們應該覺悟！我們不是爲君主而生的！不是爲聖賢而生的！也不是爲綱常禮教而生的！什麼「文節公」呀，「忠烈公」呀，都是那些吃人的人設的圈套，來誑騙我們的！我們如今應該明白了！吃人的就是講禮教的！講禮教的就是吃人的呀！

中華民國八年八月二十九日，吳虞又陵草於成都師今室

原載《國民》第二卷第一號，一九一九年十一月一日

許德珩

許德珩（一八九〇—一九九〇），原名礎，字楚生，江西德化縣（今九江縣）人。一九一五年考入北京大學，一九二〇年赴法國勤工儉學，一九二七年回國後，先後任教於廣州中山大學、暨南大學、北京大學等。著有《許德珩回憶錄》等。

五四運動與青年的覺悟

自從德國打敗了仗，巴黎和平會議開會，一般受不住戰爭慘禍而渴望和平的人，以爲打倒了强權，伸張了公理，推翻了暴力，扶植了正義，世界上從此安寧，不會有什麼殺人放火搶劫侵佔的事情發生。更有那威爾遜十四個條件，做和平的保障，什麼外交公開，縮小軍備，廢除密約，歸還侵佔的領土，恢復領土主權與那民族自決，殖民地開放，種種道義的呼聲。可憐的伙計們，以前都沒見過天日，聽說有這種慈悲的大話，便丟了正經事不幹，來歡呼正義，盼待和平，那曉得沒等幾久，比利時以一個仗義而犧牲最大的國家，他在和會上的地位，轉不及陰謀詭詐絲毫沒盡力的日本，那公理聲中，就稍稍露點强權的影子。又沒等幾久，義大利爲爭富姆（Fiume）問題，拿退出和會爲要挾，那正義聲中，又帶了十分暴力的彩色。更近則膠洲一案，因爲「倫敦密約」的關係，各人有自身的利害，就拿山東的權利，大大方方的送給日本。把威爾遜十四個條件一齊推翻。什麼强權哪！暴力哪！這些好名詞我都不願賜他，簡單幾句話：就是强盜分贓，花臉打搶，把那些無用的小孩子們哄在一塊，湊湊熱鬧，搖旗吶喊，供供他們的玩意兒罷了。

這些話說來都是閒言，列位那還不知道？不過我們回想「五四」以前的境地，「衷懷憤激」，不自由的就寫上上面一大堆廢話了。

這是世界和平的不可靠，幾位大人先生們和幾尊大炮所放的「公理」、「正義」不可靠，換一句話說，就是那時維爾色宮（Verseilles），充滿了强權和暴力的空氣。這也還不去管他，我們只問問我們自己究竟配不配享那種和平？應不應當受那種暴力的處分？我們有了這個疑問，把眼睛向國內一看，那些强盜軍閥，他們欺負小民的本領，威武，暴力；比那分贓的强盜們利害。他對於意外的壓迫，不惟靦顏承受，還要勾結元老院虛位以待的元老們來，東結個條約，西打個電報，分外討好；弄得大家走途無路。像這種下等動物，那還夠得上說什麼和平！什麼不受暴力的處分！不過只可憐了我們小民，憑空的帶上一套枷，又加上一把鎖，重重牢縛；還在興高采烈的說和平，待公理；豈不是在做夢？但是二十世紀的世界是公理伸張的世界，是强權該倒的世界。二十世紀的人民，是應該主持人道、力求幸福的人民。這是一般人所公該的。因此，「五四運動」，所以翻天倒海的發生。

「五四運動」既是本人類求幸福的、人道的，主張去伸張公理、反抗強權；但是我們中國人所受的痛苦，一方面是國外來的侵略主義，一方面是國內生的軍閥政府。這兩種不祥的東西，都是人類的蟊賊。我們要想達到求眞正幸福的目的，所以本互助的精神、犧牲的決心，對外反抗侵略主義，實行「民族自決」；對內要打倒軍閥政府，實行「國民自決」。這是叫做「五四運動」。他的目的，是在求幸福，他的手段是在犧牲，他的意義就是自決。

「犧牲」哪，「自決」，幾個月以來，這兩種名詞，幾乎傳遍了全國；學生罷課、商人罷市、工人罷工，小販也輟業；這種犧牲，在我們金字招牌的中華民國裏邊看起來也總算是破題兒第一遭。我現在總括這種犧牲，都叫他個「五四運動」，分析他來，看看對於社會上有什麼影響。

共和的名義，民國的牌子，在中國不是已經掛了八年了嗎？名雖是個民國，其實除了多借些款、多發行些公債、多一批刮地皮的督軍和班沒廉恥的議員以外，有那一點和小百姓生關係？又有那一點不比專制的滿清還壞？這雖然是些賣國的官僚無恥，但是做主人翁的國民，又何嘗問了半點兒閒事？自從有了這回運動，大家曉得我們自己的事，非我們自己去幹或積極的監督不可。破除了以前倚賴與聽從的迷夢。這是五四運動的第一種影響。

這幾年來，賣國營私的，那能勝數？法律二字，只能嚇苦百姓，待窮朋友；正是莊生所說的：「竊鈎者誅」，「竊國者侯」；他國越賣得多，官越做得大，勢力越雄厚；毒燄越伸張；任憑你大家怎樣的不高興，他坐起紅牌子一號的鐵板汽車來，荷槍持械的在兩旁牢牢把着，東馳西鶩，你能把他怎樣？就是說輿論訾議罷，他若不耐煩時，還可賜你個非聖無法大逆不道的名兒，置你個安身無處；你又能把他怎樣？自從有了這回運動，將那些黨徒稍稍懲罰，弄得他英雄無用武之處，表示個社會制裁和民衆制裁的力量。這是五四運動的第二種影響。

原來社會是農工商學等等人互相提攜、互相幫助所組織而成功的。中國的社會，雖然也有農工商學；但是除了農工或工商有自然或必需的交接外，他們常時只知道作工貿易，從來沒有彼團與此團聯合組織的。那農工或工商之與學界，且不但沒有聯合的組織，幷是老死不往來，格格不相入。自從有了這回運動，把這一條孔道鑿通，成了一個民衆大聯合的趨向。雖然沒普遍的進行，大家也總明晰聯合的效用和他的必要，這是五四運動的第三種影響。

中國人崇拜首領，是幾千年帝制所遺傳的性根。無論什麼團體，他首領的意見，可以拿來做他們團體的主張，那分子大概是沒有不服從的。這種性根，這種團體，好咧，也只能多造出幾個英雄偉人來，若是壞咧，就要假公濟私，在社會上造種種的罪惡。自從有了這回羣衆運動，本大多數人的福利爲要求，拿羣衆的要求爲主義，各人自有主張，不受他人的指揮和命令。所以不惟什麼總長、總理要倒楣，就是那商團、工團、學校，他們的會長、領袖，和某某長、某某主任，若不能拿多數人的意見或福利做主張，想以個人的私意指揮或命令全局，就雖不遭曹章陸一樣的對待，恐怕也要給他一個滾蛋。這是打倒英雄、推翻首領的制度，破除以前崇拜的錮蔽思想，表示民衆的眞精神。是適合於Democracy的運動。這是五四運動的第四種影響。

犧牲是人類求幸福的手段，若是沒有一部分的犧牲，那幸福是不會從天外飛來的。大家看看朝鮮哪！爲着自決兩個字，死的、囚的、逃亡奔走的，有多少人？他想拿血肉來屈服槍彈，拿民衆來抵抗軍閥；這種犧牲，眞個有精神！他們爲的什麼？無非是爲同類爭自由、求幸福。我們辛亥革命，雖然也有一部分的犧牲，但是多數人想利用勢力，佔便宜、走逕路，沒有澈底的犧牲，沒有放大犧牲的精神，所以弄來總歸沒收改革的效果。自從有了這回運動，罷學、罷工、罷市；大家曉得幸福是犧牲的代價，人人要向黑暗裏放光明，要拿犧牲的手段去求幸福，猛勇向前，這是五四運動的第五種影響。

思想是作事的根本，思想頑固或腐舊，那他所做的、所說的，恐怕也不是社會上所需要，和羣衆所要求的。中國人的思想，向來是攏統的、因襲的，是崇拜和奴隸的；無論什麼事，古人做的總不錯，幾千年後的今人，只可因襲崇拜，斷不能加以攷慮和批評。所以人的智識愈退化，社會也就愈不進步。自從有了這回運動，大家覺得舊有的東西，合於現在的人生與否，要發生個重要問題。所以對於社會、家庭，和人生的生活，要發生個「為什麼」的問題。我數數自從「五四」到現在，全國新出版的新聞雜誌，合計有壹百二十多種，多半是對於「舊有的」懷疑，對於「現在的」要研求他一個「為什麼」，去脫以前籠統、因襲、崇拜和奴隸的性質，這是思想改革的一個動機，是五四運動的第六種影響。

據我上來所說，有了這回運動，社會上又受了偌大的一個影響；一般聽者，恐怕要作十分的樂觀，說中國前途，從此有無限的光明希望。但是我陳述這種影響，並不是作什麼樂觀，為今日青年裝點什麼門面。我以為今日青年，受了各方面的逼促和國內外的壓迫，才有這回運動。

本着人類的同情性（Sympathy）和自身的痛苦說起來，社會上稍稍的一點影響也是應有的事。但是他那種影響，是暫時的，還是永久的？是盲從的，還是理解的？是一時感情衝動的，還是由眞正覺悟驅使的？前途的光明和黑暗，悲觀和樂觀，暫且按下分解。我且要問問我們青年，對於這回運動，有什麼觀感？有什麼覺悟？

原來青年之在社會上，總算是最有希望的分子，一民族未來的發展，和偉大的事業；總靠着青年身上。他平時受社會的希望，和羣衆的尊譽，一旦投身社會，總要有莫大的影響，滿足大家的希望，發展民族的眞精神才是。大家看看以前羅馬的「少年義大利黨」，和突厥的「青年土耳基黨」，他們的精神和事業怎樣？我們中國青年，以前對於國家的事，還是保守着「兩耳不聞窗外事」的古訓。他的精神從沒有積極的表現；所以社會上對於他，還是作一個未來無限希望的思想。自從有了這回運動奔走救濟、奮鬥犧牲，我可以斷言說是全國少年精神的一個總表現。也是社會上以前所希望未決的一個總報告。他的影響、他的效果，我雖不敢作不適意的批評，但是對於社會的希望、羣衆的要求，和自身的抱負；究竟能否滿足，所犧牲的究竟是否快意，我想參預過這回運動諸君，一經回想定有無限的感傷、無窮的失望，咳！這些話且都慢講，五四運動既是打倒軍閥、反抗強權、爲人類救自由幸福，現在想貫徹這種主張，從根本上解決，就應該有幾種覺悟：

（一）對於社會上的覺悟：想解決現在社會上種種糾紛，在黑漆漆的中國裏邊，自然是非去脫軍閥政閥，實行平民政治不可。但是軍閥政閥怎樣方能盡去？平民政治如何才可以實行？這種問題，若是專拿對待曹章陸或政治革命的手段去幹，勿論今日曹章陸去，明天王徐段來，就是把這些敗類同時一齊推翻，那一般人民沒有自動的能力識見，也就不免要被野心家利用；結果總是八兩半斤，於平民政治的實現沒有絲毫效益。大家看看辛亥革命哪！他不是專注意於幾個敗類，和共和帝制的名詞，沒有從根本上去做嗎？所以一兩個敗類雖去，無限的敗類復來，弄到現在，還是沒點兒辦法。我們青年，現在要想解決糾紛，要用雙管齊下的辦法，一方面拿對付曹章的手段對付軍閥，一方面下層社會奮力進行。進行的方法有數種——

（A）加入勞働階級的活動：我所說的勞働階級，是指着工農和一般用體力的勞働者而言。大家看看現在的世界，是工人的世界，是農夫的世界，是勞働家的世界。什麼勞農政府、工黨內閣，鬧得翻天仆地。但是我們中國的勞農，還是蠢蠢的守着「出粟米蔴絲作器皿……以事其上」的夢話，沒有自動的知識、眞正的覺悟，就是一時有什麼動作，也是被人驅使，或感情的衝動，這種動作，對於社會上的根本改造，是沒有效益的。我們青年，現在要想使他有覺悟，能自動，曉得勞工的地位和價值，只有和他們打在一片，灌輸他們的知識使他們有組織、有辦法，成無數個精密完善的團體；一面我們做那勞働的生活，改善那班騙文憑，做高等流氓、寄生虫的先生們舊習慣。這是智識階級與勞働階級的大聯合，是民衆活動和民衆政治實行的第一步，是打倒軍閥政閥，解除社會上種種糾紛的根本辦法。

（B）改善商團的組織：現在的商團，我可以斷言說，多半是官僚的化身，是惡政府的機械，是一種貴族式的團體。你看他裏面的會長和董事，不是滿清時代的縣太爺候補道，就多半是些三四等的嘉禾文虎章。那些小商人和一般學徒們，雖然也是他們團體的一分子，但是他們只有義務，沒有多少權利；只是服從聽命，沒有能夠建議主張（著者假中和幾處商團接洽看見都是如此，其中尤以北京爲最）。像這種領袖制度的團體、官僚式的組織，在二十世紀的社會裏邊，還有存在的餘地嗎？我們既要改造社會、推翻軍閥政閥，所以和那些軍閥政閥同臭味的商團領袖，也是應該推倒的。那些崇拜領袖制度的組織，也是應當改善的。改善的方法，不外加入他們團體，使普通的商人和學徒，自動的改造。剷去官僚領袖，實行平民商團，發展平民商人的精神和社會上普通的利益。

（C）實行民衆的大聯合：商團改善，工人及勞動家都有完備的組織，各村莊有組織，各市鎮及各省縣都有同樣的組織，由小組織彼此合攏起來成一個民衆聯合的大團體，處分我們分內一切的事，求人類的幸福，去社會的惡魔。只要大家有犧牲奮鬥的決心，還怕他什麼軍閥政閥，又那有　權武力存在的餘地呢？

（二）對於國際上的覺悟：口頭上的公理、正義、和平，只要三歲的小孩子，他曉得叫爺爺媽媽，都是不會相信的，這自然是不用再說。但是幾位政治家、法螺家和幾個野心家所手創的國際聯盟（The League of Nations），他的效果究竟怎樣？我彷彿記得那個條約裏面，有什麼國際仲裁機關，處置國際間侵佔及不平等的事。山東的問題，關於我們自身，我權且只作他是侵佔得狠公平，狠有道理；我也不拿尼古拉所發起的第一次海牙和平會議和合衆國所提議的第二次萬國和平會議去比他，掃了他們一團高興；我且只問他，對於富姆問題，那最高法庭，究竟如何處置？唉！一個强盜生心，多少可憐虫畢命。還要說和平哪，公理喲，處置侵佔不平等哪，我不知道世間不平等的事，是誰造出來的？我說到這裏，我有無限的感慨，我覺得我們今後應該有眞正的覺悟，來反對下列兩種不祥的東西——

（1）侵略主義

（2）秘密外交

侵略主義是人類的蟊賊，是擾亂社會安寧的病根，我且不說被侵略者的痛苦，就是那侵略者的自身，除了幾個渠魁巨酋稱功受賞外，那些羣衆，還不是白白的受了一陣驚慌，冤冤的丟掉幾條性命，於他有何益處？那秘密外交的禍害，也和侵略主義一樣，我且不必泛講，只拿這回山東的問題做個例，若是沒有倫敦的秘約，英法的判斷，也不至於那樣的糊塗。若是沒有中日間種種秘約（這些秘約是强迫的，沒有效，不過我拿來做個例），那小鬼雖然素抱侵略主義，我想總不敢似現在這般驕橫。簡單說來，我們中國這三十年來弄得顛顛倒倒、不死不活，就是這兩種東西作的禍祟。這也不止中國，大概世界上和我同調的人，總還不少。我們既立定主義，去掉這兩種東西，為人類求幸福。那進行的方法也有兩種：（a）聯絡朝鮮及東方的各民族，打倒東方德意志的侵略主義。（b）與各國勞働及下層社會各團體聯絡，反對秘密外交。這是世界和平的根本問題，是人類安寧幸福的一個大問題，這兩種問題不解決，我們也莫談什麼和平、人道，簡直去上戰場，再替老爺們放大炮，捐軀殼去。

（三）對於個人本身的覺悟：我上來所述的兩種覺悟，幾種進行，算來總是稍須急切可用，但是我想總不及個人自覺的要緊。現在我們同志，對於這回運動，究竟有何種覺悟？對於社會上種種問題，究竟想應該怎樣解決？狂奴欺主，白晝殺人，民賊帝妖，彌漫全國。對於這種社會，應該怎樣處置？積極的說：非將他一齊推翻，實現俄羅斯式的社會運動不可。天下事不破壞不建設；這種主張固然是救時良法，但是只注意於政治上的革新，不向下層社會奮力進行，他的壞處，我上篇既已稍談，現亦不必多講。消極的說：經過這回運動，大家知道學識不足，不能救亡，以後只有閉戶讀書，拿學術來報國。學術是事業的根本，沒有學識，固然是不能做事，但是「閉戶潛修」、「埋頭窗下」的學術，是今後社會上所需要的與否，恐怕這也要生點問題。這兩種覺悟，我以爲都不是解決現在社會糾紛的根本覺悟。我以爲今後的青年，當有毅勇堅强之志氣，對於社會上、學術上，并力進行，發展東方民族的少年精神，與世界少年，攜手共享自由幸福。他進行的方法也只有兩種——

（a）犧牲：犧牲是人類求幸福的手段，在黑暗空氣裏邊，沒有犧牲就沒有幸福，我上面既已詳說。看看這回運動，大家所犧牲的，也不爲不大，然而還是沒有多少效果。我想看官定要懷疑說：我這「犧牲」的主張，也不是根本的辦法。唉！看官！你知道以前的犧牲，還是感情衝動的犧牲，所以社會上沒收到多少的代價，我們現在的犧牲，要有方法、有目的、有眞效果。有眞效果的犧牲怎樣？

（1）犧牲家庭：中國的家庭，是萬惡的根本，無論什麼慷慨好義的人，他一入了家庭的圈套，把以前所抱負的主義和事業，十分的就要去掉八九。天天只夠打壞主意，「弄錢」、「謀事」，拿來替太太小姐們開心。你看那些賣國賊，他何嘗是天生的賣國性根，他起初那不是想做個仁人義士。只因爲他們的姨太太小姐們太多，又想供他們「千世以至萬世」的家庭揮霍，「兩利相權取其重」，所以只有賣國的一個法子。我們青年既想剷除萬惡，所以說犧牲家庭，情願做社會上一個好人，莫做家庭中一個奴隸。

（2）犧牲權利：據說起來，有了義務，就有權利，那權利是由義務生出來的，能夠犧牲權利的人，恐怕又不能負什麼責任。這話固然不錯，但是你看看中國近年以來，這般紛擾不安寧，爲的什麼？無非是這權利兩字在那裏作禍祟。我們新時代的青年，既要剷除種種惡魔，所以對於這根本壞事的權利二字，要能犧牲。

（b）奮鬥：今後青年的奮鬥，是要雙管齊下的進行，一方面對於事業，一方面對於學識，至死不變，百折不回。這是我們少年的精神，這是中華民國的一點希望。

我們青年的同志呵！時候不早了！前途的光明和黑暗，悲觀和樂觀，是在我們自己身上。你忍看那世界永久黑沉沉的！社會陰慘慘的！強盜們磨刀霍霍的！苦百姓戰兢恐懼救死不得的！你還是空空的一場瞎鬧？還是有最大的不得已呢？

何謂新思想

杜亞泉

原載《東方雜誌》第十六卷第十一號，
一九一九年十一月十五日

今日吾國言論界，有揭櫫新思想之名義而鼓吹之者，其所謂新思想，究爲如何之思想乎？究以何故而謂之爲新乎？此種疑問，不但存在於他人之心裏，卽揭櫫新思想而鼓吹之者，亦自覺此疑問之存在，嘗提出「什麼叫做新思想？」一語而解答之。夫旣已揭櫫而鼓吹之矣，而其所揭櫫而鼓吹者究爲何物，尙爲一問題而有待於解答，則無寧待其解答確定以後，而揭櫫之，而鼓吹之，未爲晚也。然則吾人今日，亦惟有對於何謂新思想之問題，求其確當之解答而已。

新思想究爲何種之思想乎？有解答之者曰：「新思想是一個態度。」又曰：「抱這個態度的人，視吾國向來的生活是不滿足的，向來的思想是不能得知識上充分的愉快的，所以他們要時時改造思想，希望得滿足的生活，充分愉快的知識活動。」（蔣夢麟君〈新舊與調和〉論文）此解答吾固承認其確當。蓋今日之揭櫫新思想者，大率主張推倒一切舊習慣，而附之以改造思想、改造生活之門面語，其對於新思想之解答，誠不過如是也。然依此解答，則思想二字，實不能成立。態度非思想，思想非態度，謂思想是態度，猶之謂鹿是馬耳。態度呈露於外，思想活動於內。態度爲心的表示，且常屬於情的表示，思想爲心的作用，且專屬於智的作用。二者烏能混而同之？至於以向來之生活與知識爲不滿足、不愉快，是爲一種感情，感情非思想也。因此而主張推倒舊習慣，要改造生活，要改造思想，是爲一種意志，意志亦非思想也。感情與意志，固有因思想而起者，但思想之範圍內，決不附有些須之感情與意志。故若以新思想爲問題，則前述之解答，可謂全然謬誤。而吾固承認其確當者，則以彼等所揭櫫之新思想，實非思想而爲態度。彼等對於向來之生活與智識既抱有不滿足、不愉快之感情，因而發生推倒一切舊習慣之意志，惟其意志尚未表示於行爲，僅由其所懷抱之感情，表示爲一種之態度，故謂之爲思想，實不若謂之爲態度之確當也。

然則此種態度，究以何故而謂之爲新乎？對於向來之生活與智識以爲不滿足、不愉快者，人之恆情也。官僚武人，惡民氣之囂張，憤學生之跋扈；老師宿儒，咨嗟太息於現時之拋棄國學、傷失學粹者，何莫非此不滿足、不愉快之感情所表示之態度乎？時無古今，地無中外，苟有人焉，以現在之生活與智識爲滿足爲愉快者，非大哲人則大愚人而已。宗教家以宗教求滿足與愉快，科學家以科學求滿足與愉快，其能舍其求滿足與愉快之目的，而以宗教與科學爲目的者，如是之眞宗教家、眞科學家，吾固未之或見。徧古今中外之人，咸抱如是之態度，則無所謂舊，亦何所謂新。有解答之者曰：「以其適合於現代，而爲現代人所應用所享受，遂名之爲新。此猶時髦之物，謂之新式，時髦之人，謂之新派。」（楊賢江君〈學生與新思潮〉論文）此解答吾亦承認其確當。蓋不滿足不愉快之態度，雖爲古今人類之所共同，然以今日戰亂之頻仍，物資之缺乏，生活費之高貴，以及產業上之壟斷，政治上之迫壓，遂使人類所抱懷不滿足不愉快之感情，益益深切，其態度乃益益顯著。故此種態度，不能不原其因於時代之關係，且除因時代關係而自然流露者以外，更有因其同時代之人，咸抱如是之態度，遂互相模仿誘引，而其態度乃益爲已甚者（例如哭爲哀情之自然流露，然因多數人皆哭，而其哭乃益甚，此則因模仿誘引而然者）。故今日之所謂新，實兼含有時代的及時式的兩種意義，惟時之與新，乃部分之相同，決非全體之合一，世固有新而不時者，亦有時而非新者。前述之態度，謂之時則可，謂之新則不可，故謂之爲新態度，實不如謂之爲時的態度之確當也。

吾今敢對於彼等所揭櫫之新思想，作一確實之解答曰：此非新也，此非思想也，乃時的態度而已。吾之作此解答，非含有反對新思想之意。新思想之贊成與反對，當視其內容如何而後定，吾人決不以其名義爲新思想而贊成之，亦決不以其名義爲新思想而反對之；惟以張冠李戴之名稱，下賣狗插羊之定義，則吾人所不能不糾正者耳。

今日所揭櫫之新思想，吾既以謂非新非思想矣。然則必如何而後可謂之思想？必如何而後可謂之新思想乎？曰思想者，最高尙之智識作用，卽理性作用，包含斷定推理諸作用而言，外而種種事物，內而種種觀念，依吾人之理性，附之以關係，是之謂思想。新思想者，依吾人之理性，於事物或觀念間，附以從前未有之關係，此關係成立以後，則對於從前所附之關係，卽舊思想而言，謂之新思想。例如皇權本於神授，此舊思想也；人權由於天賦，社會成於契約，主權屬於人民，此民主思想也，對於君權神授之思想而言，則謂之新思想。主權在於人民，少數之階級，不宜壓制多數之階級，此民主的經濟思想，對於民主的政治思想而言，又謂之新思想。又如以生物為上帝所創造，由父母傳之子孫，永遠不變，此舊思想也；謂生物本出於同源，漸次變異，因生存競爭而進化，此生物進化之思想，對於生物不變之思想而言，則謂之新思想。競爭雖為進化之要素，然競爭之外，尚有互助之法則，亦為進化之要素，互助之精神愈盛，則進化之程度愈高，此互助進化之思想，對於競爭進化之思想而言，又謂之新思想。至近時風靡世界之社會主義，其思想雖發源於希臘，卽馬克斯之《資本論》，亦刊行於五十餘年以前，然對於社會上因襲未變之個人的經濟思想而言，亦謂之新思想。人類之新思想有種種，本各有其具體的專名，雖今日種種新思想，大有輻輳而集中於社會主義之趨勢，故僅言新思想以為抽象的通名，亦無不可，而新思想之定義，則終不能變也。

吾國言論界中提倡民主的經濟思想、互助的進化思想、公產的社會主義或國家的社會主義，以及其他種種新思想者，固不乏人；而揭櫫新思想者，其所謂新思想，並不屬於前述種種，其惟一之主張，爲推倒一切舊習慣，此種主張，適與新思想之定義相鑿枘。新思想依據於理性，而彼則依據於感性；新思想於事物或觀念間，附以從前未有之關係，而彼則於事物或觀念間，破其從前所有之關係。吾以爲彼之主張，決不能達其目的，蓋舊習慣之破壞，乃新思想成立後自然之結果。新屋既築，舊屋自廢；新衣既製，舊衣自棄。今不務築新屋、製新衣，而惟捲人之茅茨而焚之，剝人之藍縷而裂之，曰：是卽予之所爲新屋也，是卽予之所謂新衣也，則人安有不起與之反抗者？不但其茅茨決不肯爲其所焚，其藍縷決不肯爲其所裂，必且並新屋新衣而深惡之而深恨之，而其茅茨且永不能除，藍縷且永不得脫矣。故以非新非思想而揭櫫爲新思想者，實際上乃阻遏新思想之最有力者也。吾以爲今日之主張推倒一切舊習慣者，實因其心意中並未發生新思想之故。英國當十九世紀初期，勞動者以生活困難之要求，闖入工場，摧毀機器，僅有感性的衝動，而無理性的作用者，卽因其時社會主義之新思想，尙未發生於彼等心意中之故耳。

《新社會》第三號，一九一九年十一月二十一日

鄭振鐸

鄭振鐸（一八九八—一九五八），筆名西諦，福建長樂人。

一九一七年考入北京鐵路管理傳習所。一九一九年與瞿秋白等創辦《新社會》。一九二一年到商務印書館從事編輯工作。一九三一年起歷任燕京大學、暨南大學教授。著作輯為《鄭振鐸全集》。

我們今後的社會改造運動

前一個星期日的早上，我同我的朋友耿匡君到箭竿胡同去訪問陳仲甫先生。我們談話中，提到現在的定期出版物。他狠願意有純粹給勞動界和商界看的週刊和日報出現，以灌輸新知識於工商界。他希望本報能夠更改體裁，變做這樣的一種通俗的報紙，記載本會附近地方的新聞，隨事發揮議論，專賣給這一個地方的人看。往後又說到革新的問題，他有幾句極精的話，他說我們活動的區域，不可過大。能夠切實的把一個小地方改造完善，比較叫全國大多數的人，都會說解放、改造的空話還要好（他的意思大概是如此，我不能記憶他當時的口語了。他說他在七卷一號的《新青年》上將有一篇文章論及此意）。他並且把本會附近地方應興應革的事情，舉出許多件來，告訴我們，叫我們去辦。這一席話，耿君同我，都狠被他感動。我回家後，就把這種意思寫下來，作這篇文章，和大家討論，並求仲甫先生的指教。

＊＊＊

自去年歐戰停止以後，德摩克拉西的思潮漸戰勝武力的迷信，而傳播到大地各處去。中國的思想界上，也受了他的激動，生出狠大的進步。痲木不仁的社會裏，居然透出「解放……！」、「改造……！」的聲浪來；睡氣沉沉的中國人，也顯出一些活潑的氣象，進取的精神來。自「五四」、「六三」兩回運動以後，文化運動的力量，更有日盛一日之勢。這眞是極可樂觀的事情！但是我們還有些不能滿意的地方：

第一，我們的運動，仍舊是階級的。這句話一說出來，我知道一定有人駁道：「不然的。」但在事實上說來，確是如此。別的不論，且講出版物吧。現在新思想的出版物，一天比一天多，除了北京上海不算，四川、湖南、廣東、杭州等處，都有月刊週刊出現。但是細察他們的內容，都是編給知識階級裏的人看的，至於大多數的平民間——工商界及農民——的新思潮輸入問題，他們卻完全不曾顧慮及此。現在雖有些通俗週刊出版，但他們也未能從稍識幾個字的工、商、農民身上打算；買他看的，還是學生居多。因此現在知識階級裏的人，雖然稍有幾位覺悟的，而普通一級的平民，則絕對沒有受到這種紙上的文化運動的益處。

他們還是沒有一些的覺悟。什麼改造，什麼德摩克拉西，他們簡直的不知道是怎樣一回事。他們仍舊十分頑固在那裏過他們的上古中古式的生活。從「五四」運動以後，他們雖稍聽見一些「救國！救國！」的演說，看見一些「抵制日貨」的傳單，但這與新思潮的輸入，又有什麼關係？由此看起來，什麼德摩克拉西的思潮，什麼解放改造的學說，什麼新出的雜誌週刊，都是知識階級的專利品罷了。諸君！這不是階級的文化運動是什麼？（現在上海、北京、唐山各處，都已有義務學堂的設立，這實在是社會下層的文化運動的動機。希望各地都仿辦才好！）但讀者不要誤會，我並不是說知識階級裏，不應該有文化運動。中國知識階級的腐敗應該改造，誰不知道？我不過說大家的眼光，不可專注在這一個階級，而把大多數平民的改革需要，拋到腦後去了而已。這是我第一層不大滿意的地方。

第二，我們的運動，不向切實的方面做去。現在所謂文化運動、社會改造運動，都是紙上、口頭的文章，沒有切實的做去的。你說一句舊家庭怎樣的不好，他也做一篇家族制度應該倒翻的大文；他說了一套社會腐敗的現狀，我就寫了社會改造的不可緩的論文來。不差！他們的話，實在狠對！但這有什麼効果？言論爲事實的先聲，求一事的實現，不可不先從事於言論的鼓吹，這些話我是贊成的。但是中國不識字的人怎樣多，識字的人，又大半數是頑固的守舊黨。言論的効力，能有多少？所以現在大家的社會改造運動，都注全力於言論界，這是我狠不贊成的。況且他們的言論，又都是直覺的空論多而解決實際問題的著作狠少麼！近來雖風氣略變，有好些人注意到切實的根本的設施，研究到實際的問題，但大多數還是埋頭於口頭、紙上、膚淺、直覺的著作。這是我不滿意的第二層。

第三，我們運動的範圍，過於廣漠。中國人素來有一種毛病，就是好務虛名，急功近利。凡做一件事情，不問自己的根柢穩固不穩固，自己的力量做得到做不到，始初就要希望有大影響，生大効力；卽使做不到，博得一個虛名也好。就是現在改造的運動，也免不掉這種習慣。什麼全國工會、中華工會，那裏有「名副其實」，眞正是全國工人組織成的，不過博得招牌上的好看罷了。又如各處的通俗週刊，多極力的推廣銷場，想傳播到窮鄉僻壞去，而不注意於他本地方的情形。不知力分則弱，求普及必至生不出什麼結果來。假如什麼工會，不以全國的招牌，自欺欺人，在上海的，老老實實的寫出上海工會四字，或者狠容易做到「名副其實」的地位，有許多的貢獻，又何至如現在的「一無所爲」呢？又如各種通俗週刊，要不以傳至全國的窮鄉僻壞爲目的；而老老實實的做一個本地方的新聞紙，專記載這個地方的事情，就事論事，指陳本地方的應興應革的事件，求他這個地方的人都能入眼，都能得些新思想，豈不是狠好的事情，狠容易做得到的麼？又何至傳播至全國的窮鄉僻壞的目的既不能達，本地的人民，又弄到沒有入目呢？——這是實事。這是我第三層不滿意的地方。

現在改造運動的動機，剛在發動的途中，多少總免不得有些不周到，不能兼顧的地方，我們實在不能有「求全的責備」。但是正因運機方始，他的不周到的地方容易矯正，所以我就不得不特別提出這三層不滿意的所在，請大家注意。這是極緊要的問題，並非「求全的責備」。不然，不乘此容易矯正的時候，運動剛才開始的時候，去矯正他，則改造的運動恐怕是要徒費時間，難見功効的了！

今前的運動的差處，我們既然明白，於是今後的運動，應該怎樣去做的問題，也可以因此知道了。

據我的意見，我們今後社會改造的運動，要：

（一）**著眼於社會的全體**，

（二）**實地去做改造的工作**，

（三）**從小區域做起**。

再具體的說明幾句，就是大家今後應該各在自己所住的地方的一條街，或一個村鎮上（範圍以狹爲好，總之須能力實能照顧得到者），盡力去做文化運動的事業：辦幾個義務學堂，去教育不識字的人，做幾種通俗的週刊或日報，去灌輸新思潮於一般略能識字的人；開幾個講演會，去搬運知識給那沒有時間求學的人；再實地的去調查本地方的社會實況，對於一切事業，應興的興，應革的革。這樣做去，在表面上看起來，似乎功効狠慢，又沒有什麼狠大的影響，但這就是達到社會改造的目的之惟一方法，捨此以外，再沒有別的捷徑可尋的了！如果我們都肯下一個決心，把那些「急功近利」的心，淡了一些，把那些埋首作空論的時間，騰賒出來，專心一志的去做這種切實的根本的工作，不到十年之後，我知道中國的社會，必定比現在大不相同，改造的目的必能完全達到的了！這豈不是「比較叫全國大多數的人，都會說解放改造的空話還要好」嗎？新青年！起！起！起！起！快起來實地的去做我們社會改造的事業吧！

＊＊＊

以上所講的，不過就仲甫先生所說的話引伸說明之而已。至於說到本報改變體裁一層，則我們本極願意照辦，但仔細想來，尚不如將本報維持最初的主張，而將來另外出一種通俗報的好。爲什麼呢？因爲（一）

中國人素來不注重社會一方面的學問；（二）在中國像本會這樣的機關，將來必定狠多，所以我們一方面仍舊使他登載「社會研究」的著作，做傳播社會學問的機關，一方面注重本會各部工作成績的報告，使大家有所參考。而通俗報的刊行，則俟之將來另外組織。這樣分開來的辦法，不知仲甫先生，「以為何如？」

革新的時機到了！

瞿秋白

瞿秋白（一八九九—一九三五），又名瞿爽、瞿霜，江蘇常州人。

一九一七年考入俄文專修館。一九一九年與鄭振鐸等創辦《新社會》。一九二五年起，先後在中共第四、五、六次全國代表大會上當選為中央委員、中央局委員和中央政治局委員，成為中共領袖之一。著作輯為《瞿秋白文集》。

《新社會》第三號，
一九一九年十一月二十一日

革新的時機到了！革新的時機到了！世界本來是一天新一天，又何苦要我們來革新呢？可憐！中國人！漢族還完全是在家族制度——家君制度——裏面，滿族、回族是和漢族同化了，蒙古族、藏族受了宗教的影響，到現在還是半開化的種族。世界誠然是一天新一天，中國人恐怕是一天舊一天，一直回復到原人時期去，做他的「義皇上人」了。歐戰以後，全世界政治上、經濟上、社會組織上的變動，一天緊似一天，中國人現在這種狀況，如聽其自然，能夠趕得上人家嗎？所以我要大聲疾呼的提出來說，「革新的時機到了」！中國人若是多能夠趁着這個時機，極力奮鬥一下，非但中國自身有無窮的希望，就是對於世界也要有極大的貢獻。

何以說革新的時機已經到了呢？從表面上看，從「五四」運動以後，新思潮驟然膨脹起來，雖然最初發動的時候，是受了外交上山東問題的激刺，其實是一種新文化運動；現在北至北京，東至上海，西至成都，南至廣州，許多出版物，許多集會，前仆後繼，一天盛似一天，多是爲這一種運動所支配的。這一種的現象，固然是極可樂觀的。不過我們應當進一步着想，想推廣這種運動到極偏僻的地方去，使全國國民覺悟，方才能够達到我們最終的目的。

大凡一種革新的思想發生，必定在社會極紛亂、人生極困苦的時候。我們中國現在的社會不是紛亂到極點了嗎？生活不是困苦到極點了嗎？所以這種新思想的發生，是萬不能免的事實。不過革新家處於這種時候，應當注意的事情極多，而最要緊的就是：力求普遍這種新思想。杜威博士說，必是人類共同生活有了病，才有社會哲學和政治哲學，要是社會和政治沒有病，不會有人去考究補救的方法。出來想補救方法的人，既然知道當時的社會和政治有病，就應當想到有這病的人是誰，是不是單單想補救方法的人自身有病，一定不是的，一定是社會全體有病。所以想補救這病，一定要求社會中大多數人的覺悟，方才能够補救。若是不求大多數人的覺悟，單在局部着想，就容易生出流弊出來。所以杜威博士又說，從前社會哲學和政治哲學的派別，大概可分爲兩派：

一派是，對於現代社會政治簡直不睬，另有他的超於現代社會政治的理想；一派是，主張求現代制度本身的道理。這兩派同犯一病，就是要「根本解決」，所以一則流於無爲，一則始終辦不到。我的意思，以爲這兩派的謬誤，非但在在要「根本解決」，還有一個很重要的原因，就是他們爲時代所限，有一個根本觀念——不平等的觀念。像羅馬的市民和奴隸，中國的君子和小人，印度的四個階級，多是這種的觀念。所以，因爲這種出來想補救法子的人，多生在較高的階級裏面，他們只想怎麼樣能够叫使社會的秩序安寧穩固，而不想怎麼樣能够使社會裏的人，人人去求有秩序，求安甯。所以像第一派所主張的，譬如老子，他主張小國寡民，他說，「不貴難得之貨，使民不爲盜」，然而他始終沒有找着，「怎麼樣能够使人人不貴難得之貨」的方法，所以他的小國寡民始終沒有實現。蘇格臘底說：「我已經找着了正道的人是什麼樣，正道的社會是什麼樣，他的正道存在在什麼地方。」（Nous avons trouvé ce que c'est q'un homme juste, une societé juste, et en quoi consiste leur justice.

— *La République.*）這是柏拉圖的《共和國》裏面的話，可是他究竟用什麼法子，去使人人多知道他所知道的呢！他們的共和國究竟爲誰而設？他們的共和國究竟實現了沒有？至於第二派所主張的，譬如孔子，他主張古來的禮教，如郊天敬祖、祭名山大川、庠序學校、選舉等制度，都有注意，應當保存的，他說，「君子學道則愛人，小人學道則易使。」然而從孔子以後，三千年中間，並沒有絕對反對他的學說，並且附和他的非常之多，爲什麼終究沒有看見，他們所理想的郅治之世？滿朝人通經致用的「道」，王通王道的「道」，韓愈所原的「道」，程朱陸王的「道」，是一代一代變遷，制度也是一代一代更改，古代的禮教究竟保存住沒有？君子小人，二三千年來，誰是愛的，誰是易使的？若是君子多愛人，小人多易使，何以翻開歷史來，只見殺人、淫亂的故事？

總之，這兩派根本上的錯誤，就是先立一個君子和小人，或是貴族和奴隸的區別，因此，他們以爲君子怎麼樣使小人，小人怎麼樣處治，天下就太平了。更進一層，他以爲我怎麼樣想出一個法子來，使別的君子照我的法子去自治，去治小人，天下就可以太平了。這是兩派相同的，不過一方是消極，一方是積極而已。所以無論什麼法子，都不中用。若是老子當初主張小國寡民的時候，就有一個法子去實行他的主義，一步一步上去，自然覺着行不通，遵行他主義的人，自然就會逐就改良，或者一反他的主義，也未可知，終究有普遍的一天（所謂普遍並不是求他一人的主義普遍，是求他補救社會政治缺點的心的普遍）；可惜他只求君子能治，不求全社會的自治，結果連君子的自治，也做不到。老子的學說——第一派的學說——如此；孔子的學說——第二派的學說——也是如此。他們本來想補救社會政治的缺點的，可是他們認定了他們的二元說，不去求普遍他們的學說，他們所要補救的是全社會，他們所補救的是一部分，他們補救的方法，姑且不論，他們補救的東西不是他們所要補救的，所以他們雖然想補救等於沒有補救一樣。

不過還有一層，這許多人所以能夠想起這許多法子來，是因爲當時社會有不安的現象，這種現象是什麼樣子，他們的思想就迎着他走，不論是矯正他或是引導他，這兩方面一定是互相影響的。譬如春秋時候所以發生老子和孔子的學說，是由當時和以前社會的現狀和傳說，反映出來的。如《詩經》上有「人而無儀，不死何爲。人而無止，不死何俟。人而無禮，胡不遄死」，和「女曰雞鳴；士曰昧旦」的一派思想；又有「樂子之無知……樂子之無家……樂子之無室」。和「女曰觀乎！士曰既且」的一派思想。即如最小的事，像五代時候，江南一帶，社會上有喜歡神奇的風俗，就有羅隱秀才一派的名士；明朝時候，社會上盛行才子佳人的小說戲曲，就有唐伯虎、祝枝山一派的才子。至於社會上階級的觀念，也並不是幾個哲學家文學家的言論所造出來的，實在是社會進化的原理上免不掉的；所以歐洲的封建制度，一直遺留到很晚的時候才去掉。法國革命之後，民國成立了這許多年，法國人的姓名前面還常常看見 De、Comte、Baron 等字樣，表示他們是貴族後裔。不過哲學家文學家的不平等觀念，能夠保存這種制度格外長久一點就是了。譬如中國人的「君子小人」的觀念，從上古時代一直遺留到如今，從〈大禹謨〉

上說「君子在野，小人在位」起，直到民國八年十月裏的高等文官考度卷子裏，還有人引證「君子喻於義，小人喻於利」，來解釋經濟學裏面的分期的。照此看來，君子小人的觀念，不但我漢族在孔子以前就有的，也許在最古的苗族裏已經有了（上面引的〈大禹謨〉裏的兩句是禹征三苗時的誓辭，是聲討三苗罪狀的話，雖有人疑心這篇〈大禹謨〉是假的，是皇甫謐僞撰的，然而《墨子．兼愛篇》裏引禹的征苗誓辭也有這兩句話，所以我們可以假定這句話是禹說的，是秦漢以前的確有這種傳說的）。這種觀念所以會遺留下來四五千年，或者也是孔子、老子學說的力量。所以我說，社會和學說兩方面，是互相影響的。

我們既然知道這兩方面的互相影響，就可以知道，他們非但想補救等於沒有補救，並且因爲他們的補救，倒反使我們補救的時候，增加許多的困難；又可以知道，社會的風俗習慣，最容易轉移人的性情，使人無形中受他的影響。我們革新的第一步，就是要排除掉這些困難和預防我們所提倡的學說，將來生出極不好的結果出來。他們當初何嘗不想補救社會的弊病，他們又何嘗不想普遍他們的學說，他們的謬誤在什麼地方？我們萬萬不可以再蹈他們的覆轍了。他們不是不求普遍，他們所謂普遍，是偏重某一階級，是求普遍於某一階級，或是某一地域，所以終歸失敗。我們所謂普遍的是什麼？是全世界，全社會，各民族，各階級。我們所求普遍是什麼？是全世界，全社會，各民族，各階級。我們所以求普遍的是什麼？是求實現眞正的民主、民治、民本的國家或世界（of the people, by the people, for the people）。這是什麼？這就是「德謨克拉西」主義（Democracy）。從前中國的革新運動——戊戌新政，庚子以後的新政，辛亥革命，幾次幾番的再造共和——都不是眞正的革新，因爲總帶着「君子小人」主義的色彩。現在「德謨克拉西」到了中國了！革新的時機眞到了！

我們應當：一、竭力傳播德謨克拉西；二、竭力打破「君子小人」主義；三、竭力謀全人類生活的改善；四、到窮鄉僻縣——遠至於西藏、蒙古、新疆——去，實施平民教育；五、實行「工學主義」，「學工主義」；六、研究科學，傳播科學。

第四項是我們亞洲人的責任，如今歐洲人佈滿全球，他們的文化傳播的極遠，我們亞洲人如何？亞洲人文化如何？這不是太放棄自己的天責了麼？我們如是能够盡我們的責任，把亞洲的民族多開化了，才能免掉將來再生出階級來的危險，才漸漸達到我們最終的目的。

我們知道我們的新文化運動是本於「德謨克拉西」的，我們就應當從今日籌備起。

新思潮的意義

胡適

原載《新青年》第七卷第一號，一九一九年十二月一日

（一）

近來報紙上發表過幾篇解釋「新思潮」的文章。我讀了這幾篇文章，覺得他們所舉出的新思潮的性質，或太瑣碎，或太攏統，不能算作新思潮運動的眞確解釋，也不能指出新思潮的將來趨勢。即如包世傑先生的〈新思潮是什麼〉一篇長文，列舉新思潮的內容，何嘗不詳細？但是他究竟不曾使我們明白那種種新思潮的共同意義是什麼。比較最簡單的解釋要算我的朋友陳獨秀先生所舉出的《新青年》兩大罪案——其實就是新思潮的兩大罪案——一是擁護德莫克拉西先生（民治主義），一是擁護賽因斯先生（科學）。陳先生說：

> 要擁護那德先生，便不得不反對孔教、禮法、貞節、舊倫理、舊政治。要擁護那賽先生，便不得不反對舊藝術、舊宗教。要擁護德先生、又要擁護賽先生，便不得不反對國粹和舊文學。（《新青年》六卷一號，頁一〇）

這話雖狠簡明，但是還嫌太攏統了一點。假使有人問：「何以要擁護德先生和賽先生便不能不反對國粹和舊文學呢？」答案自然是：「因爲國粹和舊文學是同德賽兩位先生反對的。」又問：「何以凡同德賽兩位先生反對的東西都該反對呢？」這問題可就不是幾句攏統簡單的話所能回答的了。

據我個人的觀察，新思潮的根本意義只是一種新態度。這種新態度可叫做「評判的態度」。

評判的態度，簡單說來，只是凡事要重新分別一個好與不好。仔細說來，評判的態度含有幾種特別的要求：

（1）對於習俗相傳下來的制度風俗，要問：「這種制度現在還有存在的價值嗎？」

（2）對於古代遺傳下來的聖賢教訓，要問：「這句話在今日還是不錯嗎？」

（3）對於社會上糊塗公認的行爲與信仰，都要問：「大家公認的，就不會錯了嗎？人家這樣做，我也該這樣做嗎？難道沒有別樣做法比這個更好、更有理、更有益的嗎？」

尼采說現今時代是一個「重新估定一切價值」（Transvaluation of all Values）的時代。「重新估定一切價值」八個字便是評判的態度的最好解釋。從前的人說婦女的脚越小越美。現在我們不但不認小脚是「美」，簡直說這是「慘無人道」了。十年前，人家和店家都用鴉片煙敬客。現在鴉片煙變成犯禁品了。二十年前，康有爲是洪水猛獸一般的維新黨。現在康有爲變成老古董了。康有爲並不曾變換，估價的人變了，故他的價值也跟着變了。這叫做「重新估定一切價值」。

我以爲現在所謂「新思潮」，無論怎樣不一致，根本上同有這公共的一點——評判的態度。孔教的討論只是要重新估定孔教的價值。文學的評論只是要重新估定舊文學的價值。貞操的討論只是要重新估定貞操的道德在現代社會的價值。舊戲的評論只是要重新估定舊戲在今日文學上的價值。禮教討論只是要新估定古代的綱常禮教在今日還有什麼價值。女子的問題只是要重新估定女子在社會上的價值。政府與無政府的討論，財產私有與公有的討論，也只是要新估定政府與財產等等制度在今日社會的價值……我也不必往下數了，這些例狠夠證明：這種評判的態度是新思潮運動的共同精神。

（二）

這種評判的態度，在實際上表現時，有兩種趨勢。一方面是討論社會上、政治上、宗教上、文學上種種問題。一方面是介紹西洋的新思想、新學術、新文學、新信仰。前者是「研究問題」，後者是「輸入學理」。這兩項是新思潮的手段。

我們隨便翻開這兩三年以來的新雜誌，便可以看出這兩種的趨勢。在研究問題一方面，我們可以指出：（1）孔教問題，（2）文學改革問題，（3）國語統一問題，（4）女子解放問題，（5）貞操問題，（6）禮教問題，（7）教育改良問題，（8）婚姻問題，（9）父子問題，（10）戲劇改良問題……等等。在輸入學理一方面，我們可以指出《新青年》的「易卜生號」、「馬克思號」，《民鐸》的「現代思潮號」，《新教育》的「杜威號」，《建設》的「全民政治」的學理，和北京《晨報》、《國民公報》、《每週評論》，上海《星期評論》、《時事新報》、《解放與改造》，廣州《民風週刊》等等雜誌所介紹的種種西洋新學說。

為什麼要研究問題呢？因為我們的社會現在正當根本動搖的時候，有許多風俗制度，向來不發生問題的，現在因為不能適應時勢的需要，不能使人滿意，都漸漸的變成困難的問題，不能不澈底研究，不能不考問舊日的解決法是否錯誤；如果錯了，錯在什麼地方；錯誤尋出了，可有什麼更好的解法方法；有什麼方法可以適應現時的要求。例如孔教的問題，向來不成什麼問題；後來東方文化與西方文化接近，孔教的勢力漸漸衰微，於是有一班信仰孔教的人妄想要用政府法令的勢力來恢復孔教的尊嚴；卻不知道這種高壓的手段恰好挑起一種懷疑的反動。因此，民國四、五年的時候，孔教會的活動最大，反對孔教的人也最多。孔教成為問題就在這個時候。現在大多數明白事理的人，已打破了孔教的迷夢，這個問題又漸漸的不成問題了，故安福部的議員通過孔教爲修身大本的議案時，國內竟沒有人睬他們了！

又如文學革命的問題。向來教育是少數「讀書人」的特別權利，於大多數人是無關係的，故文字的艱深不成問題。近來教育成爲全國人的公共權利，人人知道普及教育是不可少的，故漸漸的有人知道文言在教育上實在不適用，於是文言、白話就成爲問題了。後來有人覺得單用白話做教科書是不中用的，因爲世間決沒有人情願學一種除了教科書以外便沒有用處的文字。這些人主張：古文不但不配做教育的工具，並且不配做文學的利器；若要提倡國語的教育，先須提倡國語的文學。文學革命的問題就是這樣發生的。現在全國教育聯合會已全體一致通過小學教科書改用國語的議案，況且用國語做文章的人也漸漸的多了，這個問題又漸漸的不成問題了。

爲什麼要輸入學理呢？這個大概有幾層解釋。一來呢，有些人深信中國不但缺乏砲彈、兵船、電報、鐵路，還缺乏新思想與新學術，故他們儘量的輸入西洋近世的學說。二來呢，有些人自己深信某種學說，要想他傳播發展，故盡力提倡。三來呢，有些人自己不能做具體的研究工夫，覺得翻譯現成的學說比較容易些，故樂得做這種稗販事業。四來呢，研究具體的社會問題或政治問題，一方面做那破壞事業，一方面做對症下藥的工夫，不但不容易，並且狠遭犯忌諱，狠容易惹禍，故不如做介紹學說的事業，借「學理研究」的美名，既可以避「過激派」的罪名，又還可以種下一點革命的種子。五來呢，研究問題的人，勢不能專就問題本身討論，不能不從那問題的意義上着想；但是問題引申到意義上去，便不能不靠許多學理做參考比較的材料，故學理的輸入往往可以幫助問題的研究。

這五種動機雖然不同，但是多少總含有一種「評判的態度」，總表示對於舊有學術思想的一種不滿意，和對於西方的精神文明的一種新覺悟。

但是這兩三年新思潮運動的歷史應該給我們一種狠有益的教訓。什麼教訓呢？就是：這兩三年來新思潮運動的最大成績差不多全是研究問題的結果。新文學的運動便是一個最明白的例。這個道理狠容易解釋。凡社會上成爲問題的問題，一定是與許多人密切關係的。這許多人雖然不能提出什麼新解決，但是他們平時對於這個問題自然不能不注意。若有人能把這個問題的各方面都細細方析出來，加上評判的研究，指出不滿意的所在，提出新鮮的救濟方法，自然容易引起許多人的注意。起初自然有許多人反對。但是反對便是注意的證據，便是興趣的表示。試看近日報紙上登的馬克思的「贏餘價値論」，可有反對的嗎？可有討論的嗎？沒有人討論，沒有人反對，便是不能引起人注意的證據。研究問題的文章所以能發生效果，正爲所研究的問題一定是社會人生最切要的問題，最能使人注意，也最能使人覺悟。懸空介紹一種專家學說，如「贏餘價値論」之類，除了少數專門學者之外，決不會發生什麼影響。但是我們可以在研究問題裏面做點輸入學理的事業，或用學理來解釋問題的意義，或從學理上尋求解決問題的方法。用這種方法來輸入學理，能使人於不知不覺之中感受學理的影響。不但如此，研究問題最能使讀者漸漸的養成一種批評的態度，研究的興趣，獨立思想的習慣。十部《純粹理性的評判》，不如一點評判的態度；十篇〈贏餘價值論〉，不如一點研究的興趣；十種「全民政治論」，不如一點獨立思想的習慣。

總起來說：研究問題所以能於短時期中發生狠大的効力，正因爲研究問題有這幾種好處：（1）研究社會人生切要的問題最容易引起大家的注意；（2）因爲問題關切人生，故最容易引起反對，但反對是該歡迎的，因爲反對便是興趣的表示，況且反對的討論不但給我們許多不要錢的廣告，還可使我們得討論的益處，使眞理格外分明；（3）因爲問題是逼人的活問題，故容易使人覺悟，容易得人信從；（4）因爲從研究問題裏面輸入的學理，最容易消除平常人對於學理的抗拒力，最容易使人於不知不覺之中受學理的影響；（5）因爲研究問題可以不知不覺的養成一班研究的、評判的、獨立思想的革新人才。

這是這幾年新思潮運動的大教訓！我希望新思潮的領袖人物以後能

了解這個教訓，能把全副精力貫注到研究問題上去；能把一切學理不看作天經地義，但看作研究問題的參考材料；能把一切學理應用到我們自己的種種切要問題上去；能在研究問題上面做輸入學理的工夫；能用研究問題的工夫來提倡研究問題的態度，來養成研究問題的人才。

這是我對於新思潮運動的解釋。這也是我對於新思潮將來的趨向的希望。（注：參看《每週評論》（31）〈多研究些問題，少談些主義〉，又（33）〈問題與主義〉，又（35）〈再論問題與主義〉，又（36）〈三論問題與主義〉。）

（三）

以上說新思潮的「評判的精神」在實際上的兩種表現。現在要問：「新思潮的運動對於中國舊有的學術思想，持什麼態度呢？」

我的答案是：「也是評判的態度。」

分開來說，我們對於舊有的學術思想有三種態度。第一，反對盲從；第二，反對調和；第三，主張整理國故。

盲從是評判的反面，我們既主張「重新估定一切價值」，自然要反對盲從。這是不消說的了。

爲什麼要反對調和呢？因爲評判的態度只認得一個是與不是，一個好與不好，一個適與不適——不認得什麼古今中外的調和。調和是社會的一種天然趨勢。人類社會有一種守舊的惰性，少數人只管趨向極端的革新，大多數人至多只能跟你走半程路。這就是調和。調和是人類懶病的天然趨勢，用不着我們來提倡。我們走了一百里路，大多數人也許勉强走三、四十里。我們若先講調和，只走五十里，他們就一步都不走了。所以革新家的責任只是認定「是」的一個方向走去，不要回頭講調和。社會上自然有無數懶人、懦夫出來調和。

我們對於舊有的學術思想，積極的只有一個主張——就是「整理國故」。整理就是從亂七八糟裏面尋出一個條理脈絡來；從無頭無腦裏面尋出一個前因後果來；從胡說謬解裏面尋出一個眞意義來；從武斷迷信裏面尋出一個眞價值來。爲什麼要整理呢？因爲古代的學術思想向來沒有條理，沒有頭緒，沒有系統，故第一步是條理系統的整理。因爲前人研究古書，狠少有歷史進化的眼光的，故從來不講究一種學術的淵源，一種思想的前因後果，所以第二步是要尋出每種學術思想怎樣發生，發生之後有什麼影響效果。因爲前人讀古書，除極少數學者以外，大都是以訛傳訛的謬說——如太極圖、爻辰、先天圖、卦氣……之類——故第三步是要用科學的方法，作精確的考證，把古人的意義弄得明白清楚。因爲前人對於古代的學術思想，有種種武斷的成見，有種種可笑的迷信，如罵楊朱、墨翟爲禽獸，卻尊孔丘爲德配天地，道冠古今！——故第四步是綜合前三步的研究，各家都還他一個本來眞面目，各家都還他一個眞價值。

這叫做「整理國故」。現在有許多人自己不懂得國粹是什麼東西，卻偏要高談「保存國粹」。林琴南先生做文章論古文之不當廢，他說，「吾知其理而不能言其所以然」！現在許多國粹黨，有幾個不是這樣糊塗懵懂的？這種人如何配談國粹？若要知道什麼是國粹，什麼是國渣，先須要用評判的態度，科學的精神，去做一番整理國故的工夫。

（四）

新思潮的精神是一種評判的態度。

新思潮的手段是研究問題與輸入學理。

新思潮的將來趨勢，依我個人的私見看來，應該是注重研究人生社會的切要問題，應該於研究問題之中做紹介學理的事業。

新思潮對於舊文化的態度，在消極一方面是反對盲從，是反對調和；在積極一方面，是用科學的方法來做整理的工夫。

新思潮的唯一目的是什麼呢？是再造文明！

文明不是攏統造成的，是一點一滴的造成的。進化不是一晚上攏統進化的，是一點一滴的進化的。現今的人愛談「解放與改造」，須知解放不是攏統解放，改造也不是攏統改造。解放是這個那個制度的解放，這種那種思想的解放，這個那個人的解放，是一點一滴的解放。改造是這個那個制度的改造，這種那種思想的改造，這個那個人的改造，是一點一滴的改造。

再造文明的下手工夫，是這個那個問題的研究。再造文明的進行，是這個、那個問題的解決。

中華民國八年十一月一日晨三時

原載《東方雜誌》第十七卷第一號，一九二〇年一月十日

沈雁冰

沈雁冰（一八九六—一九八一），原名德鴻，筆名茅盾，浙江桐鄉人。一九一三年考入北京大學預科，一九一六年畢業後入商務印書館編譯所。一九二一年主編《小說月報》。一九三〇年加入中國左翼作家聯盟。著作輯為《茅盾全集》。

現在文學家的責任是什麼？

自來一種新思想發生，一定先靠文學家做先鋒隊，借文學的描寫手段和批評手段去「發聾振聵」。所以十八世紀個人主義的新思潮，發源於盧梭的《Nouvelle Héloïse》和《Emile》，這兩部是小說。十九世紀家庭個性主義的新思潮，起於易卜生的《A Doll's House》，這一篇是劇本。尼采的超人哲學，結晶在《Thus Spoke Zarathustra》，這部也是小說。俄國少年黨是以 Herzen Society 做中堅的，Herzen 便是個文豪，他所做的《Whose Crime?》便是部小說。其餘如人道主義勞動主義創於托爾斯泰，托爾斯泰便是個大文豪。所謂大勇主義是羅蘭先說起，羅蘭也是個文豪。蕭伯訥、哈德曼等都是拿文豪的資格提倡社會主義。自來新思潮的宣傳，沒有不靠文學家做先鋒呀！

中國現在正是新思潮勃發的時候，中國文學家應當有傳布新思潮的志願，有表現正確的人生觀在著作中的手段。應該曉得什麼是文學？什麼是文學的哲理？什麼是文學的藝術？什麼叫做社會化的文學？什麼叫做德謨克拉西的文學？

文學是爲表現人生而作的。文學家所欲表現的人生，決不是一人一家的人生，乃是一社會一民族的人生。不過描寫全社會的病根而欲以文學小說或劇本的形式出之，便不得不請出幾個人來做代表。他們描寫的雖只是一二人、一二家，而他們在描寫之前所研究的一定是全社會、全民族。從這裏研究得普遍的弱點，用文字描寫出來，這才是表現人生的文學，這是現在研究文學的人不可不知道的。

所以，舊文學家的著作，是一個人「寄慨寫意」的，是出於作者一時的「感想」的，新文學家剛巧相反；舊文學家是主觀的，是爲己的，是限於一階級的，新文學家剛巧相反；舊文學家的著作，也許是爲名的，是追附古人的，新文學家剛巧相反；還有舊文學家是有了文學上的研究就可以動動筆的，新文學家却非研究過倫理學、心理學（社會心理學）、社會學的不辦。先要明白了這一些，然後可以講現在文學家的責任是什麼，要盡這責任應該怎樣？

我們看中國現在做文學（小說，劇本尙少）的人，能不能都具備這種條件？我很願說個「是」，而良心竟不能說！少數原是有的，而大多數的——也就是最喜歡做最自負的——却都彀不上這種條件。他們本來不是研究文學的人，看了一部《紅樓夢》、幾部林譯愛情小說，便欲提筆做寫情小說了，看了英文的六辨士小說便也半通不通的翻譯了；現在是偵探小說最時髦，他們就成了偵探小說家，現在是哀情小說時髦，他們就成了哀情小說家；「現在」是新思潮勃發的時候，他們也就學時髦來做新思想的小說了！這批小說大家是中國特有的，是上海特產的！現時代是人心迷亂的時代，是青年彷徨於歧途的時代，試問這種文學家有什麼幫助、什麼貢獻！

「非特無益，反又害之」！

所以我們現在不反對眞心研究舊學的人，因爲舊學本自有其價值；江西派的詩在黃山谷何嘗不好，但是末流成了什麼東西？研究版本何嘗不是讀書人應有的一番工夫，但是迷信了宋刊元槧便是障！考據何嘗不是眞學問，但是束縛太甚了便成了偶像！文學也正是如此。能從根柢上研究舊文學不是壞事，最怕的是舊也沒有根據新也僅得皮毛。唯其這種人是最多，所以黑幕小說可稱是莫泊三的自然主義小說，可稱是寫實派。將來神秘派、表象派講的人多了，一定還有人稱《封神傳》是神秘派，《鏡花緣》、《草木春秋》是表象派呢！試問這一類文學家對於人生的貢獻是什麼？

唯其我們現在的社會是如此的，所以我回答這題目的問意，便不得不在表現人生、宣傳新思想等等責任之外再加一條，那就是「闢邪去僞」了。

所以我以爲現在文學家的責任是在將西洋的東西一毫不變動的介紹過來，而在介紹之前，自己先得研究他們的思想史，他們的文藝史，也要研究到社會學人生哲學，更欲曉得各大名家的身世和主義。不然，貿然翻譯出來，譯時先欲變原本的顏色，譯成後讀的人讀了一遍又要變顏色，那是最可怕的！

但這些尚是偏於消極的，不是積極的責任。積極的責任是欲把德謨克拉西充滿在文學界，使文學成爲社會化，掃除貴族文學的面目，放出平民文學的精神。下一個字是爲人類呼籲的，不是供貴族階級賞玩的，是「血」和「淚」寫成的，不是「濃情」和「豔意」做成的，是人類中少不得的文章，不是茶餘酒後消遣的東西！

初發表於一九二〇年一月二十九日，摘自《中山全書》第四冊（大中書局，一九二九年三月）

孫中山

孫中山（一八六六—一九二五），名文，號逸仙，廣東香山人。

一九〇五年發起成立中國同盟會，辛亥革命後被推舉為中華民國臨時大總統。一九一七年被推舉為廣州軍政府大元帥。一九一九年改組中華革命黨為中國國民黨。著作輯為《孫中山全集》。

致海外國民黨同志書（節選）

【前略】

自北京大學學生發生五四運動以來，一般愛國青年，無不以革新思想，爲將來革新事業之預備。於是蓬蓬勃勃，發抒言論。國內各界，輿論一致，同倡各種新出版物，爲熱心青年所舉辦者，紛紛應時而出。揚葩吐豔，各極其致，社會遂蒙絕大之影響。雖以頑劣之僞政府，猶且不敢攖其鋒。此種新文化運動，在我國今日，誠思想界空前之大變動。推原其始，不過由於出版界之一二覺悟者從事提倡，遂至輿論放大異彩，學潮瀰漫全國，人皆激發天良，誓死爲愛國之運動。倘能繼長增高，其將來收效之偉大且久遠者，可無疑也。吾黨欲收革命之成功，必有賴於思想之變化，兵法「攻心」，語曰「革心」，皆此之故。故此種新文化運動，實爲最有價值之事。最近本黨同志，激揚新文化之波瀾，灌溉新思想之萌蘖，樹立新事業之基礎，描繪新計畫之雛形者，則有兩大出版物，如《建設》雜誌、《星期評論》等，已受社會歡迎。然而尙自慊於力有不逮者，卽印刷機關之缺乏是也。

夫印刷機關，實出版物之一大工具。我國印刷機關，惟商務印書館號稱宏大，而其在營業上有壟斷性質，固無論矣，且爲保皇黨之餘孽所把持。故其所出一切書籍，均帶保皇黨氣味，而又陳腐不堪讀。不特此也，又且壓抑新出版物，凡屬吾黨印刷之件，及外界與新思想有關之著作，彼皆拒不代印。卽如《孫文學說》一書，曾經其拒絕，不得已自行印刷。當此新文化倡導正盛之時，乃受該書館所抑阻，四望全國，別無他處大印刷機關，以致吾黨近日有絕大計畫之著作，並各同志最有價值之撰述，皆不能盡行出版。此就吾黨宣傳宗旨之不便言之。至由營利上觀察，現在出版書報，逐日增加，商業告白與時俱進，而印刷所依然如前，無資力者不能改良機器，擴張營業，故印刷事業爲商務印書館所獨占，利益爲所專，而思想亦爲所制。近者陳競存兄提倡在廣東設西南大學，已有成議。大學成後，於印刷事業上又增一新市場。吾黨不起而圖之，又徒爲商務印書館利。綜觀近日印刷品之增進，其所要求於印刷機關之供給者甚多，斷非一二印書館所能供其要求，又斷不能任一二家所壟斷。試觀日本一國印書館，大者何止十數，小者正不可勝計。其營業之發達，乃與文化之進步爲正比例。今者我國因新文化之趨勢，一時受直接影響者，如全國各學校之改良教科、編印講義，碩學鴻儒之發憤著作等等，均有待於印刷事業之擴張。至於商場上之各種新式告白，需求更切。故以現勢度之，此種印刷機關，營業上必可獲利。以故吾人深感現在之痛苦，預測將來之需要，從速設立一大印刷機關，誠不可謂非急務矣。果能成事，其利如左：

（一）凡關於宣傳吾黨之宗旨、主義者，如書籍、雜誌等類，可自由印刷，免受他人掣肘。

（二）本黨常有價值券、褒獎狀，以及各祕密文件、圖籍等，均不必遠託外國。

（三）本黨自行編譯各種新式教科書，以貢獻於吾國教育界。

（四）國內各種有益於思想革新之著作，可以代印，並可改良告白，以益商業。

（五）仿有限公司辦法，可為本黨之一營利機關。

【後略】

中國人對於世界文明之大責任

梁啓超

梁啟超（一八七三—一九二九），字卓如，號任公，廣東新會人。一八九八年戊戌變法失敗後避難日本，先後主編《清議報》、《新民叢報》。民國後，歷任司法總長、財政總長，並參與反對袁世凱稱帝與張勳復辟清室之役。晚年以著述、講學為主，為清華學校研究院國學門四大導師之一。著作輯為《飲冰室合集》、《梁啟超全集》等。

《歐遊心影錄》節選，原載《晨報》，一九二〇年三月二十九日、三十日

【前略】

人生最大的目的，是要向人類全體有所貢獻。爲什麼呢？因爲人類全體纔是「自我」的極量，我要發展「自我」，就須向這條路努力前進。爲什麼要有國家？因爲有個國家，纔容易把這國家以內一羣人的文化力聚攏起來，繼續起來，增長起來，好加入人類全體中助他發展。所以建設國家是人類全體進化的一種手段。就像市府鄉村的自治結合，是國家成立的一種手段。就此說來，一個人不是把自己的國家弄到富強便了，却是要叫自己國家有功於人類全體。不然，那國家便算白設了。明白這道理，自然知道我們的國家，有個絕大責任橫在前途。什麼責任呢？是拿西洋的文明來擴充我的文明，又拿我的文明去補助西洋的文明，叫他化合起來成一種新文明。

我在巴黎曾會着大哲學家蒲陀羅（Boutroux，柏格森之師），他告訴我說：「一個國民，最要緊的是把本國文化發揮光大。好像子孫襲了祖父遺產，就要保住他，而且叫他發生功用。就算很淺薄的文化，發揮出來都是好的。因爲他總有他的特質，把他的特質和別人的特質化合，自然會產出第三種更好的特質來。你們中國，着實可愛可敬，我們祖宗裹塊鹿皮拿石刀在野林裡打獵的時候，你們不知已出了幾多哲人了。我近來讀些譯本的中國哲學書，總覺得他精深博大。可惜老了，不能學中國文。我望中國人總不要失掉這分家當纔好。」我聽着他這番話，覺得登時有幾百斤重的担子加在我肩上。又有一回，和幾位社會黨名士閒談，我說起孔子的「四海之內皆兄弟」，「不患寡而患不均」，跟着又講到井田制度，又講些墨子的「兼愛」、「寢兵」。他們都跳起來說道：「你們家裡有這些寶貝，却藏起來不分點給我們，眞是對不起人啊！」我想我們還彀不上說對不起外人，先自對不起祖宗罷了。

近來西洋學者，許多都想輸入些東方文明，令他們得些調劑。我仔細想來，我們實在有這個資格。何以故呢？從前西洋文明，總不免將理想實際分爲兩橛，唯心唯物，各走極端。宗教家偏重來生，唯心派哲學高談玄妙，離人生問題都是狠遠。科學一個反動，唯物派席捲天下，把高尚的理想又丟掉了。所以我從前說道：「頂時髦的社會主義，結果也不過搶麵包吃。」這算得人類最高目的嗎？所以最近提倡的實用哲學、創化哲學，都是要把理想納到實際裡頭，圖個心物調和。我們先秦學術，正是從這條路上發展出來。孔老墨三位大聖，雖然學派各殊，「求理想與實用一致」，却是他們共同的歸着點。如孔子的「盡性贊化」、「自強不息」，老子的「各歸其根」，墨子的「上同於天」，都是看出有個「大的自我」、「靈的自我」和這「小的自我」、「肉的自我」同體，想要因小通大，推肉合靈。我們若是跟着三聖所走的路，求「現代的理想與實用一致」，我想不知有多少境界可以闢得出來哩。又佛教雖創自印度，而實盛於中國。現在大乘各派，五印全絕，正法一脈，全在支那。歐人研究佛學，日盛一日，梵文所有經典，差不多都繙出來。但向梵文裡頭求大乘，能得多少？我們自創的宗派，更不必論了。像我們的禪宗，眞可以算得應用的佛教，世間的佛教，的確是要印度以外纔能發生，的確是表現中國人特質，叫出世法和現世法並行不悖。現在柏格森、倭鏗等輩，就是想走這條路還沒走通。我常想，他們若能讀唯識宗的書，他的成就一定不止這樣，他們若能理解禪宗，成就更不止這樣。你想！先秦諸哲，隋唐諸師，豈不都是我們仁慈聖善的祖宗積得好幾大宗遺產給我們嗎？我們不肖，不會享用，如今倒要鬧學問饑荒了。就是文學美術各方面，我們又何嘗讓人？一部譯本的《李太白集》，開他們無限理想。一幅王石谷到倫敦的畫苑，新派風景畫就開拓出來了。國中那些老輩，故見自封，說什麼西學都是中國所固有，誠然可笑；那沉醉西風的，把中國什麼東西，都說得一錢不值，好像我們幾千年來，就像土蠻部落，一無所有，豈不更可笑嗎？須知凡一種思想，總是拿他的時代來做背景。我們要學的，是學那思想的根本精神，不是學他派生的條件。因爲一落到條件，就沒有不受時代支配的。譬如孔子，說了許多貴族性的倫理，在今日誠然不適用，却不能因此菲薄孔子。柏拉圖說奴隸制度要保存，難道因此就把柏拉圖抹殺嗎？明白這一點，那麼研究中國舊學，就可以得公平的判斷，去取不至謬誤了：却還有很要緊的一件事，要發揮我們的文化，非借他們的文化做途徑不可。因爲他們研究的方法，實在精密，所謂「欲善其事，必先利其器」。不然，從前的中國人，那一個不讀孔夫子，那一個不讀李太白，爲什麼沒有人得着他的好處呢？所以我希望我們可愛的青年，第一步，要人人存一個尊重愛護本國文化的誠意；第二步，要用那西洋人研究學問的方法去研究他，得他的眞相；第三步，把自己的文化綜合起來，還拿別人的來補助他，叫他起一種化合作用，成了一個新文化系統；第四步，把這新系統往外擴充，叫人類全體都得着他好處。我們人數居全世界人口四分之一，我們對於人類全體的幸福，該負四分之一的責任。不盡這責任，就是對不起祖宗，對不起同時的人類，其實是對不起自己。我們可愛的青年啊！立正！開步走！大海對岸那邊有好幾萬萬人，愁着物質文明破產，哀哀欲絕的喊救命，等着你來超拔他哩。我們在天的祖宗、三大聖和許多前輩，眼巴巴盼望你完成他的事業，正在拿他的精神來加佑你哩。

一年來我們學生運動底成功失敗和將來應取的方針（節選）

羅家倫

原載《新潮》第二卷第四號，
一九二〇年五月一日

窮則變　變則通　通則久

無論是贊成的反對的，總不能不認「五四運動」是中華民國開國以來第一件大事。這件事爲中國的政治史上，添一個新改革，爲中國的社會史上開一個新紀元，爲中國的思想史上起一個新變化！

時間飛去了！「五四運動」的第一紀念日卻是匆匆而來。逢着這第一個紀念日，不但我們身與其事的人有種深刻的感想，就是一切社會上的人也都有種感想。所謂感想，當然不僅僅想到得意的事，也總會感到失意的事；就是不僅想到成功，也必定想到失敗。想到成功失敗的結果，纔可以推求其所以成功失敗的原因；知道因果之所在，纔可以知道何者當盡量發展，何者當竭力免除，以研究出一個將來的大計畫來！

當然講到成功，必定要說明這種運動的優點；講到失敗，也就不能不把弱點說出來。有人以爲說明我們的優點，可以鼓厲大家的興趣；若是把我們的弱點也一律暴露出來，恐怕太早一點，不特大家灰心，而且使他人知道詳情容易對待。我對於這種意見，却是不以爲然的，因爲我有幾種理由：第一，當局者迷，旁觀者清。我們的優點弱點，對於天天在旁窺伺我們的人早已知道清楚了；看他們的手腕，就可以想見。難道還要我們瞞嗎？第二，世間最無聊的人纔會專想自己的得意事——自己的好處。長此想下去，不但阻礙進化，而且是疾而諱醫。第三，我們無論什麼事都要取公開的態度。若是我們好，固且要把好的地方說出來，使大家能夠向着好的方面去；若是自己明知有不好的地方而要蒙頭蓋面混過去，豈不是我們自己就先成了黑暗勢力嗎？有這幾種原因，所以我良心詔我無所顧忌把兩方面窮源溯流的說出來；有了比較，然後有所根據，可以促起大家的覺悟，以謀眞正的改革。知我罪我，也就祇得聽其自然了！

（一）成功的方面

「五四運動」的確有一種大成功。這種成功卻不是拒簽德約，也不是罷曹陸章。何以故呢？因爲德約雖然拒簽，而山東問題還未見了結；

曹陸章雖罷免，而繼任曹陸章者爲何如人？國人自能知之。所以斤斤以此爲我們的成功，所見未免太小。我們的成功可以分精神、實際兩方面說。

當「五四運動」最激烈的時候，大家都在高叫「愛國」、「賣國」的聲浪，我就以爲我們「五四運動」的眞精神並不在此。當時我在二十三期的《每週評論》上（五月二十六日出版）做了一篇〈「五四運動」的精神〉，其中就聲明我們運動的價值，並不僅在乎「外爭國權，內除國賊」（其實這兩句話是在我五四早上所做的宣言中造成的），我們運動的實在價值之所託，在乎三種眞精神。這三種眞精神就是中國民族存亡的關鍵。現在不敢憚煩，可以把這番意思畧畧重述一道：

第一，這次運動，是學生犧牲的精神。從前我們中國的學生，口裡法螺破天，筆下天花亂墜；到了實行的時候，一個縮頭縮頸。不但比俄國的學生比不上，就是比朝鮮的學生都要愧死了！惟有這次一班青年學生，奮空拳，揚白手，和黑暗勢力相奮鬥，受傷的也有，被捕的也有，因傷而死的也有，因志願未達而急瘋的也有。這樣的精神不磨滅，眞是再造中國的原素！

第二，這次運動，是社會制裁的精神。從歷史上看起來，無論那種民族，苟欲維持不敝，則其中必有一種社會的制裁；而當政治昏亂、法律無靈的時候爲尤重。請出世界上的大歷史學家出來，都無法否認這句話的。當今中國的政治昏亂，法律無靈極了！一班蠹國殃民者作威作福，心目中何曾有一點國民在眼睛裡。惟有這次運動發生，不但使他們當時累累若喪家之狗，並且事後政府也不能不罷免他們。不但使他們知道社會制裁的利害，並且將他們在人民心目中神聖不可侵犯的偶像，也從此打破。

第三，這次運動是民衆自決的精神。世上無論那種的民衆，都是不能長受壓制的。可憐我們中國人，外受侵略主義的壓制，內受武力主義的壓制，已經奄奄無生氣了！這次運動中大家直接向公使團及國外人類表示，是中國民衆對外自決的第一聲；不避艱險，直接問罪，是中國民衆對內自決的第一聲。所以這次運動是「二重保險的民衆自決運動」。

以上所說的不過是三種偉大的精神。精神是原動力，所以是不能不說的。至於實際方面，也有絕大的影響：

（一）思想改革的促進：新思潮的運動，在中國發生於世界大戰終了之時。當時提倡的還不過是少數的人，大多數還是莫明其妙，漠不相關。自從受了五四這個大刺激以後，大家都從睡夢中驚醒了。無論是誰，都覺得從前的老法子不適用，不能不別開生面，去找新的；這種潮流布滿於青年界。就是那許多不贊成青年運動的人，爲謀應付現狀起見，也無形中不能不受影響。譬如五四以前談文學革命、思想革命的，不過《新青年》、《新潮》、《每週評論》和其他兩三個日報，而到五四以後，新出版品驟然增至四百餘種之多。其中內容雖有深淺之不同，要之大家肯出來而且敢出來幹，已經是了不得了！又如五四以前，白話文章不過是幾個談學問的人寫寫；五四以後則不但各報紙大概都用白話，卽全國教育會在山西開會，也都通過以國語爲小學校的課本，現在已經一律實行採用。而其影響還有大的，就是影響及於教育制度的本身。在五四以前的學生，大都俯首帖耳，聽機械教育的支配；而五四以後，則各學校要求改革的事實，層出不窮，其中有許多採取的手段，我不能承認學生方面都是對的，要之此日的學生的確是承認自己是自動的，不是被動的，是也能發的，不是僅能收的。而其主要衝突的原因，就是學生想極力表現自己的個性，而職員偏極力去壓制他們；學生起了求知的慾望，而教員不能滿足他們的要求。平情而論，職教員固是最大多數不對，而學生方面也不免稍稍操切，然而這種現象，不能不承認爲教育革命的惟一動機。五四以前那有這種蓬蓬勃勃的氣象。

（二）社會組織的增加：這也是五四以來絕大的成績。請看五四以前中國的社會可以說是一點沒有組織。從前這個學校的學生和那個學校的學生是一點沒有聯絡的，所有的不過是無聊的校友會，部落的同鄉會；現在居然各縣各省的學生都有聯合會。從前這個學校的教職員和那個學校的教職員也一點沒有聯絡的，所有的不過是尸居餘氣的教育會，窮極無聊的懇親會；現在居然有好幾省已經組織成了什麼教職員公會。從前工界是一點組織沒有的；自從五四以來有工人的地方如上海等處，也添了許多中華工業協會、中華工會總會、電器工界聯合會種種機關。從前商界也是一點組織沒有的；所有的商人，不過仰官僚機關的商務總會底鼻息，現在如天津等處的商人有同業公會的組織，而上海等處商人有各馬路聯合會的組織。同業公會是本行本業的商人聯合攏來的，馬路聯合會是由本街本路的商人聯絡攏來的。而各馬路聯合會的制度，尤見靈活，尤易實行。譬如上海有商店的馬路共五十二條，每條馬路的商人聯合攏來，就成了五十二個馬路聯合會，再成立了一個總會。現在不能不推爲上海商界最有實力的機關。而且各馬路的聯合會設了各馬路的商業夜校，教育本路的商人學徒；各馬路的聯合會設了公益機關，管理各路衛生清潔；近來於百廢俱舉之餘，並且向租界的外國資本家力爭到一部分市民權了。這豈不是商界惟一的覺悟嗎？所以我前次在上海的時候，有一個商人對我說：「我們前次罷市眞不值得；罷了七天，損失了兩千多萬，僅僅罷免了曹陸章。」我說：「先生，錯了！你們上次罷市的價值，斷不在拚了曹陸章。若是你以爲曹陸章果眞罷免了，則請再看一看繼任他們的人再說。我們的犧牲，代價決不在此。請問沒有上次的運動，你們從那裡得着許多金錢買不到的覺悟？沒有上次的運動，你們從那裡能有許多良好的組織？就其最切近的而言，沒有上次運動，你們從那裡知道市民權？」這位商人低頭想了一想，也不能不連聲說「是」。若是大家參看毛澤東君的〈全國民衆的大聯合〉一文，一定更要明白。

（三）民衆勢力的發展　自從「五四運動」以來，中國民衆的勢力，不能不說是一天一天的發展。許多的束縛，從前不敢打破的，現在敢打破了；許多的要求，從前不敢提出的，現在敢提出來了。諸如此類不勝枚舉。在當局的無論如何麻木，等到「衆怒難犯」的時候，也不能不表示退讓；在人民的方面無論如何犧牲，也總覺得至少有我們自己的位置和權力；在他國看起來，也常常覺得中國的管家婆雖庸懦可欺，而中國的主人翁自未易侮。老實說，這一年以來世界各國對於我們的觀念，的確是改變過了！看各國報紙的通信，就可以知道他們對於我們學生運動的注意。就是日本大多數輿論，也都攻擊政府國民外交的失敗。所以日本的外交官芳澤謙吉到中國來也要訪訪學生代表。這次代表英美法三國到中國來組織新銀行團的拉門德君，也費了許多時間，徵求中國各民衆團體的意見。老實說，現在的當局一方面要外人借款，一方面又要摧殘學生和市民，實在是最笨的事。因爲現在各國的輿論，都是知道惹起中國國民的反感，是對於他們不利益的。而摧殘中國學生和市民的人，是中國國民最生反感的人。他們借款幫助中國國民最生反感的人，中國國民對於他們也就發生反感了！

統觀以上精神上和實際上的種種現象，「五四運動」的成績，也就可以想見。總之五四以前的中國是氣息奄奄的靜的中國，五四以後的中國是天機活潑的動的中國。「五四運動」的功勞就在使中國「動」！

【後略】

原載《晨報》，一九二〇年五月四日

「五四紀念日」感言

梁啓超

去年五月四日，爲國史上最有價值之一紀念日，蓋無可疑。價值安在，則國人自覺自動表徵是已。「五四運動」本不過一種局部的政治運動，其成功亦遠不逮運動者之所豫期，然而無損其價值者何也？則以此次政治運動，實以文化運動爲其原動力，故機緣發於此，而效果乃現於彼，此實因果律必至之符，一年來文化運動盤礴於國中，什九皆「五四」之賜也，吾以爲今後若願保持增長「五四」之價值，宜以文化運動爲主而以政治運動爲輔。第一，爲國家之保存及發展起見，一時的政治事業與永久的文化事業相較，其輕重本已懸絕。第二，非從文化方面樹一健全基礎，社會不能洗心革面，則無根蒂的政治運動，決然無效。第三，目前之政治運動，專恃感情衝動作用，感情之爲物，起滅迅速，乏繼續性，羣衆尤甚。經數次挫折，易致頹喪，頹喪以後，元氣之回復，倍難於前。第四，現在萬惡的政治社會，朝野皆一丘之貉，一與爲緣，則鉤距傾軋自炫放逸諸惡德必相隨而起，易使人格墮落。以此諸因，故吾以爲今日之青年，宜萃全力以從事於文化運動，則將來之有效的政治運動，自孕育於其中。青年誠能於此點得大澈大悟，則「五四紀念」庶爲不虛矣。

原載《民國日報·覺悟》，一九二〇年十二月二十一日

邵力子

邵力子（一八八二—一九六七），又名聞泰，字仲輝，浙江紹興人。光緒二十八年（一九〇二年）舉人。一九一〇年與于右任等人創辦《民立報》，一九一六年參與創辦《民國日報》。一九二八年起歷任國民黨中央政治會議委員、國民黨三屆中央監委、甘肅省政府主席、陝西省政府主席等職。著作輯為《邵力子文集》。

主義與時代

無論何種主義，都是時代的產兒。凡提倡某種主義，或為某種主義鼓吹，而能使社會蒙其影響的，必此主義能適應時代的潮流。反之，與時代潮流相抗，而强欲遏抑某種主義的，在政治方面，徒然激起擾亂，在言論方面，也是徒亂人意。

現在的思潮界，社會主義已有瀰漫一時的現象，這決非單為好奇喜新的心理所促成，實在是時代潮流中已有需要這種主義的徵兆。却不料在這個時候，還有人拿他個人為好奇喜新而主張社會主義的心理，來推測一切人們，以為都是和他一樣的，便硬說社會主義在「現在」決不需要，只可待之「將來」。我敢斷言，他於社會主義的歷史和性質固然不能明瞭，就是他的時代觀念，也已十分錯誤。

現在反對社會主義的人，可分兩種。一種是認定社會主義為有危險性質，看做洪水一般，不想疏導，而想湮塞。這一種愚而無知，我且不去說佢。又一種是並不敢反對社會主義的本身，只說社會主義必應用於產業十分發達以後，中國現在還沒有這樣程度。這一種似是而非，必須加以辨明。

世界上有勞動者，即隨時有勞動問題。中國古時已有近於社會主義的學說。「不患寡而患不均，不患貧而患不安。」不均不安的害，隨時顯著，本不必定要在近代產業制度的下面，纔有社會主義的主張。但反對者必以為社會主義是從外國來的，不能用中國的舊話來附會——我也不主張附會——定要拿中外實業界的形勢來比較。姑不論中國的新實業近時已產生不少，像開灤煤礦工人問題，早引起公衆的注意。我更有一最簡單明瞭的質問，就是：

> 中國實業固不能和現在的歐美各國相比，但比之百年以前和數十年以前的歐美各國究竟如何？

歐洲產業革命，也是在十八世紀之末纔有的。並且在十九世紀的前半期，除了英國以外，像法國、德國，也都在內憂外患相逼而來之中。可是社會主義的學者都早在那時奮起了。法國的聖西門（Saint-Simon）、富利安（Charler Fourier），都在千八百二十年以前，著述了許多關於社會主義的書籍，並實施社會主義的運動。英國的渦文（Robert Owen），也和他們同時。德國社會主義的首領拉塞爾（Ferdinand Lassalle）、因格爾斯（Friedrich Engles）、馬克思（Karl Marx）等，也都在德意志統一以前早實行社會活動。就是全世界最著名的《共產黨宣言》（*The Manifesto of the Communist Party*），也還是一千八百四十七年公布的。俄國在這次大革命以前，沒人不說彼產業幼稚，可是社會主義的運動並不因此稍沮。他們都是在機械工業開始發展時候，看見那些工廠中的慘酷境遇，便一刻不能再忍，要拯救那些可憐的勞工。現在中國的產業雖未振興，但機械工業何嘗全無萌芽？開灤煤礦工人數百人同時慘死的激刺，難道還不足觸發學者的良心嗎？

主義的可貴，正在能疏導時代的潮流，不待橫溢而後防堵。歐西的先覺者，都在產業革命初見弊端之時，即已熱心改革，却因響應者太少，以致流弊至今爲甚。我們現在的情勢，至少也和歐西百年前相同，又已有覆轍在前，還要說「以待將來」，眞甘心和時代潮流相抗了。

梁漱溟

東西文化及其哲學・緒論

（節選）

首刊於《東西文化及其哲學》
（商務印書館，一九二二年一月）

漱溟承教育廳之約至此地講演，是很榮幸的。本來，去年教育廳約過我一次，我已從上海首途，適值直皖戰爭，火車到徐州就不通行，所以，我又折回去沒有得來。今年復承此約，終究得來，似乎我們今日之會並非偶然！今日在大雨的時候承大家來聽，在我對於大家的意思應當聲謝！

此次預備講演的題目是：「東西文化及其哲學」。這個題目看起來似乎很浮誇，堂皇好看，而我實在很不願意如此引導大家喜歡說浮誇門面、大而無當的話。或者等我講完之後，大家可以曉得我不是喜歡說大的堂皇的門面話。大概社會上喜歡說好聽的門面話的很多，這實在是我們所不願意的。去年將放暑假的時候，北京大學的蔡孑民先生還有幾位教授都要到歐美去，教職員開歡送會。那時候我記得有幾位演說，他們所說的話大半都帶一點希望這幾位先生將中國的文化帶到歐美而將西洋文化帶回來的意思。我當時聽到他們幾位都有此種言論，於是我就問大家：「你們方纔對於蔡先生同別位先生的希望是大家所同的，但是我很想知道大家所謂將中國文化帶到西方去是帶什麼東西呢？西方文化我姑且不問——而所謂中國文化究竟何所指呢？」當時的人却都沒有話回答，及至散會後，陶孟和先生同胡適之先生笑著對我說：「你所提出的問題很好，但是天氣很熱，大家不好用思想。」我舉此例就是證明大家喜歡說好聽、門面、虛僞的話。如果不曉得中國文化是什麼，又何必說他呢！如將「中國文化」當做單單是空空洞洞的名詞而羌無意義，那麼，他們所說的完全是虛僞，完全是應酬！非常無味，非常要不得！

大約兩三年來，因爲所謂文化運動的原故，我們時常可以在口頭上聽到、或在筆墨上看到「東西文化」這類名詞。但是雖然人人說的很濫，而大家究竟有沒有實在的觀念呢？據我們看來，大家實在不曉得東西文化是何物，僅僅順口去說罷了。大約自從杜威來到北京，常說東西文化應當調和；他對於北京大學勉勵的話，也是如此。後來羅素從歐洲來，本來他自己對於西方文化很有反感，所以難免說中國文化如何的好。因此常有東西文化的口頭說法在社會上流行。但是對於東西文化這個名詞雖說的很濫，而實際上全不留意所謂東方化所謂西方化究竟是何物？此兩種文化是否像大家所想像的有一樣的價值，將來會成爲一種調和呢？後來梁任公從歐洲回來，也很聽到西洋人對於西洋文化反感的結果，對於中國文化有不知其所以然的一種羨慕。所以梁任公在他所作的《歐遊心影錄》裏面也說到東西文化融合的話。於是大家都傳染了一個意思，覺得東西文化一定會要調和的，而所期望的未來文化就是東西文化調和的產物。但又像是這種事業很大，總須俟諸將來，此刻我們是無從研究起的！

我當初研究這個問題是在民國六七年的時候。那時我很苦於沒有人將東西文化並提著說，也沒有人著眼到此地，以爲如果有人說，就可以引起人研究，但是現在看來，雖然有人說而仍舊並沒有人研究。在我研究的時候，很有朋友勸我，說這個問題範圍太廣，無從著手，如張崧年先生、屠孝實先生都有此意。然而在我覺得上面所述的三個意思都是不對的。第一個意思，沒有說出東西文化所以調和之道而斷定其結果爲調和，是全然不對的。第二個意思，覺得此問題很大，可以俟諸將來，也非常不對；因爲這個問題並非很遠的事情，雖然我們也曉得這件事的成功要在未來，而問題却是目前很急迫的問題！我們開始從此作起，或者纔有解決——他們所說的調和我們現在姑且說作解決——之一日。所以這種事業雖遠，而這個問題却不遠的。第三個意思，以爲問題範圍太大，如哲學、政治制度、社會習慣、學術、文藝，以及起居、物質生活，凡是一民族生活的種種方面都在研究的範圍之內，恐怕無從著手；這個意思也不對，實在並非沒有方法研究。【中略】

我對於此問題特別有要求，不肯放鬆，因爲我的生性對於我的生活、行事，非常不肯隨便，不肯作一種不十分妥當的生活，未定十分準確的行事。如果作了，就是對的，就沒有問題的；假使有一個人對於我所作的生活不以爲然，我卽不能放鬆，一定要參考對面人的意見，如果他的見解對，我就自己改變；如果他的見解是錯誤，我纔可以放下。因爲我對於生活如此認眞，所以我的生活與思想見解是成一整個的，思想見解到那裏就作到那裏。例如我在當初見得佛家生活是對的，我卽刻不食肉不娶妻要作他那樣生活，八九年來如一日。而今所見不同，生活亦改。因此別的很隨便度他生活的人可以沒有思想見解；而我若是沒有確實心安的主見，就不能生活的！所以旁人對於這個問題自己沒有主見並不要緊，而我對於此問題假使沒有解決，我就不曉得我作何種的生活纔好！

我研究這個問題的經過，是從民國六年蔡孑民先生約我到大學去講印度哲學。但是我的意思，不到大學則已，如果要到大學作學術一方面的事情，就不能隨便作個教員便了，一定要對於釋迦孔子兩家的學術至少負一個講明的責任。所以我第一日到大學，就問蔡先生他們對於孔子持什麼態度？蔡先生沉吟的答道：我們也不反對孔子。我說：我不僅是不反對而已，我此來除去替釋迦孔子去發揮外更不作旁的事！而我這種發揮是經過斟酌解決的，非盲目的。後來晤陳仲甫先生時，我也是如此說。但是自任大學講席之後因編講義之故，對於此意，亦未得十分發揮。

到民國七年，我曾在《北京大學日刊》登了一個廣告，徵求研究東方學的人，在廣告上說：據我的看法，東方化和西方化都是世界的文化，中國爲東方文化之發源地；北京大學復爲中國最高之學府；故對於東方文化不能不有點貢獻，如北京大學不能有貢獻，誰則負貢獻之責者？但是這種徵求的結果，並沒有好多的人；雖有幾個人，也非常不中用。我僅祇在哲學研究所開了一個「孔子哲學研究會」將我的意見略微講了一個梗概。後來丁父艱遂中途擱置。到民國八年，有一位江蘇的何墨君同朋友來訪問我對於東西文化問題的意見。當時曾向何君略述，何君都用筆記錄，但並未發表。後來我作一篇希望大家對於此問題應加以注意的文章，即發表於《唯識述義》前面的。民國九年即去年夏季經這裏教育廳長袁先生約我來魯講演，我即預備講演此問題而因直皖戰爭沒有得來。九年秋季却在大學開始講演此問題，已有紀錄草稿一本。今年復到此地與大家研究，算是我對於此問題的第二次講演。我自己對於東西文化問題研究之經歷大概如此。

原載《學衡》第一期，一九二二年一月

梅光迪

梅光迪（一八九〇—一九四五），字迪生，號覲莊，安徽宣城人。

一九一一年赴美留學，先後就讀於威斯康辛大學、西北大學和哈佛大學。一九二〇年回國後歷任南開大學、東南大學教授。一九二四年到美國哈佛大學任教。一九三六年回國後任教於浙江大學。著作輯為《梅光迪文存》。

評提倡新文化者

國人倡言改革，已數十年，始則以歐西之越我，僅在工商製造也，
繼則慕其政治法制，今且兼及教育哲理文學美術矣。其輸進歐化之速，
似有足驚人者。然細考實際，則功效與速度適成反比例。工商製造，顯
而易見者也，推之萬國，無甚差別者也，得其學理技巧，措之實用，而
輸進之能事已畢。吾非謂國人於工商製造已盡得歐西之長，然比較言
之，所得爲多。若政治法制，則原於其歷史民性，隱藏奧秘，非深入者
不能窺其究竟。而又以東西歷史民性之異，適於彼者，未必適於此，非
僅恃模擬而已。至於教育哲理文學美術，則原於其歷史民性者尤深且
遠，窺之益難，採之益宜慎，故國人言政治法制，垂二十年，而政治法
制之不良自若。其言教育哲理文學美術，號爲「新文化運動」者，甫一
啓齒，而弊端叢生，惡果立現，爲有識者所詬病。惟其難也，故反易開
方便之門，作僞之途，而使浮薄妄庸者，得以附會詭隨，窺時俯仰，遂
其國利名譽之野心。夫言政治法制者之失敗，盡人皆知，無待余之嘵嘵。
獨所謂提倡「新文化」者，猶以工於自飾，巧於語言奔走，頗爲幼稚與

流俗之人所趨從。故特揭其假面，窮其眞相，縷舉而條析之。非余好爲苛論，實不得已耳。

一曰**彼等非思想家乃詭辯家也**。詭辯家之名（英文爲Sophist）起於希臘季世，其時哲學盛興，思想自由，詭辯家崛起，以教授修詞、提倡新說爲業，猶吾國戰國時談天雕龍、堅白同異之流。希臘少年靡然從風，大哲蘇格拉底辭而闢之，猶孟軻之拒楊墨，荀卿之非十二子也。今所傳《柏拉圖語錄》（*The Dialogues of Plato*），多其師與詭辯家駁辯之詞也。蓋詭辯家之旨，在以新異動人之說，迎阿少年；在以成見私意，強定事物，顧一時之便利，而不計久遠之眞理。至其言行相左，貽譏明哲，更無論矣。吾國今之提倡「新文化」者，頗亦類是。夫古文與八股何涉，而必併爲一談。吾國文學，漢魏六朝則駢體盛行，至唐宋則古文大昌，宋元以來，又有白話體之小說戲曲。彼等乃謂文學隨時代而變遷，以爲今人當興文學革命，廢文言而用白話。夫革命者，以新代舊，以此易彼之謂。若古文白話遞興，乃文學體裁之增加，實非完全變遷，尤非革命也。誠如彼等所云，則古文之後，當無駢體，白話之後，當無古文。而何以唐宋以來，文學正宗，與專門名家，皆爲作古文或駢體之人。此吾國文學史上事實，豈可否認，以圓其私說者乎？蓋文學體裁不同，而各有所長，不可更代混淆，而有獨立並存之價值，豈可盡棄他種體裁，而獨尊白話乎？文學進化至難言者，西國名家（如英國十九世紀散文及文學評論大家韓士立〔Hazlitt〕），多斥文學進化論爲流俗之錯誤，而吾國人乃迷信之。且謂西洋近世文學，由古典派而變爲浪漫派，由浪漫派而變爲寫實派，今則又由寫實派而變爲印象、未來、新浪漫諸派，一若後派必優於前派，後派興而前派卽絕迹者。然此稍讀西洋文學史，稍聞西洋名家緒論者，卽不作此等妄言。何吾國人童騃無知，顚倒是非如是乎？彼等又謂思想之在腦也，本爲白話，當落紙成文時，乃由白話而改爲文言，猶翻譯然，誠虛僞與不經濟之甚者也。然此等經驗，乃吾國數千年來文人所未嘗有，非彼等欺人之談而何。昔者希臘詭辯家普羅塔果拉斯（Protagoras）力主眞理無定，在於個人之我見。蘇格拉底應之曰，既人自爲眞理，則無是非賢愚之分。然則普羅塔果拉斯何以爲人師，强欲人之從己乎。今之主文學革命者，亦曰文學之旨，在發揮個性，注重創造，須「處處有一個我在」，而破除舊時模倣之習。易詞言之，則各人有各人之文學，一切模範規律，皆可廢也。然而彼等何以立說著書，高據講席，而對於爲文言者，仇讎視之，不許其有我與個性創造之自由乎。

二曰**彼等非創造家乃模倣家也**。彼等最足動人聽聞之說，莫逾於創造。新之一字，幾爲彼等專有物，凡彼等所言所行，無一不新。侯官嚴氏曰，名義一經俗用，久輒失眞，審愼之士，已不敢用新字，懼無意義之可言也。彼等以推翻古人與一切固有制度爲職志，誣本國無文化，舊文學爲死文學，放言高論，以駭衆而眩俗。然夷考其實，乃爲最下乘之模倣家。其所稱道，以創造矜於國人之前者，不過歐美一部分流行之學說，或倡於數十年前，今已視爲謬陋，無人過問者。杜威羅素，爲有勢力思想家中之二人耳，而彼等奉爲神明，一若歐美數千年來思想界，只有此二人者。馬克斯之社會主義，久已爲經濟學家所批駁，而彼等猶尊若聖經。其言政治，則推俄國；言文學，則襲晚近之墮落派（The Decadent Movement，如印象神秘未來諸主義，皆屬此派，所謂白話詩者。純拾自由詩〔Vers libre〕及美國近年來形象主義〔Imagism〕之唾餘。而自由詩與形象主義，亦墮落派之兩支，乃倡之者數典忘祖，自矜創造，亦太欺國人矣）。莊周曰，井鼃不可以語海者，拘於虛也。彼等於歐西文化，無廣博精粹之研究，故所知既淺，所取尤謬。以彼等而輸進歐化，亦厚誣歐化矣。特國人多不諳西文，未出國門，而彼等所恃者，又在幼穉之中小學生，故得以肆意猖狂，行其僞學，視通國若無人耳。夫國無學者，任僞學者冒取其名，國人之恥也。而彼等猶以創造自矜，以模倣非笑國人，斥爲古人奴隸，實則模倣西人與模倣古人。其所模倣者不同，其爲奴隸則一也。況彼等模倣西人，僅得糟粕；國人之模倣古人者，時多得其神髓乎。且彼等非但模倣西人也，亦互相模倣。本無創造天才，假造之名，束書不觀，長其惰性，中乃空虛無有。彼等之書報雜誌，雷同因襲，幾乎千篇一律，毫無個性特點之可言，與舊時之八股試帖，有何別異。而猶大言不慚以創造自命，其誰欺哉。

三曰**彼等非學問家乃功名之士也**。學問家爲眞理而求眞理，重在自信，而不在世俗之知；重在自得，而不在生前之報酬。故其畢生辛勤，守而有待，不輕出所學以問世，必審慮至當，而後發一言，必研索至精，而後成一書。吾國大師，每誡學者，毋輕著述。曩者牛津大學學者，以早有著述爲深恥，夫如是而後學問之尊嚴，學問家之人格乃可見。今之所謂學問家則不然，其於學問，本無澈底研究與自信自得之可言。特以爲功利名譽之念所驅迫，故假學問爲進身之階。專制時代，君主卿相，操功名之權，以驅策天下之士，天下士亦以君主卿相之好尙爲準則。民國以來，功名之權，操於羣衆，而羣衆之智識愈薄者，其權愈大。今之中小學生，卽昔之君主卿相也，否則功名之士，又何取乎白話詩文，與各種時髦之主義乎。蓋恒人所最喜者，曰新曰易，幼穉人尤然，其於學說之來也，無審擇之能。若使販自歐美，爲吾國夙所未聞，而又合於多數程度，含有平民性質者，則不脛而走，成效立著。惟其無審擇之能，以耳代目，於是所謂學問家者，乃有廣告以擴其市場，有標榜以揚其徒衆，喧呼愈甚，獲利愈厚。英諺曰，美酒不需招牌（Good wine needs no bush）。酒尚如此，況於學問乎。彼等既以學問爲其成功之具，故無尊視學問之意，求其趨時投機而已。杜威羅素之在華也，以爲時人傾倒，則皆言杜威羅素。社會主義與墮落派文學，亦爲少年所喜者也，則皆言社會主義與墮落派文學。而眞能解杜威、羅素、社會主義與墮落派文學，有所心得，知其利弊者，有幾人乎？學問既以趨時投機爲的，故出之甚易，無切實探討之必要，以一人而兼涉哲理文學政治經濟者，所在多有，後生小子，未有不詫爲廣博無涯涘者。美國有某學者，曾著書數百種，凡哲理算術文學科學及孔佛之教，無所不包。論者以無學問良知訾之，不許以學者之名，此在美國有甚高之學術標準，故某學者貽譏當世，不能行其博雜膚放之學，若在吾國今日，將享絕代通儒之譽矣。東西學者，多竭數年或數十年之力而成一書，故爲不刊之作，傳之久遠。今之所謂學者，或謂能於一年內成中國學術史五六種；或立會聚徒，包辦社會主義與俄羅斯、猶太、波蘭等國之文學；或操筆以待，每一新書出版，必爲之序，以盡其領袖後進之責。顧亭林曰，人之患在好爲人序，其此之謂乎。故語彼等以學問之標準與良知，猶語商賈以道德、娼妓以貞操也。夫以功利名譽之薰心，乃不惜犧牲學問如此，非變相之科舉夢而何。

四曰**彼等非教育家乃政客也**。近年以來，蒙彼等之毒者，莫如教育。吾國政治外交之險惡，社會之腐暗，教育之墮敗，固不能使人冷眼坐視。然必犧牲全國少年之學業道德，不爲國家將來計，而冀幸獲目前萬一之補救，雖至愚者不出此，不謂號稱教育家者，首先倡之。五四運動以來，教育界雖略呈活潑氣象，而教育根本已斲喪不少。人性莫不喜動而惡靜，樂趨乎呼囂雜遝，萬衆若狂之所爲，而厭平淡寂寞，日常例行之事。少年尤然，聚衆罷學，結隊遊行之樂，蓋勝於靜室講習，埋首故紙萬萬，又況有愛國大義以迫之。多數强權以扶之哉，其尤捷黠者，則聲譽驟起，爲國聞人。夫人材以積久陶育磨鍊而後成，否則啓其驕惰之心，易視天下事，終其身無成矣。至於學校內部，各種新名詞亦乘機而興，如「奮鬭」、「學生自動」、「校務公開」，意義非不美也，而以置諸中小學生簡單腦中，鮮有不僨事者。美儒某氏曰，授新思想於未知運思之人，其禍立見。故今日學生，或爲政客利用，或啓無故之釁。神聖學校，幾爲萬惡之府矣。然則當世所謂教育家者，其意果何居？曰，利用羣衆心理，人性弱點，與幼穉智識之淺薄，情感之强烈，升高而呼，如建瓴而瀉水，以遂其功利名譽之野心而已。或又曰，子之言亦太苛，教育界現象豈彼等始意之所料。且彼等已知悔過矣，子不聞「提高程度」、「嚴格訓練」之說，又順時而起，以爲補救之策乎。應之曰，揚子雲有云，無驗而言之爲妄。彼等據教育要津，一言之出，舉國響應。乃不顧是非利害，不計將來之效果，信口誑言，以全國天眞爛漫之少年，爲其試驗品，爲其功利名譽之代價。是可忍，孰不可忍。彼等固敏捷之徒，其最所服膺者，爲「應時勢之需要」一語。今則時勢異於數年以前，其數年以前所主張，已完全失敗，故悔而知返，認目前時勢之需要，爲「提高程度」、「嚴格訓練」矣。然責任所在，烏可既往而不咎也。軍法戰敗者以身殉，否則爲戮。西國航海家遇險，船亡則與之俱亡。惟言說之士，以其主義禍人，無法律以繩之，祇有輿論與良心問題而已。故就輿論與良心問題而論，彼等言而不驗者，已無再發言之資格。而猶靦顏曰，「提高程度」、「嚴格訓練」，亦已晚矣。

夫建設新文化之必要，孰不知之。吾國數千年來，以地理關係，凡其鄰近，皆文化程度遠遜於我。故孤行創造，不求外助，以成此燦爛偉大之文化。先民之才智魄力，與其慘淡經營之功，蓋有足使吾人自豪者。今則東西郵通，較量觀摩，凡人之長，皆足用以補我之短，乃吾文化史上千載一時之遭遇，國人所當歡舞慶幸者也。然吾之文化既如此，必有可發揚光大，久遠不可磨滅者在，非如菲律賓、夏威夷之島民，美國之黑人，本無文化之可言，遂取他人文化以代之，其事至簡也。而歐西文化亦源遠流長，自希臘以迄今日，各國各時，皆有足備吾人採擇者。二十世紀之文化，又烏足包括歐西文化之全乎。故改造固有文化，與吸取他人文化，皆須先有澈底研究，加以至明確之評判，副以至精當之手續，合千百融貫中西之通儒大師，宣導國人，蔚爲風氣，則四五十年後，成效必有可覩也。今則以政客詭辯家與夫功名之士，創此大業，標襲喧攘，僥倖嘗試，乘國中思想學術之標準未立，受高等教育者無多之時，挾其僞歐化，以鼓起學力淺薄血氣未定之少年。故提倡方始，衰象畢露，明達青年，或已窺底蘊，覺其無有；或已生厭倦，別樹旗鼓。其完全失敗，早在識者洞鑒之中。夫飄風不終朝，驟雨不終日，勢所必然，無足怪者。然則眞正新文化之建設，果無望乎？曰，不然，余將不辭愚陋，略有芻蕘之獻。惟茲限於篇幅，又討論建設，似不在本題範圍之內，請以俟之異日耳。

論新文化運動（節選）

吳宓

吳宓（一八九四－一九七八），字雨僧，陝西涇陽人。

一九一七年赴美留學，先後就讀於維吉尼亞大學和哈佛大學。一九二一年回國後，歷任東南大學、東北大學、清華大學、武漢大學等校教授。著作有《文學與人生》、《吳宓詩集》、《吳宓日記》等。

原載《學衡》第四期，一九二二年四月

近年國內有所謂新文化運動者焉，其持論則務爲詭激，專圖破壞。然粗淺謬誤，與古今東西聖賢之所教導，通人哲士之所述作，歷史之實跡，典章制度之精神，以及凡人之良知與常識，悉悖逆抵觸而不相合。其取材，則惟選西洋晚近一家之思想，一派之文章，在西洋已視爲糟粕爲毒酖者，舉以代表西洋文化之全體。其行文則妄事更張，自立體裁，非馬非牛，不中不西，使讀者不能領悟。其初爲此主張者，本係極少數人，惟以政客之手段，到處鼓吹宣布。又握教育之權柄，值今日中國諸凡變動之秋，羣情激擾，少年學子熱心西學，而苦不得研究之地、傳授之人，遂誤以此一派之宗師爲惟一之泰山北斗，不暇審辨，無從決擇，盡成盲從，實大可哀矣。惟若吾國上下，果能認眞研究西洋學問，則西學大成之日，此一派人之謬誤偏淺，不攻而自破，不析而自明。但所慮者，今中國適當存亡絕續之交，憂患危疑之際，苟一國之人皆醉心於大同之幻夢，不更爲保國保種之計，沉溺於淫污之小說，棄德慧智術於不顧，又國粹喪失，則異世之後，不能還復，文字破滅，則全國之人

不能喻意。長此以往，國將不國，凡百改革建設皆不能收效。譬猶久病之人，專信庸醫，日服砒霜，不知世中更有菽粟，更有參餌。父母兄弟苟愛此人，焉能坐視不救？**嗚呼！此其關係甚大，非僅一人之私好學理之空談**，故吾今欲指駁新文化運動之缺失謬誤，以求改良補救之方。孟子曰：「**予豈好辯哉，予不得已也。**」

昔趙高指鹿爲馬，以語二世。秦廷之人莫敢有異辭。然馬之非鹿，三尺童子猶信其然。林肯曰：「欺全世之人於一時，可也。欺一部分之人於千古，可也。然欺全世之人於千古，則不可。」海客談瀛洲，煙波微茫，莫知其際。然使有身履蓬萊者，則不當爲所炫惑。今中國少年學生讀書未多，見聞缺乏，誤以新文化運動者之所主張爲西洋文明全部之代表，亦事理之所常有。至留學美國者，其情頓殊。世界之潮流、各國之政術學藝、古今之書籍道理，豈盡如新文化運動者之所言？此固顯而易見。今者於留美學生，有不附和新文化運動者，卽斥爲漠心國事；有不信從新文化之學說者，卽指爲不看報紙，夫豈可哉？古人云，蓋棺論定。凡品評當世之人，不流於詆毀，卽失之標榜。故中國文化史上誰當列名，應俟後來史家定案，非可以局中人自爲論斷。孰能以其附和一家之說與否，而遂定一人之功罪。我留美同人，所習學科各有不同，回國後報效設施亦自各異，未可一概而論。總之，留美學生之得失短長是一事，而新文化運動另是一事。若以留美學生不趨附新文化運動而遂斥爲不知近世思潮、不愛國，其程度不如國內之學生，此當爲我留美同人所不任受者矣。

孔子曰，必也正名乎。蘇格拉底辯論之時，先確定詞語之義。新文化運動其名甚美，然其實則當另行研究。故今有不贊成該運動之所主張者，其人非必反對新學也，非必不歡迎歐美之文化也。若遽以反對該運動之所主張者，而卽斥爲頑固守舊，此實率爾不察之談。譬如不用牛黃而用當歸，此亦用藥也，此亦治病也。蓋藥中不止牛黃，而醫亦得選用他藥也。今誠欲大興新學，今誠欲輸入歐美之眞文化，則彼新文化運動之所主張，不可不審查，不可不辯正也。

何者爲新？何者爲舊？此至難判定者也。原夫天理、人情、物象，古今不變，東西皆同。蓋其顯於外者，形形色色，千百異狀，瞬息之頃，毫釐之差，均未有同者。然其根本定律，則固若一。譬如天上雲彩朝暮異形，然水蒸發而成雲，凝降而爲雨。物理無殊，故百變之中，自有不變者存。變與不變，二者應兼識之，不可執一而昧其他。天理、人情、物象既有不變者存，則世中事事物物新者絕少。所謂新者，多係舊者改頭換面，重出再見，常人以爲新，識者不以爲新也。俗語云，少見多怪。故凡論學應辨是非精粗，論人應辨善惡短長，論事應辨利害得失，以此類推而不應拘泥於新舊。舊者不必是，新者未必非。然反是則尤不可。且夫新舊乃對待之稱，昨以爲新，今日則舊。舊有之物，增之、損之、修之、琢之、改之、補之，乃成新器。舉凡典章文物，理論學術，均就已有者層層改變遞嬗而爲新，未有無因而至者。故若不知舊物則決不能言新，凡論學論事當究其終始，明其沿革，就已知求未知，就過去以測未來。人能記憶既往而利用之，禽獸則不能，故人有歷史而禽獸無歷史，禽獸不知有新，亦不知有舊也。更以學問言之，物質科學，以積累而成，故其發達也循直線以進，愈久愈詳，愈晚出愈精妙。然人事之學，如歷史、政治、文章、美術等，則或係於社會之實境，或由於個人之天才，其發達也無一定之軌轍，故後來者不必居上，晚出者不必勝前。因之，若論人事之學，則尤當分別研究，不能以新奪理也。總之，學問之道應博極羣書，幷覽古今，夫然後始能通底徹悟。比較異同，如只見一端，何從辯證，勢必以己意爲之，不能言其所以然，而僅以新稱，遂不免黨同伐異之見，則其所謂新者何足重哉！而況又未必新耶！語云，城中好高髻，四方高一尺。當羣俗喜新之時，雖非新者，亦趨時阿好，以新炫人而求售，故新亦有眞僞之辨焉。今新文化運動，其於西洋之文明之學問殊未深究，但取一時一家之說，以相號召，故既不免舛誤迷離，而尤不足當新之名也。

今卽以文學言之，文學之根本道理以及法術規律，中西均同。細究詳考，當知其然。文章成於摹仿（imitation）。古今之大作者，其幼

時率皆力效前人，節節規撫，初僅形似，繼則神似，其後逐漸變化，始能自出心裁，未有不由摹仿而出者也。韓昌黎文起八代之衰，然姚姬傳評其弔田橫墓文云，此公少時作，故猶用湘纍成句。索士比亞早年之戲曲，無異於其時之人，晚作始出神入化。Wordsworth 一變詩體，力去雕琢字句之風；Neo-Classic Diction 自求新詞新題。然其三十歲以前之詩則猶 Pope 及 Dryden 等之詞句也。**文學之變遷多由作者不摹此人而轉摹彼人，舍本國之作者而取異國爲模範，或舍近代而返求之於古，於是異采新出，然其不脫摹仿一也**。如英國文學發達較遲，自 Chaucer 至 Elizabethan Age，作者均取法於意大利，而在 Restoration Period 則專效法蘭西。近者比較文學興，取各國之文章，而究其每篇每章每字之來源，今古及并世作者互受之影響，考據日以精詳。故吾國論詩者常云，此人學杜，彼人學陶，殊不足異。今世英文之詩，苟細究之，則知其某句出於 Virgil，某篇脫胎於 Spenser，**斯乃文章之通例，如欲盡去此，則不能論文**。又如中國之新體白話詩，實暗效美國之 Free Verse。而美國此種詩體，則係學法國三四十年前之 Symbolists。今美國雖有作此種新體詩者，然實係少數少年，無學無名，自鳴得意，所有學者通人固不認此爲詩也。學校之中所讀者，仍不外 Homer、Virgil、Milton、Tennyson，等等。報章中所登載之詩，皆有韻律，一切悉遵定規，**豈若吾國之盛行白話詩，而欲舉前人之詩，悉焚毀廢棄而不讀哉？其他可類推矣。**

又如浪漫派文學，其流弊甚大，已經前人駁詰無遺。而十九世紀下半葉之寫實派及 Naturalism 脫胎於浪漫派，**而每下愈況，在今日已成陳跡。蓋西方之哲士通人，業已早下評判。**今法國如 E. Seillierre、P. Lasserre，美國如 Irving Babbitt、Paul E. More、Stuart P. Sherman、W.C. Brownell、Frank Jewett、Mather,Jr. 諸先生，其學識文章爲士林所崇仰，文人所遵依者，均論究浪漫派以下之弊病，至詳確而允當。昔齊人以墦祭之餘，歸驕妾婦，妾婦恥之。又如劉邕嗜瘡痂，賀蘭進明嗜狗糞，其味可謂特別，然初未強人以必從，**夫西洋之文化譬猶寶山，珠玉璀燦，恣我取拾，貴在審查之能精與選擇之得當而已。**今新文化運動之流，乃專取外國吐棄之餘屑，以餉我國之人。聞美國業電影者，近將其有傷風化之影片經此邦吏員查禁不許出演者，均送至吾國演示。又商人以劣貨不能行市者，遠售之異國且獲重利，謂之Dumping。嗚呼！今新文化運動其所販人之文章、哲理、美術，殆皆類此，又何新之足云哉！

文化二字其義渺茫，難爲確定。今姑不論此二字應爲狹義廣義，但就吾國今日通用之意言之，則所謂新文化者，似卽西洋之文化之別名，簡稱之曰：歐化。自光緒末年以還，國人動憂國粹與歐化之衝突，以爲歐化盛則國粹亡。言新學者則又謂須先滅絕國粹，而後始可輸入歐化。其實二說均非是。蓋吾國言新學者，於西洋文明之精要鮮有貫通而徹悟者，苟虛心多讀書籍，深入幽探，則知西洋眞正之文化與吾國之國粹，實多互相發明互相裨益之處，甚可兼蓄幷收，相得益彰。誠能保存國粹而又昌明歐化，融會貫通，則學藝文章必多奇光異采。然此極不易致，其關係全在選擇之得當與否。西洋文化中究以何者爲上材，此當以西洋古今之博學名高者之定論爲準，不當依據一二市儈流氓之說，偏淺卑俗之論，盡反成例，自我作古也。然按之事實，則凡夙昔尊崇孔孟之道者，必肆力於柏拉圖、亞里士多德之哲理。已信服杜威之實驗主義（Pragmatism-Instrumentalism）者，則必謂墨獨優於諸子。其他有韻無韻之詩，益世害世之文，其取舍之相關亦類此。凡讀西洋之名賢傑作者，則日見國粹之可愛。而於西洋文化專取糟粕，采卑下一派之俗論者，則必反而痛攻中國之禮教典章文物矣。

【後略】

國家圖書館出版品預行編目資料

五四讀本：掀起時代巨浪的五十篇文章 / 陳平原, 季劍青主編 . --
初版 . -- 臺北市 : 網路與書出版 : 大塊文化發行 , 2019.05
472 面 ; 14.8*19.5 公分 . -- (黃金之葉 ; 17)
ISBN 978-986-96168-7-4 (平裝)

1. 五四運動 2. 文化史 3. 文集

628.263　　108003765

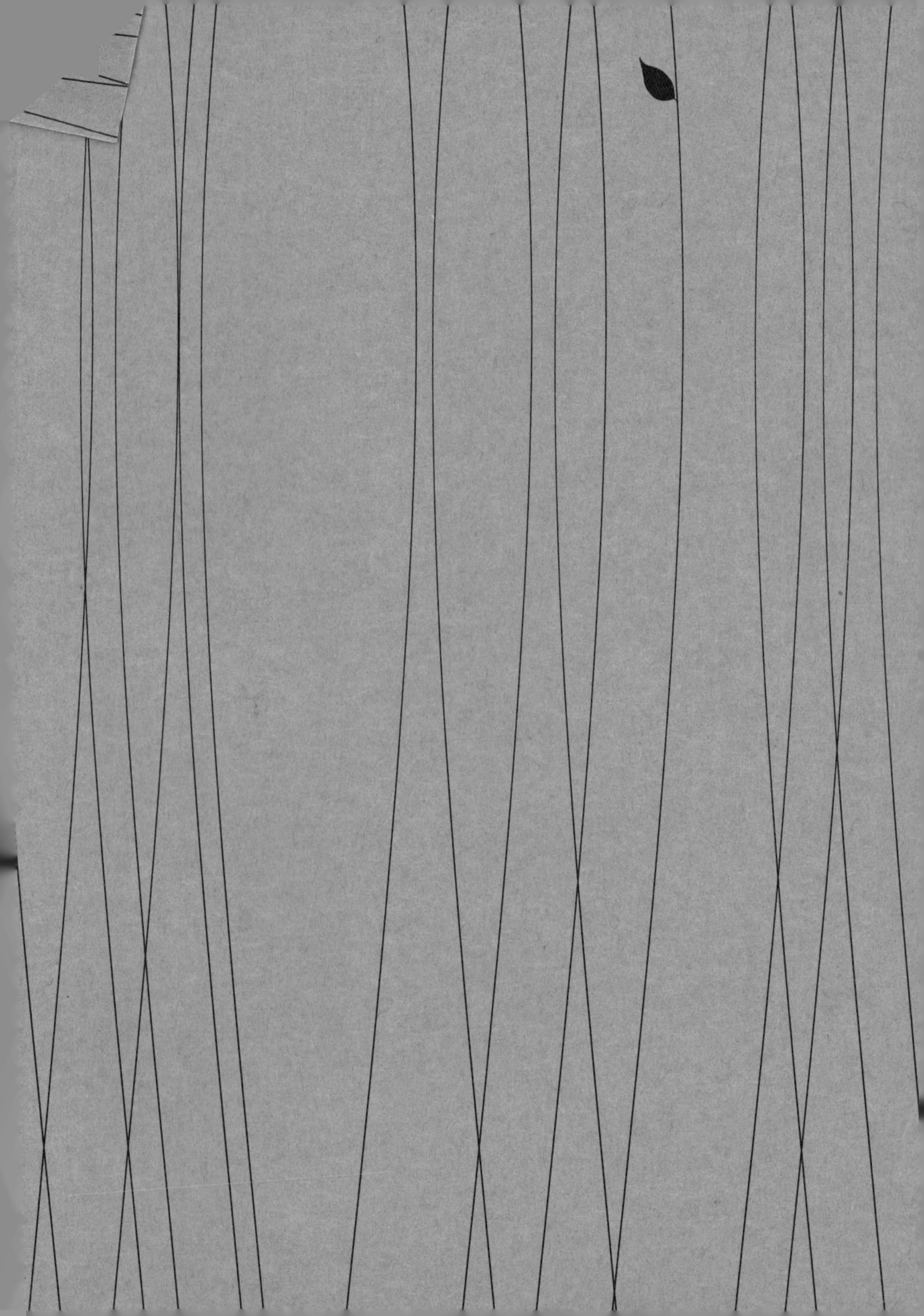